U0918288

顾客感知公平对服务补救效果的影响研究：面子与感知善意的作用

李斐斐 著

中国财经出版传媒集团
中国财政经济出版社

图书在版编目（CIP）数据

顾客感知公平对服务补救效果的影响研究：面子与感知善意的作用／李斐斐著. —北京：中国财政经济出版社，2017.12

ISBN 978-7-5095-7814-8

Ⅰ.①顾… Ⅱ.①李… Ⅲ.①商业心理学-研究 Ⅳ.①F713.55

中国版本图书馆 CIP 数据核字（2017）第 265110 号

责任编辑：卢元孝 段 钢　　责任印制：杨 军

美　　编：孙俪铭　　责任校对：杨瑞琦

中国财政经济出版社 出版

URL：http：//www.cfeph.cn

E-mail：cfeph@cfeph.cn

社址：北京市海淀区阜成路甲 28 号 邮政编码：100142

营销中心电话：88190406 北京财经书店电话：64033436 84041336

北京财经印刷厂印刷 各地新华书店经销

710×1000 毫米 16 开 14.5 印张 230 000 字

2017 年 12 月第 1 版 2017 年 12 月北京第 1 次印刷

定价：58.00 元

ISBN 978-7-5095-7814-8

（图书出现印装问题，本社负责调换）

本社质量投诉电话：010-88190744

打击盗版举报热线：010-88190492、QQ：634579818

前　言

随着行业竞争的日益激烈及市场的逐步饱和，吸引、争夺和留住顾客成为企业成功的关键。服务是一种重要的产品形式，它因为具有无形性、异质性、同步性和易逝性等特点，在企业的实际经营中难免出现种类各异、程度不同的服务失败。学术界已形成共识，将服务失败分成了两种类型——结果失败和过程失败（Bitner，Booms & Tetreault，1990；Hoffman，Kelley & Rotalsky，1995；Maxham & Netemeyer，2002；Smith，Bolton & Wagner，1999）。结果失败是服务商所提供的服务未能满足顾客需求，是服务的核心环节出现失误，甚至连基本的服务内容都未能实现。过程失败是指服务商在向顾客提供服务的过程中存在失误，导致整个服务过程未能达到顾客的预期，这些问题可能是服务方式上存在缺陷，或者服务传递上出了问题，也可能是服务商所提供的服务不能被顾客接受。

2015 年上半年，全国工商行政管理机关共受理消费投诉 59.2 万件，相当于 2009 年全年投诉量的 81.5%。2016 年第一季度，全国工商行政管理部门共受理消费维权举报 1.95 万件，同比增长 81.0%，其中违反消费者权益保护及违反产品质量管理法规的数量分别占消费维权举报量 23.8% 和 18.4%。从数据中不仅可窥见顾客的维权意识不断增强，更反映出企业经营不当给顾客造成的各类损失呈现迅速上升趋势。多数企业在思索研发产品和营销方式等方面不断投入资源，但却忽略了在吸引顾客的同时，如何降低顾客流失率。尤其是在发生服务失败后，如何弥补服务失败给顾客带来的经济损失和精神损失，并重建顾客信心。20 世纪末，学术界就如何实施卓有成效的服务补救已展开了深入的探索和研究。目前，现有研究将补救策略系统地划分为结果补救和过程补救两个维度，结果补救是指从物质层面给予顾客补偿，过程补救是指从精神角度对遭受损失的顾客提供补救。此外，学者们对这两个维度下各种补救策略的形式、程度、实施效果等做了相关探讨。然而，哪种补救策略更为有效以及结果和过程这两种补救策略如何进行搭配等问题迄今为止尚未达成共识。本书认为评价补救策略有效与否一定要从顾客的角度出发，顾客是补救策略的实际感受者和最终评价者。只有充分了解顾客在面对各类补救策略时的感知变化、情绪变化、态度及行为倾向变化后，才能为企业设计出满足顾客需求的有效补救策略提供一定指导。

服务过程既是体验社会交换的过程，也是获得心理感知的过程。从这个意义上讲，顾客在服务过程中除了获得物质享受外，还获得了心理愉悦和社会认同。文化是行为的土壤，中国的消费者受中国传统文化影响颇深，重面子、讲人情，其行为方式无时无刻不受到传统价值观的影响。当服务失败发生时，消费者不仅会遭受经济损失，更会带来面子和情绪方面的精神损失。因此企业的补救过程无法绕开面子机制的影响。进一步来看，儒家文化是传统文化的重要组成部分，儒家伦理以“仁”为核心，“恕”“礼”等文化元素均是“仁”的体现方式，这些文化理念会潜移默化地影响中国消费者面对争端时的认知方式、情感变化和行为方式。基于此，本书又引入了感知善意这个基于文化角度的心理变量。在系统分析了消费者在服务补救过程中的认知、情绪和行为变化后，本书基于理性行为理论、态度三元理论和公平理论等相关理论，围绕“感知—情绪—态度—行为意向”的主线，以经济型酒店为行业背景，构建了由感知公平到补救后行为意向的完整补救机理模型。

本书主要解决了如下问题：(1) 感知公平对补救满意及补救后行为意向的影响路径；(2) 作为刻画消费者感知的重要变量，“得面子”感与感知善意在感知公平与补救满意之间扮演何种角色？(3) 除了消费者的感知变化外，补救情绪在整个影响机制中扮演何种角色？(4) 消费者在补救情境下的感知和情绪变化是否会带来重购和口碑等行为意向？本书在进行正式大范围施测之前，开展了一个前期探索研究。前期探索研究包含两轮访谈和一轮小范围的问卷调查。前期探索研究解决了两个问题：一是对感知面子、感知善意、补救情绪及行为意向在现实补救实践中的存在方式和表现形式进行了挖掘。二是以经济型酒店为研究背景，对经济型酒店在实际经营中的服务失败情境和补救策略做了深入的讨论和研究，为正式实验的情境设计提供了有力支撑。在正式施测过程中，为了能充分调动消费者感知公平、感知面子及情绪等变量的波动，以便更全面地观测和验证感知公平对补救效果的影响，本书将失败类型和失败程度均纳入失败情境的设计中，同时将结果补救策略与过程补救策略依据高低水平的不同做了各种组合，共设计出了48个实验情境（6种失败情境×8种补救策略）。在研究方法上，本书采用情境模拟实验。以完全随机的方式对被试进行分组，严格要求一个被试只参与48个实验情境中的1个情境。要求被试在感受了这个单元中的服务失败和补救情境后，对感知公平、感知善意、感知“得面子”、正负面情绪及补救满意等变量进行打分。由于实验的复杂性，正式施测历时5个多月，邀请了山东省内多家企事业单位人员及四所大学MBA学员参与实验，共获得了764份有效问卷。

在数据分析方面，本书采取结构方程和回归等方法对研究假设进行验证。通过数据的分析，主要结论体现在以下几个方面：一是感知公平的三个构面，即结果公平、程序公平和互动公平对感知“得面子”和感知善意的影响程度存在差异，分配公平和互动公平对感知善意、感知“得面子”均有显著影响，但程序公平对这两个变量的影响不显著。二是感知“得面子”与感知善意的影响机理存在差异，感知善意与补救满意之间既存在直接效应，又存在间接效应；感知“得面子”却无法直接影响补救满意，只能通过补救情绪这个变量的中介作用来实现对补救满意的影响。从中介效应的角度理解，即补救情绪是感知善意与补救满意之间的部分中介，而补救情绪是感知“得面子”与补救满意间的完全中介。三是对补救满意有了进一步认识，补救情绪通过影响补救满意进而影响消费者的行为意向（重购意愿、正负面口碑），这不仅说明补救满意发挥重要的中介作用，同时也是影响补救后行为意向的最直接变量。在调节效应方面，本书发现面子意识在感知公平三个构面与感知“得面子”间的调节效应存在差异，即面子意识仅与互动公平的交互效应显著，与程序公平和分配公平的交互效应不显著。宽恕倾向在感知公平三个构面与感知善意间的调节效应也存在差异，但是宽恕倾向与互动公平和程序公平的交互效应显著，与分配公平的交互效应并不显著。

除上述的主要结论外，本书还发现互动公平对感知善意与感知“得面子”

的影响作用比其他的两个公平维度更显著。也就是说，亲切、真挚的人际互动是企业在补救过程中激发面子感知和善意感知的更有效手段。从各实验组的方差分析也可以发现，管理者亲自沟通等激发互动公平的高过程补救措施对提升好面子顾客的面子感知更为有效。同时，管理者沟通等高过程补救措施对激发宽恕倾向较高的消费者的善意感知也是更为有效的。这个结论在企业出现服务态度差、人际怠慢、让顾客等待等过程失败情境时表现得更为明显。

本书的创新主要体现四个方面：一是在服务补救情境中引入面子机制，充分研究了中国消费者的面子观及其在补救中的影响路径。二是基于中国文化情境，首次引入感知善意这个核心变量及宽恕倾向这个变量的调节效应，搭建了面子机制外的第二条影响路径。三是在正式施测之前进行了全面的前期探索研究，不仅对核心变量在服务补救过程中的存在形式和影响作用进行了初步探索，也对企业实践中的真实失败情境和补救策略进行了挖掘和归纳，为正式实验的情境设计打下了基础。四是将失败情境和补救策略均纳入研究情境中，设计了48个实验单元（6种失败情境×8种补救策略），并以完全随机的方式取样，最大限度地保证了充分观测到感知公平、面子、感知善意、情绪等变量的波动和变化，更为全面和客观地验证了“感知—情绪—态度—行为意向”这一服务补救后消费者认知、情绪和态度的变化机理。本书依据实证分析的结果，对感知公平对服务补救效果的影响模型进行充分了讨论。在此基础上，结合企业的管理实践，对如何围绕消费者面子、感知善意和补救情绪开展有针对性的服务补救，提出了一些相关建议。

消费者行为决策一直是营销学的研究热点之一。深入了解消费者在服务环节中的心理机制和情绪变化对企业实践而言具有重要意义。本书虽然提出了一个服务补救环节的消费心理机制整合模型，但仍有部分变量及路径值得进一步挖掘和深究。作者希望借此出版之机，向各位专家、同仁请教，以期共同探讨服务决策领域的消费者研究。

作　者
2017年9月

目　　录

第一章

导　论

第一节

问题的提出

我们已经走向了以顾客和服务为导向的营销逻辑，所有的经济都是服务经济，服务代表了当今社会经济活动的本质。2015 年，服务业在我国 GDP 中占比首次超过 50%。2016 年上半年，该比重进一步上升至 54.1%，经济由工业主导向服务业主导的转型趋势蓬勃延续。旅游、信息、文化、健康等服务消费持续升温，2016 年上半年最终消费对经济增长的贡献率已达到 66.4%，比 2015 年同期提高了 15.4 个百分点①。服务业已然是成为支撑我国经济稳定增长的主动力，在推动经济稳步增长方面居功至伟。在服务经济大潮的背景下，企业经营哲学发生了重要变化。许多企业的发展格局不再局限于提供有形产品，而是意识到有形产品不是消费者购买目的的本身，消费者所需要的是通过各种不同的产品形式，使自己的需要、欲望和需求得到充分满足。因此，企业的营销活动已经从以有形的产品交易过程为主转向了以无形的服务、关系交换过程为主。这种营销观念以顾客为中心，以服务为导向，是一种市场驱动、消费者主导的观点，并逐渐成为多数企业的经营哲学。

由于服务具有无形性、异质性、同步性和易逝性的特点，对于任何一个企业

① 资料来源：中央政府门户网站　www. gov. cn.

来说，这都造成了很大的服务困难甚至造成服务失败。服务的无形性特征造成服务质量的不确定性，服务标准无法恒定，不易衡量；服务的异质性造成不同顾客所接受到的服务体验每次未必相同，服务绩效难以确定；服务的同步性使顾客参与到服务过程中来，与服务人员的交互可能会因为顾客的过程干预而导致效果不够理想；服务的易逝性增加了企业对服务需求的预测难度，无法保证在需求高峰为顾客提供优质而全面的服务。与制造行业相比，服务行业无时无刻都处于一个动态变化之中。

与顾客的每一个接触，每一次交互过程都有产生服务失败的可能。中国首个全品类顾客满意度评价体系——顾客满意度指数 SM（China Customer Satisfaction Index，简称 C－CSI）首届研究成果发布，包括快消、耐用、服务业三个行业总计 98 个细分行业的消费者满意度评价结果正式公布。2015 年中国整体 CSI 得分为 66.5 分，其中，快消品行业得分最高，为 67.3 分，耐消品得分为 66.4 分，服务业得分最低，为 65.3 分①。互联网服务已经深入人们的生活中，网络购物服务极速发展，国家工商总局的数据显示，2014 年的网络购物投诉也增长迅速，同比增加 357%②。根据美国航空数据网站公布的数据显示，在欧、美、日等发达国家国内国际航班准时起飞率处于 91% ~95% 的情况下，中国航班的准时起飞率不到 40%③。从这些数据中可以看出，消费者不满和各种服务失败已是屡见不鲜，服务业带给企业的经营挑战日益严峻。

在服务体验经济的时代，伴随着网络传播的发展，服务失败对服务企业的品牌形象会造成很大的影响。经历服务失败的消费者不会再像过去那样保持沉默，而是学会了使用各种途径来维护自身的权益。VOC（voice of customer）作为消费者表达声音的重要通路，良莠不齐的正负面声音均会对企业经营带来影响。一次服务失败带来的不仅是单一顾客的流失，抑或是服务提供者与该顾客之间的服务关系断裂，更是大量潜在顾客的流失。因此，服务失败之后，如何快速地修复断裂的服务关系，重建不满顾客的消费信心，即如何通过有效的服务补救挽回顾客

① 资料来源：199IT 中文互联网数据资讯中心

② 资料来源：http：//www. saic. gov. cn/ywdt/gsyw/zjyw/xxb/201501/t20150123_151590. html.

③ 资料来源：http：//www. flightstats. com/go/Airport/currentAirportDelays. do? region = asia.

便成为重中之重。来自技术协助调查程序的资料显示①，在服务行业中，若顾客在经历服务失败之后进行投诉并且解决了出现的问题，43%的顾客会继续接受同一家企业的服务，这说明了服务补救的作用。然而实际情况是，很多服务企业并没有使用有效的服务补救措施。调查表明：60%以上经历过一系列服务失败的顾客并没有从服务企业得到回应②。当下顾客的需求变化迅速，需求多样、多变，且信息时代给顾客带来了更多的资讯和资源，这些新变化给企业的服务系统带来了更多不确定性和挑战。实施成功补救的企业不仅能增加顾客保留率，更可以加强顾客关系。良好的顾客关系作是企业的一种宝贵无形资源，其稀缺性、难以模仿性和难以替代性会成为企业独特的竞争优势。

基于此，深入探讨服务补救在企业中的应用便成为营销界的课题。在以顾客为中心的服务行业中，服务企业与顾客之间的关系管理成为服务企业关注的核心。服务补救理论正是基于顾客关系而展开的进一步拓展。国内外学者针对服务补救展开了卓有成效的研究，得到了一些重要发现和研究结论。纵观现有补救领域的研究，主要集中于四个方面：服务失败研究（失败类型及严重程度、失败原因等）、失败后顾客行为研究（抱怨及退出行为、归因行为等）、补救策略研究（经济补偿及象征性补偿等）及服务补救效果研究（补救满意及补救后消费者行为等）等。从企业实践角度看，服务策略研究对企业实践的指导意义最大。服务补救策略主要包括有形的补偿和无形的补偿两个方面，称为结果补救和过程补救，结果补救偏重有形补偿（折扣、赠券、免单、赠送特色服务、赔偿等）（Hoffman、Kelley & Rotalsky，1995；Smith，Bolton & Wagner，1999），过程补救偏重对消费者的象征性或精神方面的补偿（道歉、解释、快速回应、关切、倾听、真诚对待等）（Conlon & Murry，1996；Boshoff，1999）。从实践角度看，具体到每一个服务行业，补救策略又各不相同。学者们就哪种形式的补救对企业来说更为有效产生了诸多争论。本书认为服务补救的感受者是顾客，服务补救的评价者也是顾客。探讨补救策略必须站在顾客角度，只有通过观察和测量顾客在补救过程中的感知、情绪变化才能准确界定补救策略的有效性。因此，考察一个补

①② 资料来源：瓦拉瑞尔 A. 泽丝曼尔等．服务营销［M］．北京：机械工业出版社，2013.

救策略或者策略组合是否实现了良好的补救效果，首先要了解顾客的特点，进而深入探讨补救策略对顾客的感知和情绪造成的影响，然后进一步揭示顾客如何对补救策略进行评价。基于此，本书力图搭建基于顾客视角的综合性服务补救框架。立足于中国顾客特质，深入揭示顾客在接触到各类补救策略后的感知和情绪变化过程，旨在进一步丰富补救效果领域的理论研究。服务补救的重要性不仅仅在于单次的服务失误修复，更是企业建立与顾客长期关系的重要契机，服务企业不仅要做到让顾客满意，更需要一个新的视角去思考如何让顾客愿意与企业建立和维系稳固的消费关系。服务补救策略的制定与顾客心理机制研究是紧密相连的，进行及时有效、公平合理的服务补救是维系与顾客之间的良好关系及维持顾客忠诚的重要手段。

第二节

研究意义及研究目的

从实践角度看，完美无缺的服务只是一种理想状态，服务失败客观存在，不可避免。服务补救若要赢得不满顾客的“芳心”，需要采取快速有效的措施，根据顾客的特点和特定的失败情境进行合理补救。然而现实情况是，诸多企业往往把单一的经济补偿作为一剂“万能灵药”，或仅采取简单道歉的形式，对于几乎所有的失败案例均采用相同的补救手段，这样做只会让不满的顾客更为不满。本书认为要站在顾客立场，深入剖析顾客如何感知企业的补救策略，企业的补救策略如何影响了不满顾客的感知和情绪等心理状态，进而一步步实现补救满意及后续行为意向。正如一千个人眼里有一千个哈姆雷特一样，中国的消费者长期受到文化和社会因素的熏陶和影响，每个人的成长经历和文化积累都有所不同，这就会导致不同的顾客对企业的同一补救策略会产生差异化的感知，更何况还存在针对不同顾客的差异化补救策略。企业补救的终极目的是在弥补自身过失的基础上，重建顾客信任，给遭受服务失败的顾客提供满意的补救方案。只有读懂顾客，才能“投其所好”，提供满足各类顾客心理和物质需求的补救策略。本书的结论可以帮助企业深入了解消费者对补救策略的解读过程，使服务企业能在实践中针对顾客特征和需求提供针对性的补救策略，从而更好地为服务企业和消费者创造价值。

从理论研究视角看，现有的大量消费者评价研究多是基于认知评价的视角，如预期不一致理论等，后续的一些研究才逐步发现了除了消费者认知外，情绪等变量对行为意向和满意的解释力度更强（Kim & Smith，2005）。在服务补救领域，消费者的反应是一个复杂的作用体系，会受到诸多因素的影响。本书认为，除了认知和情绪外，体现消费者个体特质的变量也会对服务补救产生极大的影响，但涉及此领域的研究相对较少。本书认为补救中的情绪变化、感知变化、补救满意及补救后行为意向之间存在复杂的逻辑关系，在这些变化过程中有一些未被揭示的重要变量在影响和决定着消费者对服务补救的感知评价。因此，本书拟从中国传统文化价值观中寻找能在补救领域影响消费者决策的关键变量，并引入本书的理论模型，以期对企业正确抓住中国消费者的感知及情绪变化，并及时地做出应对和提供实践指导。从这一角度来讲，本书是对服务补救理论的进一步拓展和深入探讨，对完善服务补救理论体系具有一定的理论意义。

本书的主要研究目的在于提出并验证在服务补救情境下，消费者感知公平对补救效果的影响机理。之所以选取感知公平作为消费者感知过程的起点，一是考虑到在现有研究中，诸多学者对感知公平进行了深入分析，他们认为补救策略的实施会直接带来感知公平的变化（Blodgett，1997；Oliver，1997），感知公平的提升会带来补救满意及后续的积极消费行为。企业基于公平视角，也往往认为提供与服务失败类型相同的补救策略就能实现补救满意和重购、口碑等行为意向。二是基于理性行为理论、态度三元理论，本书认为在感知公平与补救后行为意向之间不是直接线性关系，仍存在“情绪”“态度”等重要变量未被解释，也就是说，尽管感知公平是服务补救领域中诠释消费者感知变化的重要变量，但感知公平与补救效果之间存在一些未被发掘的重要中介变量或影响机制。根据著名学者Blodgett等（1997）的研究，重购意向和口碑传播统称为顾客在补救后的行为意向，补救满意、重购意向和口碑传播三个变量则是衡量服务补救效果的重要标准。本书采取Blodgett的观点，并认为感知公平与补救效果的重要衡量因素——补救满意并不是直接发生作用，而是通过一些重要的影响机制对补救满意造成了影响。因此，本书在拟搭建的理论模型中提出这样的研究路径，即感知公平的三个维度作为顾客补救感知的起始变量，它通过影响中国消费者深层次的感知变量，即善意与感知面子，进而激发了消费者的情绪变化，最终进一步影响到了补救满意及补救后消费者行为意向。

本书通过研究主要解决了以下几个问题：

（1）发掘感知面子与感知善意在服务补救中的存在方式和表现形式，并进一步验证这两个变量是否其契合本书理论模型的架构；

（2）探讨和验证感知公平三维度与感知面子的关系；

（3）探讨和验证感知公平三维度与感知善意的关系；

（4）探讨和验证感知面子与补救后消费者情绪之间的关系；

（5）探讨和验证感知善意与补救后消费者情绪之间的关系；

（6）探讨和验证感知善意与补救满意之间的关系；

（7）探讨和验证感知面子与补救满意之间的关系；

（8）探讨和验证补救后消费者情绪与补救满意之间的关系；

（9）探讨和验证补救满意与行为意向之间的关系；

（10）探讨和验证面子意识在感知公平三维度与感知面子间的调节效应；

（11）探讨和验证宽恕意识在感知公平三维度与感知善意间的调节效应。

第三节

研究方法及研究创新

一、研究方法

本书主要是研究在服务补救情境下顾客感知公平对补救效果的研究，研究涉及相关理论的梳理、模型的构建与阐释、实验情景设计、访谈和消费者调查等环节，旨在保证研究的真实性、严谨性和科学性。

纵观全书，使用了如下的研究方法：

（一）文献研究与理论演绎

本书对国内外关于服务补救策略、感知公平、消费者情绪、面子、感知善意、补救满意、消费者行为意向变量的相关文献进行了广泛的检索和收集。通过文献的阅读整理发现，本书提出的“得面子”感与感知善意的相关研究较少，将这两个变量纳入服务补救研究框架的则更稀缺。因此，本书从感知公平入手，尝试将诠释中国消费者特质的“得面子”感与感知善意这两个重要变量纳入服务补救的解读过程，以“面子”和“善意”这两个变量在服务补救中的作用机制作为研究重点，从“感知—情绪—态度—行为意向”的思路进行了理论演绎，从而构建了本书的模型，制定了整体研究框架。

（二）定性研究与定量研究相结合

仅从理论角度去分析模型中的各种影响机理难免不够充分和全面，这一方面源于已有文献中涉及本书核心变量的相关成果较为缺乏，另一方面也源于部分核心变量的引入主要是基于企业的现实补救实践。因而，本书用一章的篇幅进行了前期的探索性研究，分别与企业一线的管理人员、有实际消费及补救失败经历的消费者进行了深入访谈。通过访谈，一方面充分了解和验证了感知善意、面子等变量在补救领域的存在性和表现方式；另一方面对各变量（感知善意、面子、情绪、补救满意）之间的相互关系以及实验情境的设计进行了初步摸底，使本书的研究模型更加立足于并符合企业实践，融入实践。基于在前期探索研究中两轮访谈的结果，在正式施测之前，本书还进行了小范围的问卷调研和预测试，旨在对访谈成果进行再次的验证以及对正式问卷中的各项表述进行修正。

本书是属于消费者行为研究，此类对样本数量的要求较高，同时以情境模拟实验的方法取样，用接近 5 个月的时间方才完成了样本获取，获得近 800 个样本，并严格按照完全随机的原则进行分组。在后续的数据处理方面，所做的数据处理工作主要包括样本数据的描述性统计分析、相关性分析、探索性因子分析、验证性因子分析、方差分析、线性回归分析、结构方程模型分析等。最终，计算出最优的结果模型，对各个研究假设进行了全面验证。

二、研究创新

概括说来，本书的创新点主要包括以下几个方面。

第一，在服务补救情境中引入面子机制，充分研究了中国消费者的面子观及其在补救中的影响路径。面子是东方集体主义文化中的重要价值观，本书从面子得失的角度来探讨消费者在服务补救过程中的感知变化。研究结果证实“面子”是服务补救中无法回避的核心问题，面子感知引起了消费者补救后情绪的变化，并进一步对补救满意造成了影响。此外，考虑到中国消费者个体之间的差异，本书又引入面子意识这个调节变量，以观测具备不同面子意识的消费者是否在服务补救中能够感知到不同的面子得失感。面子相关变量的引入从一个新的视角诠释了中国消费者在服务补救中的心理转变过程。

第二，从文化对个体意识形态及行为的影响角度思考，中国消费者长期受到儒家文化的熏陶，“和”“仁”“恕”及“中庸”等伦理观念深入人心，这些文化要素会潜移默化地影响消费者的认知及情绪。为了更全面地阐释消费者在补救过程中的心理变化，同时使研究的结论更加符合中国文化情境，本书首次引入感知善意这个变量，并进一步探讨了宽恕倾向这个揭示中国消费者性格特质的变量是否对感知善意存在调节效应。因此，本书搭建了除了面子机制之外的第二条影响路径，并且通过多轮访谈及实证的结果证实了感知善意在服务补救中的存在性及其影响路径。此外，感知“得面子”、感知善意、面子意识及宽恕倾向等变量在营销学的研究刚刚起步，本书通过理论分析和实证验证，对这些变量的测量工具进行了信度和效度检验，从而为上述变量在研究中的日臻完善做了进一步探索。

第三，本书是以全新的中国本土视角研究消费者在服务补救过程中的心理机制，因此，在对模型中的各个影响机理进行理论分析的基础上，用一章的篇幅开展了前期探索研究。前期探索研究旨在进一步考察理论模型的搭建合理性和有效性，为后续的验证部分打下基础。通过前期的探索研究，不仅对理论模型中的核心变量在服务补救中的存在方式和表现形式进行了初步探索，也对企业实践，尤其是酒店行业的真实失败情境和补救策略进行了深入挖掘、分析和归纳，为后续的正式实验设计打下了坚实基础。

第四，为更全面地观测和验证感知公平对补救效果的影响，在主实验中，本书将失败的类型和失败严重程度均纳入失败情境的设计中，同时将结果补救策略与过程补救策略依据高、低水平的不同做了各种组合，共设计出了 48 个实验情境（6 种失败情境 ×8 种补救策略）。通过大规模采集数据并以完全随机的方式对被试进行分组，以及全面而系统化的实验设计，最大限度地保证了研究者能充分观测到感知公平三个维度的波动及变化，以及由感知公平三个维度的变化引起的一系列后续的感知、情绪、态度等复杂的心理变化过程。

第四节 章节概要

根据主体行文内容，本书将行文分为 6 个章节，具体章节安排如下：

第一章，导论。阐述了服务补救领域的实践背景和理论背景、研究意义及研究的目的。在此基础上提出了研究的核心问题——感知公平、感知善意、感知面子、情绪与补救效果（补救满意及补救后行为意向）之间的关系，提出本书的初步设想。

第二章，理论基础与文献回顾。本章主要从服务补救、感知公平、面子、感知善意、消费者情绪与补救满意及行为变量几个方面入手进行梳理，并对前人的研究进行了评述。旨在厘清前人的研究成果、研究方向和研究脉络，在此基本上进一步找出现有研究中尚未解决的一些问题，为本书理论模型的提出和推理做好铺垫。

第三章，感知公平对补救效果的影响机理分析。根据第二章的文献梳理，基于消费者认知行为范式构建的模型和框架，本书提出了由感知公平到消费者行为意向的影响路径，并引入宽恕意识和面子意识这两个对感知面子与感知善意影响较大的调节变量到模型中，并对本书所构建的模型进行了深入的理论阐释和机理分析。在理论分析和逻辑推导的基础上，提出了本书的相关研究假设。根据本书的实际情况，结合理论分析，确定了本书的拓展理论模型和实际操作模型。

第四章，前期探索性研究、变量测量和实验设计。通过多轮与消费者及企业一线经理人员的深入访谈，对消费者在补救环节的情绪变化、感知面子与感知善意进行了捕捉。通过分析，确认了这些关键变量在服务补救过程中的存在性及存在形式。此外，本书设计了基于现实情况的多组模拟实验情境，并对实验流程实施了科学、客观的控制，以期从不同角度对感知公平与补救效果之间的影响路径进行验证。同时，通过系统梳理现有文献对本书涉及变量的研究成果，确定了本书中各个变量的测量方法和量表，并据此设计了相关调研问卷。

第五章，感知公平对补救效果影响的实证分析。根据统计学原理和统计软件的使用方法，本节主要使用结构方程模型和线性回归进行数据分析。主要的统计方法为正态性检验、描述性分析、信度分析、效度分析和方差分析等。运用 LISREL 软件构建了结构方程模型，并验证了各变量之间的相互关系。同时本书使用了 SPSS22. 0 进行了回归分析，验证了模型中调节变量的作用。为了更加全面地验证本书模型，本书还提出了三个竞争模型，并与原模型进行了一一比较。最后通过综合比较，确定了模型中各变量之间的关系，对研究中的相关假设进行了验证并确定了最终的修正模型。

第六章，结论与启示。根据第五章实证分析的数据结果，得出了相关结论，并结合企业实践进行了深入的讨论。根据本书最终得到的结论，对企业如何针对消费者的个性特征以及由个性特征引发的需求差异进行有针对性的服务补救提出了一些相关建议。最后，指出了本书存在的一些不足之处，以及未来可以进一步深入探讨的后续研究方向。

第二章

理论基础与文献综述

在消费者行为领域，消费者决策及心理机制研究一直是一个重要课题。在服务补救领域，现有研究多集中于补救策略、失败程度和类型等领域，对消费者内在心理机制研究着墨较少，因此该领域仍存在很大的研究空间。在总结前人所做的有关研究基础之上，本章逐步深入回顾了本书在服务补救领域中涉及的重要消费者感知、情绪和态度变量，对后续章节的机理分析及假设推导做好准备。

第一节 服务失败相关研究

一、服务失败的内涵及起因

对于服务失败，学者们从不同的角度切入，提出了服务失败的不同界定方式。Tetrearlt（1990）认为服务失败的发生归咎于企业没有提供顾客需要的服务，尤其是核心服务低于顾客可接受的水准，或服务的作业标准未按照特定程序执行，如延迟。Bitner（1990）等认为服务失败是指企业所提供的服务在任意一方面没有使顾客感到满足，或者是没有达到顾客的期望水平的状态。Gronroos（1990）认为服务失败是指企业所提供的服务没有达到顾客的期望水平。Kelley和Davis在1994年提出，服务失败是发生在顾客与服务者接触的任何时间点出现的服务人员失当行为或者低于顾客预期的表现。Keavency（1995）认为服务失败是指企业所提供的服务没有达到顾客的满意水平。Smith（1999）认为服务失败是企业所提供的服务没有达到顾客的期望水平，并导致顾客产生不满意情绪，因而产生了服务失败。从上述学者对服务失败的界定来看，服务失败主要是指企业提供的服务质量低于顾客对服务的评价标准，因此顾客的主观感受和判断则是判定服务失败与否的重要标准。服务失败的界定方式是基于顾客导向的，企业对自身服务水准的评价则不作为衡量标准。本书认同 Gronroos（1990）对服务失败的定义，认为服务失败是服务未达到顾客期望的服务表现，且企业的这种表现引起了顾客的不满感知和情绪。

服务失败是由多种因素引起的，其中既包含服务商自身的因素，也包含来自顾客方面的因素，还包括各种无法预知的随机因素。总而言之，可将这些因素作如下分类。

第一，来自服务质量方面的因素。服务质量指的是通过对服务商实际服务态度及服务表现与顾客自身原有期望的比较，得出对该服务商的总体评价。服务质量之所以难以把控，原因仍在于服务本身的异质性、不可存储性以及生产与消费的同步性等特点会导致消费者易于在企业的服务过程中感受到不确定性，尤其当消费者面对流程复杂、熟悉程度差的服务环节时，这种不确定性将更高。高不确定性意味着在每一个与消费者的接触环节中均极有可能出现低于消费者期望的服务失败。Parasuraman，Zeithaml 和 Berry（1985）提出了 SERVQUAL（Service Quality 的缩写）量表的五个维度，即有形性、可靠性、相应性、移情性、保证性，这五个维度能影响顾客的感知服务质量。若服务商的服务质量未能达到这五个维度的要求，也就是说，服务质量未达到顾客的期望，服务失败就有可能发生。后续研究中他们又提出了服务质量差距模型，在 SERVQUAL 量表的基础上进一步明确了影响顾客感知的各个环节，包括管理者认知差距、服务交易差距、质量标准差距等。

第二，来自服务接触方面的因素。顾客在接受服务的过程中，一定会与服务商之间产生各个层面上的互动，Binter 等（1990）将这段时间定义为服务接触。服务接触是客户与服务系统之间互动过程中的“真实瞬间”，是影响客户服务感知的直接来源。顾客对服务的感受是在与服务提供者接触的瞬间所形成的。Parasuraman（1994）认为，服务的“功能性品质”比“技术性品质”更重要，技术性是指传送给客户的是什么（what），而功能性是指服务如何（how）传递给客户的，通常可以凭肉眼观察得到，如员工态度、员工行为、员工间关系及服务人员的外表等，部分顾客会倾向根据这些形成对服务质量的判断。因此顾客会通过对所感知到的服务与期望中的服务做比较，来衡量自己是否获得了满意的服务。由于服务接触过程涉及较多的顾客参与和互动，增加了服务提供时的不确定性和运作管理上的难度与复杂性，任一接触环节应对不当，都可能会引起顾客的不满。

第三，来自顾客方面的因素。由于顾客对服务难以完全从客观的角度进行评价，总会带有自身主观情感以及以往的丰富消费经历，这就使对服务质量的评价不同于对实物质量的评价，顾客方面的因素也成为影响服务质量评价的重要因素。一些学者还提出了“问题顾客行为”。Harris 和 Reynolds 则在 2006 年提出了问题顾客行为的实例，如不尊重服务员工、对员工有言语攻击甚至行为攻击、无故打断服务过程等。另外，顾客对服务本身的评价还受到其自身性格特征的影响，如归因。当顾客倾向于将任何服务失误皆归结于企业因素且认为会再次发生时，则其不满程度会显著提高。再者，目前资讯渠道极为发达，顾客价值主张日益强烈，且容易受到相关消费群体的影响。当问题发生时，顾客的消费主见及相关群体意见会导致顾客对企业的服务标准有更高的预期，这在一定程度上提升了服务失败的可能性。

除上述因素外，Bitner，Booms 和 Mohr 在 1994 年还提出服务失败还有可能是受到了随机因素的影响。

二、服务失败的形式、类型与程度

Bitner，Booms 和 Tetreault（1990）针对服务员工的行为态度与服务满意度的关系进行了研究，他们得出一个重要结论：服务失败的一个主要因素就是服务一线员工的行为态度。另外，他们对航空公司、餐饮、住宿等行业进行了调研，搜集了 700 多件案例，通过关键事件技术法（critical incident technique，CIT）对这些案例进行了分析，得出了服务失败的三种类型，即员工对服务传递系统失误的回应；员工对顾客特殊要求及偏好的回应方式以及员工的自主和自发行为。之后，Bitner，Booms 和 Mohr 对他们之前的结论进行了补充调研，发现致使服务失败的因素除了来自服务商及一线员工外，还有来自顾客方面的因素，因此，他们在原先得出的服务失败的三种类型后加上了第四种类型，即问题顾客行为导致的服务失败。

从行业研究的角度分析，Kelley，Hoffman 和 Davis（1994）针对零售业的服务失败进行了相关研究。Hoffman，Kelley 和 Rotalsky（1995）针对餐饮业的服务失败进行了相关研究，从 373 个案例里面归纳得到三大类十小项服务失败。第一个（四小项）分别是政策不明晰、设备故障、产品缺陷、服务不及时或欠缺；第二类（两小项）分别是食物未按照标准和订单要求烹制、座位失误；第三类（四小项）分别是员工行为不当、订单出错、订单遗漏和餐费计算失误。整体来看，他们的失误大类与得到的服务失败分类结果 Bitner，Booms 和 Tetreault（1990）基本相同。郑绍成（1997）提出对顾客的欺骗也应该纳入服务失败的范畴。服务失败的具体形式因行业差异而不同，也与社会、文化及国别因素有关，但大体归为表 2－1 所示。

表 2－1　　服务失败的类型

服务业 服务失败类型	零售业	餐饮业
第一类：服务传递系统失败	政策不健全；服务效率低；产品质量缺陷；定价不合理；产品送修错误；缺货或其他坏消息	政策不明朗；等候时间太长；设备问题；产品瑕疵；缺货或售罄
第二类：未能回应顾客要求	未能响应特殊订单或要求；对顾客选购或使用错误等反应不当	未依顾客要求烹煮；未能按照顾客要求预留座位；对可能打扰其他顾客的反应不当
第三类：员工的自发性行为	记账出现错误；发现偷窃并揭发；员工制造的窘境；员工注意力失败	员工态度不佳，行为失当；送错菜；遗漏餐点；算账出现错误
第四类：问题顾客的行为	恶意搅乱服务程序；威胁服务人员	醉酒顾客行为失当；顾客言语及行为攻击；顾客不配合；顾客有意破坏公司规定

数据来源：作者根据文献整理。

任何一个事件都可以从结果和过程两方面去评价，对服务的评价同样也包含对结果的评价和过程的评价，顾客对服务结果和服务过程都有着各种要求和期望。Gronroos 通过研究于1990 年提出了服务质量的两种形态，即功能质量和技术质量，前者是就服务过程而言，包括服务过程中的方式、效率及服务人员态度等；后者关乎服务结果，是就顾客实际感知到的服务而言。之后，大量学者根据该研究将服务失败也分成了两种类型——结果失败和过程失败（Bitner，Booms & Tetreault，1990；Hoffman，Kelley & Rotalsky，1995；Maxham & Netemeyer，2002；Smith，Bolton & Wagner，1999；彭军峰，2004；梁威，2004）。结果失败则是服务商所提供的服务未能满足顾客需求，这往往是服务商提供服务的核心环节出现失误，甚至连基本的服务内容都未能实现，如说订票错误、饭菜中有异物等。过程失败是指服务商在向顾客提供服务的过程中存在失误，导致整个服务过程未能达到顾客的预期，这些问题可能是服务方式上存在缺陷，或者服务传递上出了问题，也可能是服务商所提供的服务不能被顾客接受，如说服务人员态度恶劣，或者服务效率低、等候时间长等。这种分类方式被广为接受，它也是基于社会交换理论，结果失败是经济性资源交换的损失，即顾客从实际服务中得到（或损失）的经济利益，过程失败是符号性资源交换的损失，顾客因服务传递方式不当而遭受了精神损失。在这两类服务失败中，哪类失误给顾客造成的损失更大、不满程度更高，至今未有统一的研究结论。毋庸置疑的是，服务失败会给顾客带来经济和精神的双重损失。

除失败的类型外，失败严重程度也是刻画服务失败的核心变量。不同行业、不同类型的服务失败所造成的损失程度是不同的，这就出现了服务失败严重性的概念。服务失败严重性可以看作是顾客感知到的服务失败的强度，可能如上错菜品一样不值一提，也可能像误诊一样造成严重的后果。顾客的损失程度越大，服务失败的严重性越高，顾客的满意度就越低，进而顾客对该服务商的忠诚度越低，服务商的顾客损失率也就越明显。服务失败的程度越严重，消费者不满程度和补救期望均会更高（Hess，2008；杜建刚，2008），企业的补救难度也就越高。Keaveney（1995）认为，严重的服务失败会降低顾客对该服务商的信任度，甚至使顾客对该服务商的价值产生不认同感，进而不愿意再与其产生联系。Hoffman，

Kelly 和 Rotalsky（1995）的实证研究也表明，失败的严重程度越高，顾客的满意度越低。Seungoog Weun 等（2004）发现失败的严重程度对顾客感知公平和服务补救满意度之间的系起到调节作用。常亚平（2012）提出失败频率、失败严重性和感知失败可控性都会显著促使顾客满意度降低，其中，失误严重性是影响最大的变量。

严重的服务失败也会严重影响顾客的情绪，在负面情绪的影响下顾客很有可能会进行负面口碑传播（Richins，1983）。根据期望理论，人们对损失的敏感度往往高于对收益的敏感度，在负面情绪的影响下，难免会对带来损失的事件进行夸大。这就是说，严重的服务失败会给顾客带来强烈的不满意感，补救期望升高，实现补救满意的难度也越大，张励（2006）认为，即使服务商在服务补救上已经做得足够好，仍然难以弥补顾客的感知损失。除此之外，服务失败越严重，顾客容忍的极限值就变得越小，顾客就越容易对服务商产生各种不满。

三、文献评述

本节的主要内容是通过阅读相关文献，对服务失败的相关内容进行了综述。学者们对于服务失败的界定及其产生的原因进行了深入阐释，服务失败主要是根据顾客的期望与现实的服务体验之间的差距形成顾客的主观心理感知来判定，既包含与服务企业标准之间的差距形成的服务差距，也包含以顾客的不满感受来界定的“软”标准。无论如何界定，服务失败可以认为是服务企业在服务中提供的服务与所做的承诺或宣传的服务不一致，或顾客在服务体验后认为与自己预期的服务标准与服务企业承诺的标准不一致，从而导致服务未达到顾客的预期心理评价。

纵观现有文献对服务失败的研究，学术界普遍认同服务失败是影响补救满意、顾客情绪、补救后行为意向的关键变量，且进行了多方位研究。本书认为现有相关研究可进行进一步拓展。一是行业覆盖性。学者们对服务失败的类型研究，主要是从典型的商业服务业着手，如航空服务业、餐饮、零售业和医疗行业，以科学的方法进行梳理和归纳，从而归纳出服务失败的类型。研究的焦点主要集中在几个典型的服务行业，行业涉及面可进一步拓宽，可涉及部分非典型的服务行业的服务失败，或非营利服务组织的服务失败等，因而服务行业的全面性有待提高。二是服务失败的严重程度或类型一般是作为调节变量纳入研究者的研究框架，尤其是作为核心变量之一的服务失败严重程度，对该变量的进一步挖掘对后续进行补救策略研究及补救效果研究具有重要意义，但目前对服务失败严重性的界定标准仍较为模糊。本书将服务失败作为本书的重要变量，不仅是源于它是影响顾客心理、情绪等变量的重要因素，更将在它的行业性及严重程度等方面做一步的探索。

第二节 感知公平相关研究

一、公平理论概述

公平理论最初是起源自社会心理的旁支，主要用来解释个体在相关情境和决策情境下如何制定策略，以形成公平的感知。在后期研究中，被广泛应用于多个领域，用于解释个体应对冲突情境时的心理、生理和行为反应。美国心理学家 Adams 在 1965 年正式提出公平理论，认为社会交换关系中个体总会把自己投入和产出与其他行为个体的投入与产出进行对比，从而判断自己是否被公平地对待。如果感知不公平，则会由此引发其为了消除不公平而有所行动。公平理论主要关注衡量投入与产出的诱导、认知过程，并将结果与有相似情景的他人做比较。在现实服务情境中，当顾客感知到不公平，他们会倾向于减少对交易的投入、退出交易关系、寻求企业产出增加等方式来达到平衡。20 世纪 70 年代之后，学者们开始在很多领域应用公平理论开展相关研究，主要研究感知公平对行为个体态度和行为方面的影响。公平理论主要包含三方面内容：

第一方面，公平是激励的动力。激励是管理行为中的一项重要内容，一个人是否能受到有效激励不仅取决于自身实际得到了什么，还与参照对象的所得有关。人的动机在很大程度上会受人的知觉的影响，这是公平理论的心理学依据。

公平理论认为，人们除了关注自身的得失外，还会与他人的得失进行主观的横向比较，也就是说，人们不仅关注绝对收入，还会关注相对付出和相对报酬，并以此来衡量自己的得失。当一个人认为自己的得失比例与他人相比相对较高时，就会产生兴奋感，这种激励就会取得较好的效果；当得失比例与他人无异时，个人会认为较为公平；若个人的得失比例较他人略低，则会产生不满意，甚至是抱怨、怨恨。因此，公平合理的激励机制可以有效提高人们的工作积极性。

第二方面，公平理论的模式。公平理论认为，当人们为自己的付出而获得报酬后，首先会关注报酬的绝对量，其次还会与他人所获报酬作比较，即关注报酬的相对量。人们所做的比较可分为两种形式，一种是将自己的报酬与付出的比值与之前相比较，这是纵向比较；另一种是将自己的报酬与付出的比值与他人作横向比较，只有两者都相等时，才认为是公平的。

第三方面，心理行为的不公平状态。人的感知会对人的心理产生影响，当一个人感知到受到的待遇或获得的报酬不公平时，就会从心理上产生厌恶感和不安全感，进而导致工作积极性下降。为了消除这种负面心理，人们会采取一些措施，如换一个参照对象，或者采取一定行动来改变自己的得失现状，或者自我安慰，从主观上造成公平的假象，又或者发泄情绪或暂时忍耐等。

二、感知公平的含义

20 世纪 80 年代中后期，学者们开始把公平理论应用到市场营销领域中去，主要是应用于产品或服务的交易研究中。近年来，一些欧美学者在感知公平领域的研究比较多，提出服务公平是影响消费者满意和重购意愿的重要影响因素。1988 年，Clemmer 首先提出了服务公平性的概念，她认为社会交往的公平理论在服务企业与顾客之间的交往过程中亦能够适用。1989 年，Oliver 和 Swan 首次以感知公平以及差异的联合影响用于顾客满意的模型中，但他们只使用了感知公平的一个维度，即分配公平，并证实了公平性感知与满意度之间的正向关系。Greenberg（1990）提出，个体在各种活动中对于自己的投入、付出以及所获报酬会做权衡，同时还会将自己的得失与类似情况下他人的得失作比较，这种动机和认知过程是公平理论所研究的内容。在与他人进行交易的过程中，个人所感受到的公平程度并以此做出的判断就是感知公平。这意味着任何具有投入和产出的交换过程都会产生感知公平。1996 年，Oliver 指出市场关系中公平的理论和概念是适用的，而且他还提出了对公平测量的区间划分：负面不公平（实际所得低于应得）、公平（所得与应得平衡）、正面不公平（实际所得高于应得）。

本书认同 Maxham（1998）对感知公平的界定方式，认为感知公平是个体在多大程度上确定某个境遇是否公平或合理。感知公平理论是公平理论的衍生和细化。感知公平是影响消费者满意度的重要因素之一。从这一层面讲，服务的公平性对于服务企业来说尤为重要，如果将服务失误和服务补救看作消费者与服务企业之间的再一次服务接触，那么公平理论就为该领域的研究提供了有力的理论支撑。Blodgett（1997）等很多学者对于感知公平做了进一步的研究，他们提出感知公平对评价服务商的服务补救是否努力、顾客对于服务商的服务补救是否满意具有十分重要的影响，同时感知公平也会影响顾客的后续行为。对于不同情绪的顾客，服务商采取有所侧重的措施。Roos（1999）认为，对于对服务较为满意的顾客，服务商应重视与顾客关系的维持，持续提供优质的服务，避免任何可能会给顾客带来不满意、不公平感知的因素，进而提高顾客忠诚度。当顾客对服务商提供的服务不满意时，通常就会感知到不公平，Oliver（1997）提出，这类顾客不仅会在经济上蒙受损失，还会在心理上产生抱怨情绪，因此服务商提供的服务补救更难产生理想的效果，对于这类顾客，恢复感知公平十分重要。产品出现问题可以通过退换货等服务进行弥补，像服务这种无形产品一旦出现服务失败却无法轻易补偿。因此，恢复感知公平在服务补救中非常重要。

三、感知公平的维度

最初公平理论在营销中的应用研究主要是针对结果的公平性，随着学者们对公平理论的不断研究，逐渐扩展到对过程和结果两方面的分析研究。1993 年 Clemmer 和 Schneider 通过关键事件法（CIT）调查了顾客对公平的认知，并且证实分配公平和程序公平在顾客的评论中有显著不同。1996 年这两位学者继而提出了以三维度评估服务接触，即分配公平、程序公平和互动公平。目前学术界对感知公平的维度存在一些争议。部分学者认为感知公平是两维的，即分配公平和程序公平（Thibaut & Walker，1975）。部分学者提出四维度理论（Colquitt，2001），分配公平、程序公平、人际公平和信息公平四个维度组成。多数学者赞成三维度理论，即程序公平、互动公平以及分配公平。本书采取多数学者的观点，以三维度视角来探讨感知公平。

（一）结果公平

Deutsch（1985）将结果公平（distributive justice）定义为双方的付出和所获得的报酬分配是否公平，社会生活中只要涉及交换关系，就会存在结果公平性的感知。Blodgett，Hill 和 Tax（1997）通过研究，提出了针对服务补救的结果公平性，即顾客对服务商针对服务失败所采取的服务补救措施的公平感知。服务商针对服务失败采取的补救措施有多种形式，如延伸服务、费用赔偿、打折优惠等，但若想让顾客切实感知到结果的公平性，就必须从顾客的需求出发，不能自以为是，也不是越多越好。当服务商提供的服务补偿满足了顾客的需求，也就是说，顾客认为所获得的补偿已经能弥补自己的经济损失，自身已得到了公平且满意的结果时，他们的结果公平性感知就提高了，服务补救也就达到了应有的效果。因而，结果公平是衡量顾客经济损失与企业物质补偿是否匹配的重要变量。另外，顾客还会将自己获得的补偿与类似情形下其他顾客获得的补偿进行比较。Blodgett，Wakefield 和 Barnes 在 1995 年提出，顾客评估结果公平感知的基础就是看其所获得的经济补偿是否能满足自己的需求。

结果公平性的衡量指标一般有三个，即需要、公平、平等。需要旨在强调顾客根据其需求来获得结果；公平旨在强调交易分配的相称性；平等旨在强调参与交易过程的每个参与方均获得了相同的结果。

（二）程序公平

20 世纪七八十年代，学者们开始关注程序公平（procedural justice）。Thibaut（1975）最早使用“程序公平”来诠释程序差异的心理结果，特别强调了公平性判断的程序性影响。程序侧重点与分配不同，程序公平考量的是决策过程和使用的方式方法。在决策以及解决冲突的过程中，在程序、政策、方法等方面都存在是否公平的判断，这就是感知公平的另一个维度——程序公平（procedural justice）。程序公平多用于当存在抱怨的顾客是因为企业的服务速度，许多研究指出顾客会因为等待时间过长而感到不公平，从而引起了负面情感和不满（Katz & Larson，1991）。

Blodgett，Granbois 和 Walters 通过对服务补救的研究，于 1994 年提出了在服务补救过程中程序公平包含的内容：服务补救效率的公平性、服务商做出的回应、等待时间的公平性，以及服务商在处理问题过程中程序和灵活。Clemmer（1988）年的研究提出了若干程序公平的原则，分别是效率、准确性、灵活性、客观性和程序的正确性。Clemmer 和 Schneider 在 1996 年提出，服务商的效率问题是顾客关注的重点。顾客总是希望能在较短的时间内得到应有的补偿，这就要求服务商进入相应程序、解决相应问题的过程能实现快速、灵活、公平。

在服务补救过程中，服务商应设立一套可以遵循的服务补救政策，并按照相应的服务补救程序进入问题解决过程，以达到快速、灵活、清晰，进而实现程序公平。如果让顾客在产生损失或不满情绪后，仍需等待较长的时间才能得到反馈和补偿，顾客的负面情绪就会升级；如果问题能在较短时间内得到及时合理的解决，顾客才有可能获得满意感（Katz，Larson & Larson，1991；Goodwin & Ross，1992）。为实现服务补救的目标，服务商在实施服务补救过程中应注意时间、效率、政策、流程等方面的问题，处理时间、灵活性以及移情等都是衡量程序公平的指标。

（三）互动公平

Bies 和 Shapiro（1987）在研究中提出了互动公平（interactive justice）的概念，互动公平又可以称为交往公平，是双方在解决问题过程中，对对方在态度方面的公平性感知。基于此，每个分配决策和决策过程都包含人际沟通和行为（Bies & Moag，1986）。这两位学者还将互动公平定义为决策执行过程中的礼貌和适当性，将人际因素包括进来。这在很大程度上可以解释为何决策的结果和程序是公平的，但人们往往却仍感受到不公平待遇。Parasuraman，Zeithaml 和 Berry

(1985) 在关于服务质量的研究中提到互动公平的两个重要组成部分：移情和保证。后续研究中还提到了服务商的努力程度、诚实、解释、友好、礼貌等。

互动公平性同样被应用于服务补救中。Goodwin 和 Ross (1992) 提出在顾客抱怨的情境下，礼貌、倾听抱怨的意愿、承认责任、接受职责和道歉是互动公平的主要内涵。Blodgett，Granbois 和 Walters (1994) 提出了在服务补救中互动公平的重要性，认为当顾客获得的服务未能满足自己的需求时，会对服务商的进一步服务或服务补救产生预期，同时希望在整个过程中能享受到诚恳、良好的服务态度。互动公平主要是对人际交互、人际接触的心理感知，顾客不仅希望获得公平合理的物质补偿，而且希望能在问题的处理过程中受到优质的服务待遇，心情自然更加愉悦，对服务商的评价也会更趋向于满意。因此，互动公平在对服务企业处理问题公平与否的评价中也占有重要的一席之地。

四、感知公平在服务补救中的应用

在以往的研究中，公平理论多应用于企业组织行为和人力资源的研究之中。

Deutsch (1985) 首次把公平理论应用到研究组织外部的消费者行为中来。强大顾客产生抱怨的原因不仅是由于服务失败，很重要的原因之一就是顾客将自己获取的服务其他顾客进行比较，如果感知公平水平较低，则倾向于产生抱怨。也就是说，服务价值交换过程中的公平感知是顾客满意的重要前提。公平理论提供了一个重新认识和理解服务补救过程中顾客心理变化的重要参数。

顾客感知公平是一个很好的评价服务补救策略效果的标准，公平理论在这一方面的应用给如何评价服务补救策略提供了一个很好的研究框架。诸多学者就感知公平与补救满意、感知公平与消费者行为意向、感知公平与消费者情绪等做了很多相关研究。Blodgett (1997) 和 Maxham 等 (2002) 认为顾客感知公平水平是预测顾客抱怨倾向及后续行为意向的一个重要分水岭。站在整个服务过程思考就可以发现，服务失败之后，顾客会根据自身得失及其他因素提出抱怨，同时对服务企业及其人员解决问题的态度和积极性做出一些评价。整个过程中都伴随着顾客对服务补救措施和补救形式的主观感知及评价，进而决定了顾客的态度和后续行为意图。Bies 和 Moag（1986）认为服务商处理抱怨是一个复杂过程，处理的程序会引发互动，处理的结果会导致分配差异感知，处理抱怨的每一个环节均可能激发公平感知出现和变化。很多的学者认为，服务失败之后的一系列事件和补救过程都属于公平的范围，在每个环节都会激发顾客的感知公平情节。

Parasuraman 等（1985）和 Taylor（1994，1995）在服务营销领域的研究认为，服务失败之后顾客和服务人员之间的服务交互和服务质量都会对顾客的感知公平水平起到重要的影响作用。他们强调服务补救质量是消费者服务评价的核心要素，为后续学者在服务质量和服务补救的研究提供了很好的铺垫。

Tax（1993）发现感知公平的三个维度（分配公平、程序公平和人际公平）对信任、承诺和补救满意之间存在相关性，尤其是与补救满意度之间的关系更为密切，不仅三个维度与补救满意度呈正相关，且三个维度的交互作用也会对补救满意产生重要影响。Tax 和 Brown（1998）研究发现，服务过程中消费者感知公平是补救满意的关键影响因素，并提出三个维度能解释补救满意度超过 80% 的比例。他们还具体分析了激发三种公平感知的具体补救方式，并强调服务补救过程中消费者受到的人际对待，如关怀、诚实、解释、努力和礼貌均会影响其互动公平感知。Tax 和 Brown 构建了基于感知公平的服务补救框架（见图 2－1），并且提出了基于感知公平的服务补救流程（见图 2－2）。

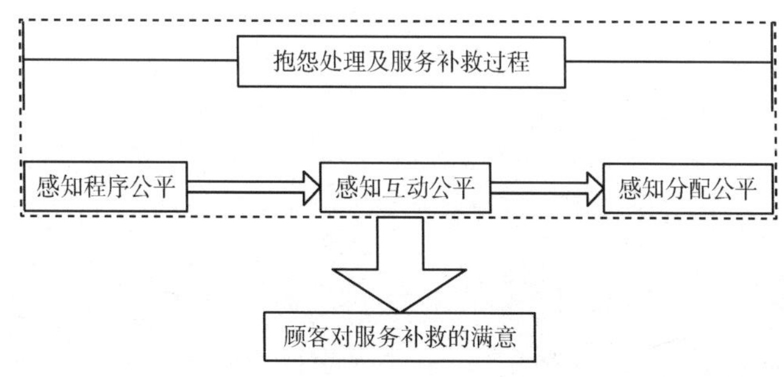

图 2－1　感知公平在服务补救中的作用

资料来源：Tax, Stephen S., Brown, Stephen W. Recovering and Learning from Service Failure［J］. Sloan Management Review, 1998, 40（1）：75－88.

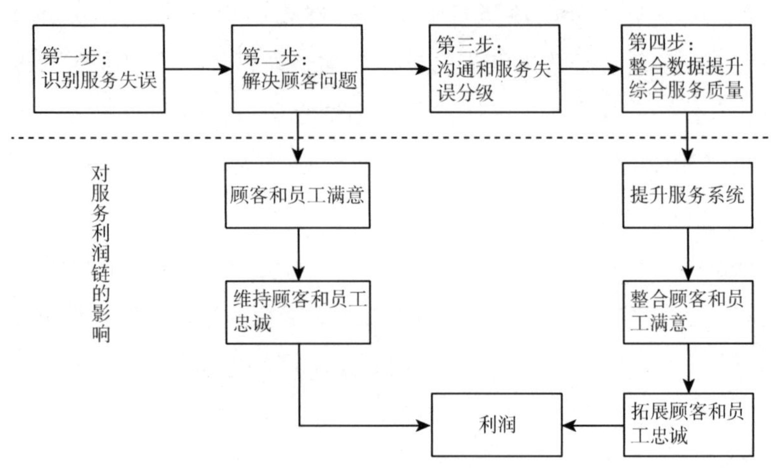

图 2－2　服务补救过程及对服务利润链的影响

资料来源：Tax，Stephen S.，Brown，Stephen W. Recovering and Learning from Service Failure［J］. Sloan Management Review，1998，40（1）：75－88.

1993 年，Blodgett 等学者首先提出了顾客对程序公平的感知会对重购意愿和口碑意愿产生影响。之后的几年间，他们又针对该问题进行了更深层的研究，于 1997 年得出了进一步的结论——结果公平、程序公平和互动公平这三个感知公平维度都会对重购意愿和口碑意愿产生独立影响，尤其是互动公平对顾客行为意向的影响非常明显，见图 2－3。

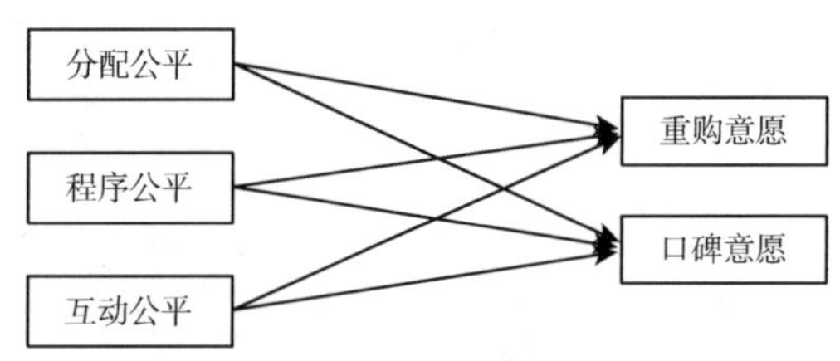

图 2－3　感知公平与行为意向的关系图

资料来源：Blodgett J G，Hill D J，Tax S S. The effects of distributive，procedural，and interactional justice on postcomplaint behavior［J］. Journal of Retailing，1997，73（2）：185－210.

Oliver（1997）的研究发现顾客在消费过程中，主要是通过比较的方式来感知公平与否，比较实际所得与期望所得，或者比较实际所得与其他标准。若顾客在消费过程中蒙受了经济损失或社会损失，也就是说，服务出现了失败，顾客就会感知到不公平性，并希望通过一些措施来弥补自己的损失，找回心理上的平衡，而一旦出现服务失败，服务商也会采取诸如经济补偿或社会补偿等措施来进行服务补救。顾客对公平的感知源自对自己所得报酬与付出是否合理，公平感会给顾客带来满意感，不公平感则会使顾客产生不满意。

Smith，Bolton 和 Wagner（1999）系统地研究了感知公平与顾客补救后感知的关系，其研究结果证实：感知公平的三个构面对满意度的解释力度较强；分配公平主要是受到服务补救中物质补偿的影响，程序公平受补救方式中补救速度的影响，互动公平主要受到服务商补救态度，即补救主动意识和道歉程度的影响。

Maxham 和 Netemeyer（2002）在 Blodgett（1997）基础之上又做了进一步的研究。该研究认为，服务补救中顾客感知程度公平、交互公平和分配公平与消费者的口碑传播和重构意愿的确存在着显著的正相关关系，但是消费者感知公平的这三个维度并不直接影响消费者服务补救之后的后续行为，而是通过补救满意和累积总体满意这两个中间变量产生影响。感知公平的三个维度同时对补救满意和累积总体满意产生影响，进而对口碑意愿和重购意愿产生影响，具体见图 2－4。

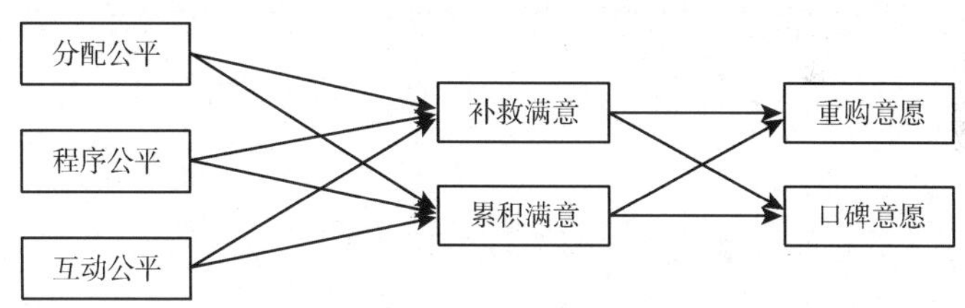

图 2－4　感知公平、消费者满意与行为意向关系图

资料来源：Maxham J G，Netemeyer R G. Modeling customer perceptions of complaint handling over time：the effects of perceived justice on satisfaction and intent［J］. Journal of retailing，2002，78（4）：239－252.

Buttle 和 Burton（2002）研究认为，当服务失败发生时服务企业倾向于把焦点放到最终的顾客忠诚上，而背离了初始的服务失败。服务补救成功的关键因素在于找出顾客的公平感知，在第一时间进行正确的补救，否则顾客的不满可能会比没有服务补偿时加剧。大量学者将公平理论用于顾客满意的评价，由于服务具有无形性特征，无法像实体产品一样能在消费前后对其质量产生完全客观的评价

(Seiders & Berry, 1998)，因而多数研究把个体的服务公平感知作为评价服务质量的依据。

除上述学者外，以 Colquitt（2001）和 Ambrose（2007）为代表的一些学者倾向于感知公平的四构面论，即除了分配公平、程序公平和互动公平外，还有信息公平这个重要维度。Colquitt（2001）明确提出要将信息公平从互动公平中分离出来，并指出这个维度与感知公平也存在相关性，可以解释感知公平的差异。Ambrose（2007）更强调信息公平与补救满意度的相关系数比程序公平和互动公平更高。

五、文献评述

公平理论强调的是顾客会将所得与所失进行心理权衡，形成自身的主观评价，做出是否公平的判断，进而激发个体认为最公平的行为。在服务补救的研究中，遭遇服务失败的顾客往往会把自己因服务失败而承受的经济和精神损失，与获得服务补救进行心理的主观评价。若顾客认为是公平的，则会大大消除服务失败造成的影响，若顾客没有感知到公平，可能会激化负面情绪和行为。公平理论应用于服务补救研究中是非常适合的，它能对顾客的认知和行为意向进行很好的阐释。

公平理论在服务补救领域中的研究较为深入和系统，感知公平涵盖了服务补救结果、服务补救过程和服务补救中的人际交互过程三个方面的评价。结果公平衡量的是企业的资源型补偿，即企业的物质补偿能否弥补核心服务失败，能否弥补顾客的经济损失；程序公平衡量的是企业解决服务失败的程序和流程是否符合规范和灵活性，是否快速及时，从而让顾客感到公平；交互公平衡量的是在解决服务失败的过程中，企业与顾客是否进行了礼貌的人际交互，企业及其员工在解决问题方面的真诚态度是否能让顾客感到公平。感知公平理论在服务补救领域研究中的细分对评价服务补救策略的效果带来了新的视角，较为系统和全面。

从文献回顾中发现，感知公平理论经过多方研究论证后，在解释补救满意和补救后行为意向时具有强大的解释力。本书认同很多研究所指出的感知公平是服务补救满意的前提，感知公平与补救满意和补救后行为意向之间关系密切，但在感知公平与补救满意之间仍存在尚未被解释的因素。第一，本书认为尽管补救满意与感知公平之间存在相关关系，但其中仍隐藏着尚未被发掘的影响机制。例如，消费者对公平的感知是否会激发补救过程中消费者情绪的变化，情绪的变化又是否会影响消费者态度变量，如补救满意的变化。消费者情绪这个重要因素在服务补救中的研究尚不丰满。第二，根据以往研究，补救满意和感知公平均会对补救后行为意向（如口碑和重购意愿）等起到积极作用，但这两个变量对行为意向的作用方式是否相同尚未被解答。第三，消费者个体差异会对影响他们对公平的感知，部分消费者能客观看待失败事件并做出理性判断，此类消费者易于原谅企业的疏忽，产生较高的公平感知；部分消费者则属于情绪驱动的类型，因补救失败而激发的负面情绪较高，从而降低对他们公平的感知，因此要结合顾客特点和特定的服务失败情境进行感知公平的研究，从而更全面地揭示其中的作用机理和隐藏的重要变量，但此领域的相关研究也相对较少。

第三节 面子相关研究

一、面子的起源与内涵

面子问题在中国社会根植已久，爱面子是典型和普遍的社会心理与行为现象。个体除了扮演自己的真实身份和社会角色外，还会承担在交往中的人际身份。从古至今，很多人为了面子而活，可见面子在我们的思想理念中一直占据着重要的位置。面子如何产生，对人际交往有何影响？几十年来，众多中西方学者从语言学、社会学、心理学等多个角度对面子展开分析。亚瑟·史密斯在的《中国人的性格》一书中写道：“中国与西方人必须承认存在着差异，因为他们绝不可能用同样的眼光看待事情。在调解各个村庄之间常有的无休止争吵时，‘和事佬’必须认真考虑‘面子’的平衡，就像过去欧洲政治家考虑权力平衡一样。在这种情况下，目的不在于执行公正的原则，而是按照适当的比例，对所有有关的‘面子’进行分配。执行公正的原则，对一个东方人来说，即使从道理上讲有这种愿望，但实际上是不可能的。就是在诉讼的裁决中，按比例分配‘面子’的事也常有发生，这使得相当大比例的裁决在所谓不分胜负的比赛中不了了之。”

从面子起源来看，鲁迅在《说“面子”》一文中说道：“‘面子’究竟是怎么一回事呢？不想还好，一想可就觉得糊涂。它像是有好几种的，每一种身价，就有一种‘面子’，也就是所谓‘脸’。这‘脸’有一条界线，如果落到这线的下面去了，即失了面子，也叫‘丢脸’。”亚瑟·史密斯在《中国人的性格》中认为儒家思想的尊卑贵贱就是划分中国人得、失面子的一个界线。本书认为，儒家的尊卑贵贱、道德礼义是面子文化的起源之一。在我国五千年的文明史中，儒家文化占有非常重要的作用，而其中的“礼”“德”“名”等观念就可作为我国“脸”“面子”等概念形成的基础。然而，随着时代的变迁，现代社会中面子的感知不仅来源于根植的传统文化，更体现了现代人对个体能力、品质等内在价值的追求。如果他人对个体的评价认知或社会期望与个人自我认知之间出现了不一致，就会促使该个体产生“有面子”或“丢面子”的感受，则将进一步其影响心情和行为。

人类学家胡先晋女士在1944年率先针对在中国文化中影响颇深的面子问题进行了深入研究。在研究中，她将“面子”和“脸”做了比较区分，并界定了“面子”的概念和含义。她认为，“脸”是一种对道德名誉者的尊重，而面子是一种声望，它通过一些可见的成就和夸耀来获得。之后，一些学者先后对面子下过不同的定义，具体见表2－2。

表2－2　面子的定义

学者	定　义	重　点
Goffman（1955）	个人认为自身应该获得的，希望获得并得到他人认可的社会正向价值	正向自我意象
何友晖（1974）	面子不只是社会大众对一个人社会形象的感知，也是个体的社会自我投射	突出个体的主观感知和诉求
朱瑞玲（1987）	一是符合外在社会要求的面子（身份地位、政治权力、学术成就等）；一是内化的道德行为	来源于个人成就和个人品德，前者是社会赋予的，后者来自自我要求

续表

学者	定　义	重　点
金耀基（1988）	面子是他人对其成就等的一种认同，这种成就可以是政治权利、学术修为或者是身份地位等	外在认同感
Ting-Toomey（1998）	面在某种关系情境中，个体主张的一种积极的社会自我心像	社会自我心像
翟学伟（2001）	经过印象整饰后与某一社会团体或组织表现出相同或类似的心理行为，从而融入该社会圈子，获得认同的形象	在他人心目中产生的序列地位，即心理地位
Spencer-Oatey（2002）	质的面子（希望通过个人的能力、品质等自身特性而获得的他人及社会的正面评价）；社会身份的面子（希望他人知道并且支持自身的社会身份或角色的基本愿望）	质的面子与个人价值、自尊感有关会身份的面子与社会或团体角色等公共价值相关
周美伶（2006）	他人给予认可或允许的公众形象、社会尊严等	强调面子的获得是通过人与人之间的互动性形成的，包括社会尊重、行为标准期望等

资料来源：作者根据现有研究整理。

从以上定义可看出，尽管各学者对面子定义的表述不同，但有几点共识：一是面子是一种与身份有关的现象，具有认知与情感的成分；二是面子既是人的心理建构，也是社会建构，既是个体在自我感觉和正面形象的表露，是个体的心理活动，又是个体作为群体的一部分被组织或社会上其他成员所赋予的名声、地位、社会影响力等方面的认可，是社会层面上的意义；三是个体在公众面前所要维护的形象，承载了个人的成就、名望、地位、形象等，是个体的内心感知。在Spencer-Oatey（2002）和周美伶（2006）的研究基础上，本书对面子的界定是：面子指的是个体被他人认可的基于个体能力和品质获得的正向价值，同时也是该个体期望在人际互动中获得的来自他人和社会认可的社会正向价值。面子是一个人希望他人认可的一个积极的形象。

对中国人面子的理解，本书认为要强调如下五个特征：一是面子是根植于文化的社会心理建构，各个国家和地区均存在重视面子的问题。只是由于不同地域有不同的社会文化，因而面子对于人们的影响和意义不同，人们对于面子的关注点也不尽相同。二是面子依赖互动和交往活动而产生，面子有大有小，是个体在生活过程中根据自身的地位、社会影响力、能力或者感情密切程度等获得的。三是面子的大小不是一成不变的，具有情境性特征，熟人之间的面子得失感往往较大，而与陌生人接触的过程中则少有面子。四是面子具有社会控制性，朱瑞玲在1987年提出了面子的社会控制性特征，它是指若个体面子大，则其公众的关注度越高，受到的制约也就越多，这就是面子的制约力。五是关联性（黄光国，2004），面子是一个“场域概念”，当个体感觉自己无法满足社会期望时，会觉得丢面子，同时与个体之间具有密切关系的他人的不当行为也会造成丢面子的感觉。在我国的文化观念中，黄光国（2004）提出了面子的两层含义，其一是个人和小我的面子，其二是个体所认同的群体组织的面子，也就是大我的面子。朱瑞玲（1987）认为面子有两个层面的含义，其一是符合外在社会要求的面子，包括地位、权力、成就等；其二是个人内化的道德行为，即自我要求的面子。翟学伟（见图2－5）的模型也说明，脸表示自我形象，面子则表示心理地位。

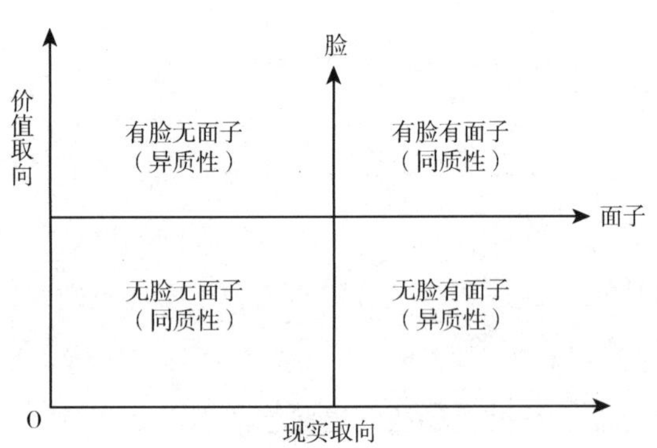

图2－5　中国人的“脸”、“面”四分模型

资料来源：翟学伟，中国人的脸面观模型．引自：翟学伟，中国社会心理学评论（第二辑）［M］．北京：社会科学出版社，2006：217－228.

为了更好地对面子进行研究和分析，需要与其他几个相似变量进行比较：

1．脸

脸和面子在中国人看来是极为相似，但又相互区别的两个概念。胡先晋（1944）在研究中强调了“脸”的道德性，“脸”和“面子”既有区别，也有联系，两者是两种不同的标准，但都是对人的行为做出判断。面子的多少在一定程度上由“脸”来决定，因为“脸”可以看作是人格的基本条件。胡先晋倾向于将脸纳入人格范畴，而面子则是由脸的程度来体现的。胡先晋的研究为后续研究做出了突出的贡献。佐斌（1997）在此基础上提出了“道德面”和“社会面”，金耀基（2006）也建立了二元模型。翟学伟为进一步研究“脸”与“面子”之间的区别，提出了“脸”“面”的四分模型（见图2－5）。从翟学伟的研究可以发现，他倾向于认为“脸”和“面”是由两个相关性很高的概念形成的一组连续的标准，两者都可以涉及或不涉及道德。本书认为，“脸”和“面子”是两个不同的概念，最大的区别是前者是社会对个人行为，尤其是对个体人格的信心，后者多指个人声誉，是一种心理表现和社会关系的存在。

2. 自尊

尽管面子表现出一定尊严，但仍不同于自尊。周美伶（2006）提出，自尊是个体对自己的看法，它以自我评价为核心，这与需要他人来评价为核心的“面子”有着一定的不同。自尊则是个体对自我价值的肯定与确信，以自我评价为核心，自尊的产生无须经由外界的赞赏和认可。

3. 人情

“人情世故”是生活中常说的一个词语，其中涉及的人情常见常存。《礼记·礼运》提道：“何谓人情？喜、怒、哀、惧、爱、恶、欲，七者弗学而能。”人情多产生于人际互动与交往。人情与面子有着千丝万缕的关系。Hwang（1987）提出，在中国，人情被赋予了多种含义，其中与面子相关的含义是指人与人之间由于存在感情而出现一些恰当的行为。人情和面子都是人际交往中无法避免的，两者往往还会与关系和义务扯上联系，象征着一种特定的人际交往准则。

4. 互惠

Cardon（2005）认为，互惠是忠诚的原则，人与人之间的忠诚正是靠面子测量的。互惠可以看作是个体与个体之间面子的交换，其目的是维持双方的关系，同时在社会中获得大众的认可。

除了上述变量外，围绕“面子”这个变量，国内外学者又做了大量相关研究，衍生了一些与面子密切相关的变量，这些变量由面子激发而产生的行为和心理变化。一是面子行为，顾名思义，它是个体为挽回自己和/或他人的“面子”，抑或是避免“丢面子”、“没面子”而实施的一系列因应行为（朱瑞玲，1987）。朱瑞玲（1987）经过系统总结，将华人常用的避免“丢面子”的方法归纳为七类，包括谨守规矩、事先的防范、沟通、训练、自我控制、不作为以及无法避免等。此外，她还将华人挽回脸面的常用方法归纳为六类，如事后澄清和解释、逃避、补偿、纠正、改进等。二是面子感知威胁，这个变量从认知心理学的视角刻画了个体因某种社会性回馈而觉察到的负面自我心像，或是与之相关的自我价值感和心理体验（朱瑞玲，1987）。它受到个体差异、情境因素及特定面子事件的共同影响。还有部分学者提出了“面子威胁”的概念（Hodgins，2003），是任何可能危及个体偏好的公众形象或导致该形象蚀损的事件或行为，如冲突、批评、竞争、反抗、指责等。

服务失败是典型的让消费者遭受“面子威胁”的情境。在这个过程中，消费者经历了冲突、不友好等境遇，这些负面的面子威胁事件必然会导致消费者“失面子”的主观感受，因而在服务商的补救过程中就必然无法绕开“面子”问题，要通过各类补救措施给消费者创造“得面子”感。从这个意义上说，服务商的各种补救努力可以被看作“面子行为”。“面子威胁”和“面子行为”均是服务失败和补救过程中的外在情境，这些情境变量通过与消费者内心潜在的某些特质产生共振从而促使消费者情绪和感知的改变。本书认为，在服务补救过程中，能集中体现消费者内在特质的重要变量是面子的重要衍生变量——面子意识。面子意识是消费者后天习得的，在较长时间内稳定不变的性格特质，它诠释了个体在与重要他人的互动过程中，对于增进“面子”、维护“面子”以及避免“丢面子”的渴望（Bao，2003），它是文化价值观念的一种体现并影响人们的日常行为和感知。不同的消费者之所以在相同的服务失败情境抑或是补救情境中产生差异化的面子感知，就源于其内心面子意识的强弱。面子意识弱的个体对某一负面事件造成的面子损失感知较弱，而面子意识强的个体则敏感度就高很多。本书将在后续章节和理论架构中重点进行分析。

二、面子的维度

1. 质的面子和社会身份的面子

Spencer-Oatey（2002）把面子划分为相互影响的质的面子和社会身份面子。处于社会环境的人，随着交往的深入，会产生被肯定的心理欲望，如能力上的肯定、外在形象的赞赏等，这是本质的内心需要和个人价值属性的体现，也是心理自尊的外在体现，这便是质的面子。此外，个体在社会中分别扮演着不同的身份和角色，人们希望社会及他人能基于自己的角色和身份给予积极肯定及赞扬，这种认可人们价值的外在表现是社会身份的面子。这种分类可以看作是“名”与“实”之分，质的面子是人们对个体能力、品质的内在需要，是“实”；社会身份的面子则是指“名”，是人们对外界认可的期许。

2. 积极面子和消极面子

积极的面子与消极的面子是 Brown 和 Levinson 于 1978 年提出的。积极的面子（正面面子）是指人们在参与社会活动中，总是在内心渴望通过自己在外形、个性、品质、行为等方面的良好表现从而获得他人或社会给予的认可或赞许，这是一种积极的正向活动及对正面评价的渴望。消极面子（负面面子）是一种对于自我尊严的极力保护，个体在交际过程中，不会受他人干涉或妨碍，也不会为了迁就或其他因素而使自己丢面子，拥有独立和相对自由的行动，并通过各种方法及手段保护自己的面子、社会地位及公共价值。

3. 交换价值型面子和心理满足型面子

能对参与交易的双方的利益等产生实际影响的是交换价值型面子，它是由社会学取向的学者提出的，是一种务实的面子。交换价值型面子可以看作是一种手段，个体能获得多少利益在一定程度上来说取决于个体面子有多大的影响力，如果不给对方面子就意味着拒绝让对方获得某种利益。这类面子是由于个体具有较多社会资源，如财富、地位等因素，抑或具有广泛的人脉资源，以及具有让人敬仰的品行、资历和能力等主客观因素决定的。由丰富的人脉资源带来的面子力量可以在一定程度上促成社会资源的交换和交易双方的互惠，基于高尚的人格魅力的面子感也会带来较大价值和影响力。

由心理学取向的研究者定义的面子属于心理满足型面子，它主要是指个体的一种心理感受，而并不会对个体的利益产生实际的影响，比如说“有面子”，只是让个体感觉到了愉悦和满足，而“丢面子”只是让个体觉得羞愧、尴尬或愤怒。由此可以看出，心理满足型的面子是由主观感知因素决定的。交换价值型面子是长期稳定的，而心理满足型面子则具有情境性，本书的研究是心理满足方向的面子感受。

4. 能力性面子、关系性面子和道德性面子

宝贡敏（2009）通过一项探索性分析，提出了面子的三要素——能力、道德、人际关系。相应的，基于她的研究，面子也可以分为能力性面子、道德性面子和关系性面子。能力性面子指的是个体希望自己的能力获得他人及社会的认可，并且希望能通过能力获得应有的财富地位；道德性面子指的是个体希望他人及社会能赞许个人的道德品质以及自我约束力，获得他人的认可等，这与“脸”的概念有些类似；关系性面子是指个体对于广泛的人际交往圈子、和谐稳定的人际关系的需求和向往，并且希望自己能在圈子中获得较为重要的一席之地并在圈子中发挥影响力。

5. 主观向度和客观向度

成中英（1986）通过研究，提出了一种面子分类——主观向度和客观向度。主观向度侧重于个体自身，体现的是个人内心所渴望获得的社会认可和社会正面评价，包含的是人与人之间的关系或者人与社会的关系，是积极的。客观向度强调外界因素，是对个体本身的社会地位或角色、外在形象、品质、能力、道德等的客观综合评价，是外界所赋予个体的，有积极的，也有负面的。这个分类方式与 Spencer-Oatey（2002）将面子分为质的面子和社会身份面子的分类视角，较为类似。

6. 自主的面子、交情的面子和能力的面子

Lim（1994）提出了另一种面子分类方式，将面子分成自主的面子、交情的面子和能力的面子三类。自主面子体验的是个体不想被压迫，期望能掌控自己的命运；交情面子是指个体和有价值的朋友之间的交情有关，表示个体希望被接

纳；能力面子是个体希望通过能力的展示，得到他人及社会的尊重。后两者与宝贡敏（2009）提到的关系性面子与能力性面子是相似的。

纵观学者们对面子做出的各种维度，本书发现面子的维度划分主要为两种方式。一是根据面子的来源来划分，划分为能力、关系以及道德品质等维度，这种分类方式从面子的构成角度提供了分析面子的视角。二是根据面子的衡量标准划分，即衡量主体是个人还是社会大众。衡量主体若是个体自身，它代表了面子主观向度或“质”的面子；衡量主体是社会大众，则是面子的客观向度或社会身份的面子。

三、面子的运作机制

20世纪40年代至今，中外学者对面子的研究分成了几个派别，研究基础分别是社会心理学和社会语言学。社会语言学派以Brown和Levinson为代表，把面子分为积极面子和消极面子，开创面子管理理论。社会心理学派Spencer-Oatey提出了关系管理模型，以关系为中心的学派更为在意的是人与人之间的互动，研究的是如何在互动交往过程中运用面子，以及面子在交往过程中的影响。这类研究的主要代表人物包括Ho、Penman和Lim等。在社会心理学领域，社会心理学派有两个分支：一个分支是以情境形象认定理论、印象整饰理论、面子磋商理论为代表；另一个分支的研究成为近年来面子研究的主流，即面子的本土性研究。这类研究学者主要以华人研究者为代表，他们通过管理学、心理学、社会学等方法，在我国特殊的文化背景下，研究了面子的作用机理、面子的功能和面子的社会影响等。

朱瑞玲（1987）的研究提出，个体在事件和情境中，对于面子的认知及反应过程可以作为面子事件与个体行为反应影响之间的关键的中介作用，因此在研究过程中可以将其独立出来并进行重点研究。朱瑞玲（1987）还从面子知觉、面子整饰过程，详细地分析了面子感知和反应。她归纳出影响面子感知的三类因素：个体因素、行为因素、情境因素（见图2-6）。由于从一定角度上来讲，面子是他人或社会对于个体行为的评判，因此，除了个体和行为因素外，情境因素是其中非常重要的一个因素，包括情境的熟悉程度、公开程度和外界评价情况。朱瑞玲（1987）的研究还有一个重要发现，当个体因为外界情境因素、身份因素和行为因素而产生面子威胁感知后，不是即刻产生了若干维护面子的行为（预防性措施和补救性措施），而是先引起了负面情绪（窘迫、焦虑、生气等）的变化，从而进一步激发了面子行为。这项研究为本书理论模型的架构典型了理论基础。

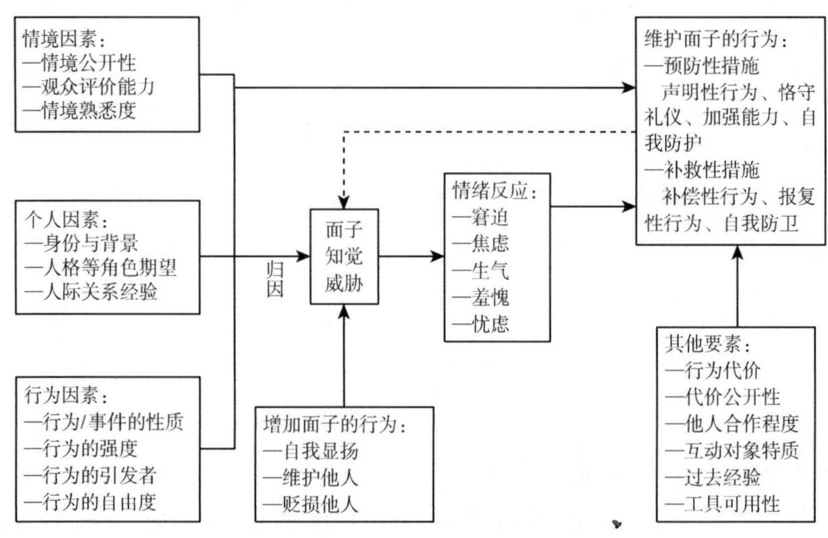

图 2－6　面子知觉与面子整饰模型

资料来源：朱瑞玲，中国人的社会互动：论面子的问题．引自：翟学伟，中国社会心理学评论（第二辑）[M]．北京：社会科学出版社，2006：79－106.

陈之昭（1988）（见图 2－7）提出了“面子消息处理机制”，人、事、物、地、时等社会情境中的不同刺激类型，进入消息处理系统后，会通过认知系统进行转化，后经过消息计量系统计算出面子量，面子量与个体的比较系统经对比，其结果则进入反应系统，进而导致相应的认知、情绪和行为反应。

佐斌（1997）（见图 2－8）在研究个体对面子事件的心理作用过程中运用了心理学研究方法。他认为，人、事、物等面子事件及面子情景等都有可能对人的面子感知起到刺激作用，在受到刺激后，个体会进行情境解释，进而通过一定的标准对该事件进行评估，最后才有了有面子或失面子的心理反应及相应的情感和行为反应。佐斌的研究成果重点揭示了从外在刺激（情境、事件）到个体反应

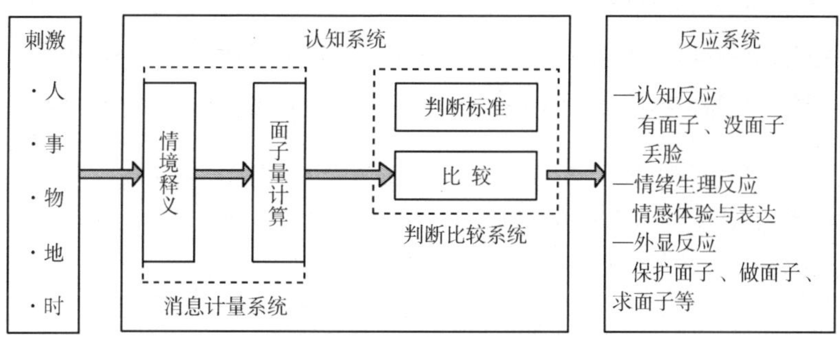

图 2－7　面子的消息处理模型

资料来源：陈之昭，面子心理的理论分析与实际研究．引自：翟学伟，中国社会心理学评论（第二辑）[M]．北京：社会科学出版社，2006：107－160.

系统之间的认知过程是如何变化，与“面子消息处理模型”类似，他的研究也指出了“刺激——情景释义——判断比较”的这一认知过程影响机制。

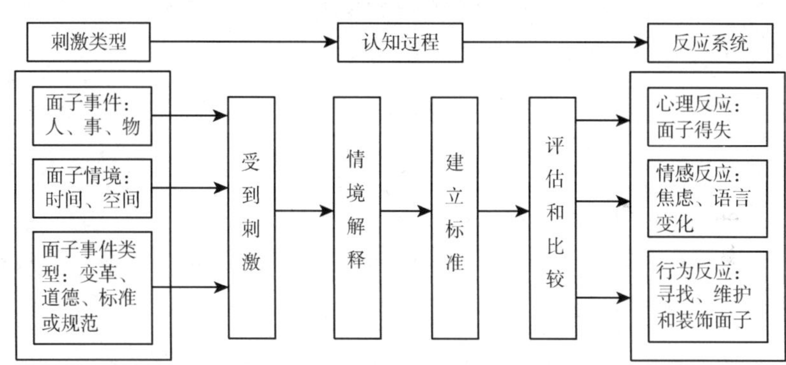

图 2－8　个体对潜在面子事件的评估模型

资料来源：佐斌，中国人的脸与面子——本土社会心理学探讨 [M]．武汉：华中师范大学出版本，1997.

从上述典型的研究成果来看，面子的作用过程，在一定意义上可以看作是面子的感知和作用过程。从刺激到内心认知，从认知到情绪变化，从情绪变化再到个体反应，这便是面子感的产生和作用过程。在个体遇到面子事件及各类外界刺激时，这一作用过程能很好地解释相应的面子现象，显示出强大的应用效力。就目前成果看，理论及实践领域对其面子领域的研究投入仍十分有限，尤其是沿着上述学者发现的面子影响机制，即“刺激—认知—情绪—行为”来进行相关研究的文献则更为稀缺。本书将基于前人的研究思路和研究基础，在面子机制相关领域进行深入挖掘，以期更为全面地揭示面子在人际互动中的重要作用。

四、面子在管理和营销中的应用

1. 员工管理领域的面子研究

文化在组织管理中的力量不可小觑，面子的产生和演变与文化因素更加密不可分。在管理领域，面子是帮助员工提升自我感知的重要内在因素。员工感觉到有面子，便是满足了自身对于获得他人认可的期待和需求，组织可以通过利用文化的力量来激发员工的面子感知，从而更好地进行管理活动。员工在企业中工作不仅是希望能满足经济需求和成就个人事业目标，得到上司和同事们的肯定，满足管理层的要求，体现个人价值也是工作的重要目标之一。工作动力和热情主要来自领导的压力、企业的压力、社会的压力（Kim & Nam，1998）。当员工没有实现上级设定的目标时，便产生了面子损失感。为了挽回面子，员工会采取一系列的补偿或修正措施，以弥补过失。除此之外，如果员工的能力得到认可，还有可能会激发员工们的创新意识和创新能力，不断努力工作，突破自我，更会乐意进行员工之间的信息共享，这是面子的正向激励作用。此外，如果员工的努力迟迟得不到肯定，员工则会觉得“丢面子”，并从心理上产生羞耻和沮丧感，这对于员工的创新行为和工作动力都会带来消极的影响。此时面子意识的存在就是一种负面的压力。个体对面子越是关注，面子的正负面激励效果就越好。当然，无论何时，员工们都会有维护面子的心理，但这种心理对外界行为的作用也会受到其他因素的影响，譬如归因。若某员工是倾向于遇事归因于外的个性特质，则这种倾向会弱化甚至抵消因失去面子而带来的沮丧和挫败感。

部分学者将面子引入了员工管理领域。胡士强（2010）从面子需要出发，对员工的知识共享意愿进行了分析，提出部分员工对积极的面子需求较高，出于这种心理，这类员工更愿意进行知识和信息的共享。赵卓嘉（2013）以知识型员工为研究对象，基于期望理论，针对面子作用于知识型员工的任务冲突处理机理进行了实证研究，提出了面子的效价问题及面子的中介作用。常涛（2014）从面子视角，提出了绩效薪酬对员工创造力的影响模型，并通过 81 家企业的实证调研发现，绩效薪酬的信息性可以通过能力面子压力正向影响员工的创造力，绩效薪酬的控制性通过自主面子压力负向影响员工创造力。蒋建武（2014）提出在组织中的劳务派遣员工存在双重身份，面子在组织声望对劳务派遣员工的组织认同的积极影响中具有中介作用。陈昊（2016）探讨了面子在引导员工信息安全行为方面的作用，他的研究指出“挣面子”倾向和“护面子”倾向对正式控制机制与行为意愿之间起到了负向调节作用。从上述文献可以看出，学者们已经充分认识到了面子作为一种稳定而解释力强的人格特质变量，对员工的管理、激励和引导方面的重要作用。

2. 营销领域中的面子研究

（1）面子意识与面子需求。

Bao 于 2003 年对“面子意识”的概念做了深入和生动的诠释，提出人们在社会生活中总是希望能避免“丢面子”、保持面子和提升面子，这种意愿就是面子意识。其他几位学者对面子意识的定义是：

Li 和 Su（2007）：消费者增强面子、维护面子及保全面子的意识和渴望。

Chan（2009）：个体对面子的保护与提升的关心程度。

薛海波、符国群（2014）：在社会活动中，个体希望能保全面子、维持面子以及提升面子的心理。

从上述定义中可以发现，面子意识高的个体对面子的重视程度就高，“好面子”的行为就更为频繁，面子敏感性也会较高。面子意识与具体的情境无关，它对于人行为的影响可以看作是长期且较为稳定的。学者们把“面子意识”作为一个反映消费者个性与价值观的人格变量来进行解读和研究。

面子需求这个变量也是由面子延伸而来，有几位学者做了相关界定：

陈之昭（1988）：个体面子需要是“一种赞誉需要”，一个面子需要强的人，就意味着他的“社会赞许需要”大，比起其他人来说对面子的得失有更为强烈而敏锐的感知。

宝贡敏和赵卓嘉（2009）：面子需求反映了在人与人之间的交往过程中，个体渴望能维护自己的面子，甚至增进自己的面子，从而对个体的行为产生一定的影响，这是个体一种相对稳定的个性要素。

除国内学者之外，西方学者认为，面子需要是一种心理反应，是由特定的事件引起的，依据情境而变化；中国学者则较多地将面子需要看作是一种个性要素，不仅反映出个体对维护面子的需求，而且差异化的面子需要强度会对个体的行为产生不同的影响。

本书认为，面子需求和面子意识这两个概念具有很多相通性。首先，面子需求是个体希望通过努力、成就、责任心及乐于助人的表现，赢得他人的认可，是内心潜在的一种渴望。面子意识，从上述学者的界定中可以发现，也是渴望赢得尊重的强烈意愿和内在个体倾向。再者，这两个因素在定义中都体现了个性要素和人格变量的特点，受外在环境的影响较小，具有跨情境的稳定性，对消费者的行为意向具有很强的预测作用。此外，本书发现这两个因素的量表的内涵基本一致，都体现了用获得社会赞许的各类积极行为来提升和保全面子的含义。故本书认为，这两个概念可以看作是非常相似的概念，在本书中不做详细的区分，故而本书以“面子意识”作为研究的探讨变量。从定义来界定，面子意识是个体希望能保全面子、维持面子以及提升面子的强烈意愿和内在个体倾向，与其他人格变量一样，具有跨情境的稳定性，能体现消费者对自身面子得失的敏感程度和对各类面子行为的偏好。

（2）面子意识与消费行为的相关研究。

中国人对于面子的重视和认同决定于个体对于自身的社会地位或角色的认同，将影响中国人几千年的面子意识引入营销领域，可深入地理解中国消费者的消费观及消费行为。中国人互相送礼物和请客吃饭是最典型的体现他人导向性及自我社会角色的面子消费。卢泰宏教授（2003）使用案例分析，对礼品消费、攀比消费、节日消费、关系消费中的面子现象进行了深入探讨。送礼行为、攀比消费是面子意识的重要体验，送礼行为不只是自己的购买行为，还牵扯到了他人的利益，此时消费者就会尤其挑剔，希望能选择到令自己和他人都满意的产品或服务，以使自己和他人觉得有面子。

除此之外，以往文献对面子意识与消费的研究，还包括如下几方向：

第一个方向是面子意识对购买意愿和购买决策风格等的影响。李东进（2009）结合中国的具体情况和中国消费者的特征，在 Fishbein 模型中加入了面子意识，他认为消费者的购买意向不仅与行为态度、群体一致性有关，同时也受到了面子意识的影响，且其影响作用相对更大。薛海波和符国群（2014）提出，在消费过程中，消费者通常可分为五种购物决策风格，分别是重视品牌、追求完美、新颖时尚、习惯忠诚、购物享乐，而这五种风格都会受到面子意识的影响，且是正相关关系。“德、才、美、睦、赞”是面子意识的五个维度，但不同类型的消费者在这五个维度上的表现是不同的，男性和女性消费者在“德”“美”上的表现也具有很大的差异，相比之下，女性消费者更重视仪容仪表，男性消费者则更重视仁义宽厚。宋晓兵（2014）围绕消费者印象管理行为，利用实验的方法检验了面子损失对消费者品牌标识偏好的影响机理。研究结果表明，面子受损的消费者更愿意选择带有明显品牌标识的名牌产品，并且面子损失是通过影响面子消费倾向，进而影响品牌标识偏好。此外，他还发现，对于自尊更低的消费者来说，针对彰显身份能力更强的产品种类，面子损失对品牌标识偏好的影响将更加显著。

第二个方向是以“炫耀性消费”“奢侈品消费”为代表的象征性消费行为等。面子实际上是附着礼品消费之中，双方在互相馈赠的过程中共同来消费其中象征意涵，并做出合适的回报。对于奢侈品而言，通过奢侈品的购买，买者和接收者其实是享受了奢侈品本身带来的独特内涵，这种内涵承载着买卖者的“脸面”。在共同的社会规范和认知条件下，奢侈品购买这种社会互动表达方式使个体达到了在他人心中序列地位提高的目的。Li 和 Su（2007）构建了面子意识的三个特征，即义务性、差别性、他人导向性。义务性可称为从众性，强调参考群体的作用；差别性是指消费者通过价格和品牌彰显独特性，炫耀性消费是重要体现；他人导向性指消费者对他人的面子也极为在意，三个特征都使中国的消费者越来越偏好于高档品牌的产品乃至价格昂贵的奢侈品。研究发现，如果个体的面子意识越强，那么他对于价格高的商品就越是青睐（张梦霞，2005；潘煜，2009）。姜彩芬（2009）认为，在中国，象征性消费普遍存在，象征性消费的目的是建立及维护关系，面子意识越强，不仅会提高消费水平，而且对象征性消费的倾向也越大。袁少锋等（2009）提出了面子意识、地位消费倾向与炫耀性行为间的理论关系模型，认为面子意识同炫耀性消费的四个维度显著正相关，对地位消费倾向有显著的正向影响。王长征等（2011）研究表明，消费者—品牌关系是面子意识和身份匹配观共同驱动的结果。此外，还有诸多学者研究了中国消费者在象征性消费及奢侈品消费等方面的消费行为，并从“面子”的角度做了解释（Li & Su，2007；Wang & Lin，2009）。杜伟宇（2014）以面子意识作为中介效应，对中国情境下权力对炫耀性产品购买意愿的影响进行了研究，他发现个体的权力感受越高，面子意识越强，越愿意购买炫耀性产品。从上述研究种可以发现，面子对消费者炫耀性消费这类活动具有很强的解释力。

第三个方向是跨文化领域的研究。面子在中国文化价值体系中占据着重要的地位，因此已成为学术界研究的重点问题。我国的文化价值体系不仅存在于人与人之间的关系中，也存在于人与社会之间的关系中。同时，两者也是中国文化注重的方面，家庭导向、面子、关系、人情等方面在中国文化中也非常突出（Qian，2007）。面子意识是一个重要的文化价值变量，在很大程度上会受到社会文化的影响，因此，面子意识通常是作为一个文化因素变量存在于与文化有关的研究中。Tse（1996）指出，面子意识在消费者的行为里扮演着重要角色，特别是对于亚洲国家的消费者，与欧美消费者相较更为注重面子文化和面子消费行为。Li 和 Su（2007）提出了更深层次的观点，他们认为在中国的消费者中，面子意识的影响确实非常强烈，这种文化氛围使中国的消费者更加关注他人如何做出选择，而且会受到一定的影响，另外，他们还更容易通过商品的定位、价格、品牌等联想到面子问题。Chan（2009）等通过对跨文化领域的研究提出，东西方的消费者由于所处的文化环境有差异，面子意识感知的强烈程度不同，对顾客遇到服务失败情形时的心理、情绪和行为的影响也就不同。面子意识强的消费者对服务失败造成的面子损失与面子意识低的顾客相比较，更为敏感，随之带来的各种不满行为也更为剧烈和频繁。

（3）感知面子与消费行为的相关研究。

现有营销学者在研究过程中，已注重将面子意识作为人格变量来研究。除了面子意识外，还有一个重要变量，即感知面子。感知面子是消费者在特定情境下的得到和失去面子的主观感知，依赖外在的具体情境，感知面子和感知“得面子”也是营销学者研究重点。

杜建刚（2007）基于陈之昭和周美玲的研究，提出了涵盖8个问项的服务补救情境下的感知面子量表，并提出了感知面子在服务补救研究中的重要意义。

黄静（2010）以消费者的面子研究为视角，将特定情境下消费者的“得面子”感作为中介变量，检验了不同的关系准则（社交型和交易型）消费者的品牌再续意愿的差异。她发现不同的补救策略（道歉、有形回报）带来不同的“得面子”感，“得面子”感又影响了品牌再续意愿。

汪涛（2011）以社会心理学中的面子研究为基础，对消费中的面子感知及面子进行了相关研究，他认为产品属性计量、参照客观评价是消费者面子感知机制的两部分。他在研究过程中加入了实验的方法，提出消费者感知的产品面子与产品地位意义的大小呈正相关关系。同时，汪涛根据杜建刚（2007）的研究，提出了服务过程中感知面子的测度量表，最终得到6个感知面子量表的问项。

宋晓兵（2012）提出了感知面子概念，他认为消费者每次决策时，所处的情境都是不尽相同的，相对于面子意识而言，感知面子对于消费决策的影响更大，他还对感知面子对消费行为、消费动机的影响机理做了研究。宋晓兵（2012）通过实验的方法，检验了价格比较、品牌声誉和产品普及率对消费者面子感知的作用机理。发现价格比较、品牌声誉对消费者的面子感知存在显著正向影响，而产品普及率仅对消费者感知面子保护有显著的正向影响，对感知面子增进没有显著影响。

宋晓兵（2012）还将感知面子对行为意向影响做了跨文化比较研究。他发现感知面子对中美两国消费者的行为意向均具有显著的正向影响：中国消费者的面子意识正向调节感知面子与行为意向的关系，面子意识高的消费者的感知面子会对行为意向产生更大的影响；美国消费者的面子意识对感知面子与行为意向的关系不具有调节作用。中国消费者的感知面子对行为意向产生直接影响，美国消费者的感知面子通过主观规范对行为意向产生间接影响。

除了感知面子与购买行为间的直接关系外，很多学者也考虑了融合其他因素后的影响机制，如空间切换情境。Lin（2013）通过对384名40岁以下的中国消费者的网络问卷调查发现，相较于在私人空间使用，当一个产品要在公共空间使用时，中国消费者通常愿意花更多的钱来获取面子，特别是对于高科技产品和奢侈品。汽车消费作为一种公共空间内的消费被认为是最关乎面子的，购买德国车通常是最有面子的，购买日本车有点丢脸但仍有面子，购买国产车是没面子但是有脸（Shi，2010）。

鉴于上述研究，本书认为，消费者感知面子是在特定情境下消费者的心理感受，是一个情境变量而不是人格特质变量。在消费情境中，它描述了消费者对某一购买行为可以为消费者自身及其所属群体带来的公众认可程度的主观评价。它起源于社会构建中的"面子"概念，但又与之不同。感知面子强调了个体对自身在某情境种的"面子得失"主观感受和评价，更有针对性和详细地刻画了个体在特定情境中的心理活动，并且随情境而波动，它是典型的情境变量。感知面子与面子意识也不相同，面子意识是个性特质变量，烙印在个体性格特质中，不会因情境差异而不同，它是典型的人格变量。本书将"感知面子""面子意识"做出明确的区分。本书将这两个变量融入服务补救的情境中，旨在解释消费者在补救这一情境中的心理机制和外在行为反应。就消费者在某种情境下进行购买决策的行为而言，本书认为感知面子的解释力度和影响作用更大。

五、文献述评

目前，学者们对面子的研究大部分是针对面子心理和面子行为的研究，是从心理学、人类学和社会学的角度出发。面子脱胎于熟人社会，其产生的基础是传统文化及乡土环境。面子普遍存在于中国人社会生活的方方面面，面子文化从孩童时代起就开始潜移默化地影响着每一个人，长辈、老师、朋友这些不同的团体或个体，从不同的角度，通过不同的途径影响着人们对面子的理解和领悟。随着时间的不断推移，面子会进一步影响人们的生活和消费等各类行为。在中国文化中，面子是一个重要的文化价值属性，它在生活中会影响到一个人的文化理念、心理行为及价值体系。目前，在市场营销领域中对面子的研究还是相对不足的。

未来的研究焦点，本书认为可从下几个方面加强：

1. 面子内涵及理论模型的发展与完善

面子无处不在，越来越多的专家学者注意到了面子研究的重要性，然而目前，对面子的研究及相关模型的建立和应用仍不完善。第一，面子感知、面子需要、面子顾虑、面子威胁、面子意识、面子倾向等与面子相关的概念以及相关研究仍待理清。第二，在新的时代背景下，面子的内涵，尤其在消费及产品使用的背景下，面子是否会增添新的内容和要素、跨文化面子内涵的比较、面子的内涵是否会因为社会阶层、群体分化等而产生差异等，这些都是值得深入探讨的问题，也具有很强的理论和现实意义。第三，对于面子的影响机理，当前研究探索还未能深入、系统，在全面性和完整性上均有待提高。以消费和服务情境为例，学者的探讨重心在于面子与后续消费行为和态度的关系，但面子意识的存在原因及激发面子产生的事件却被研究者忽略，即影响机理链条的上游部分仍未被充分发掘。因此，研究者对现实生活中的一些面子问题也未能做出完美的解释。第四，我国不断加快法制进程，立法体系日益健全，社会生活正逐步走向公开、公正、公平、透明，我国的社会利益关系、人际关系也开始发生变化，面子是否还会像过去一样影响，以同样的方式影响我们的生活，其影响机理会发生哪些变化，需要学术界进行进一步的研究。最后，面子孕育于中国传统文化的土壤中，儒家传统的道义礼治文化与面子感知的关系究竟如何，儒家文化、商业文化与面子文化交织在一起会产生何种化学反应，这些关系和问题都值得进一步关注。

2. 测量工具的开发与检验

目前，对于面子的理论研究已经取得了一定的成绩，但实证研究却远远没有跟上。现有面子的研究多集中于社会心理学，且样本单一。在研究方法以及研究指标选取上，学术界对面子及相近变量的测量和区分也没有形成共识。测量工具的选择和确认也缺乏大样本、大范围内的验证，且社会心理学的测量工具是否可直接套用到营销学等领域值得深入探讨。绝大多数学者在研究过程中都是对具体的情境进行编码计量和分析，却往往忽略了情境语言内涵的深层次意义。在日后研究中，形成一套标准、获得普遍认可的一整套测量体系是当务之急。

3. 加强营销领域的相关研究

面子是一种国人的符号资本，拥有面子意味着拥有尊严和社会地位，受面子意识影响的消费明显具有符号消费的特征，因此营销领域的面子研究具有广泛应用，目前也存在几方面不足。一是消费者面子的产生环境研究可进一步延伸，如在亲人、朋友、陌生人等群体之间，面子多少和得失是否存在差异。第二，Kim和Nam（1998）提出在对于行为的预测和影响方面，与人的内在属性相比，外在属性的力量更大。自尊、情感等都属于人的内在属性，面子感知则属于外在属性。面子形成于他人或社会组织的评价，特定情境因素的存在和变化是影响面子感知的一个重要前因要素。围绕面子感知进行的相关研究，如前因研究、影响方式研究等较为缺乏。此外，目前的研究除了缺少对情境因素等前因要素的研究外，还缺少对各要素之间的相互关系、相互作用的研究。第三，在与营销有关的活动中，面子问题存在于组织内及服务接触的各个领域，有人际互动就会有面子的存在，而目前的学术触角仅限于服务补救、员工冲突、知识分享等几个较少的管理领域，未来可将面子及相关变量应用到员工管理与激励、关系营销等相关领域，也可考虑在团队或组织的层面进行讨论。同时，可进一步研究如何控制和使用面子的激励效应。例如，面子感知是否影响顾客价值，是否可成为激励顾客参与的前因变量等问题。此外，以往有关面子和面子感知研究均偏重于实验操控，日后研究可将实验与实地观察、仿真模拟等综合应用。

第四节 感知善意相关研究

一、感知善意的界定

社会交换理论是基于理性经济的视角，来解释消费者的行为。近年来，越来越多的研究指出，消费者在某种程度上是情感驱动的，消费者情感机制的研究是社会交换理论的有益补充。积极心理学的相关理论可更好地解释外部刺激与消费者情感的关系。Hasan（2014）在研究中指出，在消费者与零售商的交易框架下，当消费者“收到的利益”能真正体现出是为了消费者自身的利益着想，消费则视企业的这种行为是一种“善意”行为，而这种善意行为可以激发消费者的积极情感，如感激、高兴、愉快和恩惠。在企业与顾客的交易情境下，善意是指企业表现出的真实的对消费者利益的关注，而不是总围绕着从消费者身上攫取利益（Atuahene-Gima & Li，2002）作为一切活动的动机。Morales（2005）指出，善意是研究消费者—企业关系的重要因素。Hasan 于 2014 年的研究将这种善意性又做了细化，提出可用感知善意来刻画消费者对善意的感知，并将感知善意界定为：消费者对企业方能真正关注消费者自身利益的主观感知，尤其是对企业方提供的合同义务或合作范围之外的帮助行为的感知。本书认同 Hasan（2014）的观点，并加以补充，认为感知善意是：消费者对企业能真正关注消费者自身利益的主观感知，尤其在消费或服务的过程出现问题的情境中，消费者对企业能设身处地为消费者利益考虑的良好意图的感知。

二、感知善意与信任的关系与区别

很多关于消费者信任的研究提到了善意，但本书认为，信任和感知善意是两个不同的变量。根据信任理论的奠基性文献（Mayer，1995），信任可以理解为当一方有条件控制另一方使情况有利于自己时，却并不利用这种优势，而是选择放弃，致使自己可能会受到利益损失的一种状态。信任是一种意愿，而非认知或者态度。Mayer（1995）强调为对方“愿意承担风险的意愿”是信任的重要特征，并且搭建了信任模型（见图 2－9），其中善意性是企业特质的一个重要维度。Mayer（1995）的研究充分的指出，个人能被信任的特质分为能力（ability）、善意（benevolence）和正直（integrity）三种类型。消费者信任有几个特点：一是信任的存在可以由消费者是否愿意为合作企业承担一定的风险来辨别。例如，信任苹果手机的消费者愿意在没有真正使用过新款苹果手机前就对其充满信心并出资购买，这本身就承担了一定风险，体现了消费者与企业之间的信任关系。二是信任是消费者与企业之间紧密联系的高层次表现。它是顾客满意不断强化的结果，体现了消费者对某一企业、某一品牌的产品或服务的认同和信赖，与消费者满意倾向于感性感觉不同，消费者信任是顾客在理性分析基础上的肯定、认同和信赖。三是信任不仅是消费者对企业的信任信念，也包含消费者的信任意图，也就是说，带有动机性的信念感才是信任的重要形式。

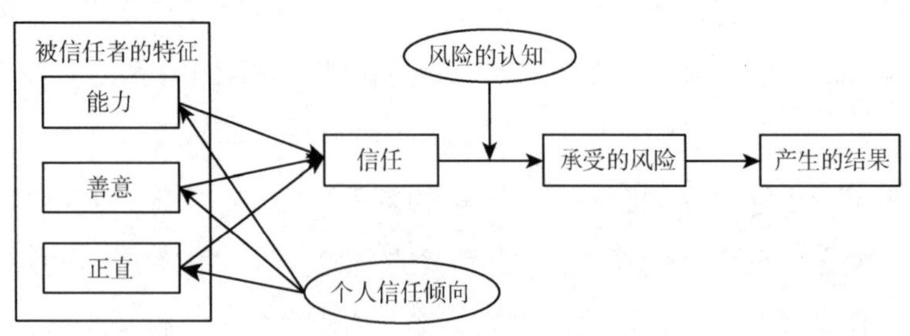

图2-9 信任的整合模型

本书提出的感知善意与信任中的善意维度是不同的概念。第一，感知善意是消费者特征的描述变量，而信任的善意维度是企业特征的描述变量。在 Mayer 等（1995）提出了一般情况下被信任者的三项特征，即能力、善意或仁慈性、正直之后，学术界普遍将信任剖析为一个三维概念，即能力信任、善意信任和正直信任。也就是说，企业只有体现出了基于能力、基于善意或基于正直的某些优良品质后，才能激发消费者对其产生信任感。其中，善意信任着重刻画了企业某些仁慈性行为的特征。感知善意则描述了消费者的一种主观感受，是对企业积极、利他行为的一种评价和认知，是刻画消费者状态的重要变量。第二，善意信任本质上是信任，体现了意图性和个人信念，即使在存在风险的情况下也会促使消费者产生某些行为。感知善意则不同，它是消费者对企业的一种认识和评价，只不过这种认识和评价的对象是企业的善意，属于认知的过程，是对企业行为的主观感知。基于 Fishbein（1977）的研究模型，个体行为意向的影响因素是个人态度和社会规范。从这个角度上看，“感知善意”强调的是消费者的主观感知，是属于个人态度的重要内容，是消费者解读企业行为的内在心理过程。Lee 和 Lee（2007）提出，感知善意是消费者信任企业的起点和基础，是对企业“值得信任”这一特征的主观感受，这就很好地诠释了感知善意与善意信任的区别。Colquitt（2007）更指出，对信任的产生和信任水平起到预测作用。

三、感知善意在管理领域中的应用

感知善意在管理领域的研究十分缺乏，相关文献也较少。在员工与企业框架下，余夏华（2011）在研究员工认股权发放与善意感知和留任意愿之间的关系时引入了感知善意的概念。她发现低认股价格或短权利期间的涉及，较能引发员工的善意感知及留任意愿，而员工对认股权凭证引发的善意感知与留任意愿在不同产业间并无差别。低认股价格搭配短权利期间，员工的善意感知和留任意愿最佳；低认股价格搭配长权利期间或高认股价格搭配短权利期间，两种情境引发的反应居中；高认股价格加上长权利期间，员工的反应最弱。同时，她发现权利期间与认股价格彼此间存在干扰作用，即在权利较短的情境下，员工因认股价格而产生的善意感知和留任意愿更佳。

在关系营销领域，研究者对感知善意的挖掘也愈发关注。关系营销的核心是留住顾客并与顾客建立长期、稳定和互惠的合作关系。企业各种营销活动都是围绕这个中心展开，越能达成消费者满意，甚至能激发消费者感激、感动的营销举措才是最有效的。这就需要对此积极进行物质和精神投资，不仅要满足消费者基本的消费需求，更要给予顾客更高的让渡价值及各种无形收益。从这个角度出发，感知善意起到了很好的诠释和衡量作用。当消费者的感知善意性越高，越能激发消费者的积极感情，企业的关系营销的投资越成功。这就要求企业将消费者的利益至于企业自身的经济利益之上。Hasan（2014）提出，企业价格保证、全额返还以及公道定价等行为会提升消费者的感知善意水平。感知善意的来源不是企业履行合同内或合同范围约定的职责和服务行动，而是来自合同外的企业帮助和利他行为。在为消费者提供产品和服务的过程中，企业要体现出真正对消费者利益的关注和在乎，尤其在与消费者发生争执、服务失败等情境时更要在第一时间做出反应并站在消费者角度提供相关补救行动。此外，感知善意不仅应用在“消费者—企业”的框架中，还被用在研究企业与企业间的研究（Gao & Brown，1997）和团队的建设研究（Selnes & Gonhaug，2000）。

除了对感知善意的后续影响变量进行研究外，目前对感知善意的研究也延伸至引起感知善意的前置因素。Lee 和 Lee（2007）的研究指出，善意性有两种驱动因素：一种是出于互利或者功利的动机，个体希望从对别人的善意和帮助行为中也获得利益，譬如双方在交往过程中，对对方施以恩惠，意图在于期冀对方的回报与馈赠，以确保自身利益得到保证；另一种善意是由利他性驱动的，不期望从善意行为中得到报答，只是出于利他性的无私自愿。这种善意的产生完全是单向的且非常纯粹。以往对善意的研究中，一般不区分两种不同动机的善意，学者们认为善意性的发生既有互利的动机，也有利他动机，往往是两种动机的结合体（Lee & Lee，2007）。Lee 和 Lee（2007）的研究还指出，价值观和文化背景的相似性可以激发个体的感知善意。潘煜（2014）开发了基于中国文化背景的中国消费者价值观度量量表，研究指出了实用理性、中庸之道、面子形象、人情往来等重要的中国消费者核心价值观。其中，人情往来是非常重要的文化价值观，它意味着人们在关系网中，通过自己的社会资本来达到互益的作用，这种互益既可以是物质利益上的，也会是情感上的。从这个角度分析，善意则是人与人之间情感互益的重要体现，正所谓送人玫瑰、手留余香，人与人之间在情感之间扶持既是善意的体现，也是消费文化价值观的重要组成部分。

四、文献述评

从目前研究来看，管理及营销学对感知善意的相关研究仍处于起步阶段，相关文献非常稀缺，这也就意味着这个领域还有巨大空间可以挖掘。目前，学者们还没有意识到善意可以作为一个独立变量来进行研究，而是将它与信任中的善意维度不加区分。本书认为这是两个截然不同的变量，感知善意更应该作为研究中国消费者特质和消费价值观的重要突破口进行深入研究。

这是一个全新的解读消费者与企业关系构建的重要变量。它的价值不仅体现在可以从消费者角度去理解和解读企业的各种营销行为，对企业的营销实践进行指导，悲悯、同情、共感以及宽恕等消费者的人格特点对企业的营销行为具有巨大价值。更进一步，可以通过这个变量的研究，加深对消费者感知、情绪及态度等状态的了解，尤其从这个角度将从传统文化背景下成长起来的中国消费者与其他国家的消费者进行比较，具有更有启发性的研究价值。从趋势来看，感知善意在关系营销、善因营销以及企业社会责任等领域被越来越多的学者们逐渐关注，但鲜有深入、全面的框架性和系统性研究，在其他研究的领域也还是空白。本书尝试将感知善意首次引入服务补救的研究领域，并希冀借助企业犯错、补救这一过程，深入了解企业的补救行为对消费者的主观认知、情绪等的影响，尤其是感知善意是否在服务补救情境存在并对服务补救的效果等产生重要影响。

此外，本书认为感知善意也可以用于研究企业与企业的关系，如厂家与供应商之间是否存在善意感知，而这种感知是否会影响双方之间的合作方式及意愿、控制方式等。未来的研究点可关注于在经济利益之外，合作双方对彼此良好、积极动机和意图的感知，这种感知的产生机理和影响链条如何。善意是对“意图”以及“态度”的感受，而非对合作企业能力的感知，因而对企业来说更有价值，也更容易实现。

第五节 消费情绪相关研究

一、消费情绪内涵

消费者在进行产品消费时，无论是使用理性方法还是情感体验方法来进行选择，他们都会受到情绪状态的影响。当消费者处于负面情绪中时，他们往往依赖理性的认知来进行选择，当处于正面情绪中时，往往会较多受到情绪和欲望的驱动而进行消费。情绪是个体在遭受刺激或面对客观事物时所产生的一种复杂的心理活动状态。很多学者对情绪都进行了深入的研究。情绪奠基类研究起源于1884年。美国心理学家詹姆斯就情绪提出了一种特殊学说，情绪只不过是对于身体所发生的变化的感觉，如果没有了身体变化，如肌肉紧张、心跳加剧等，也就没有什么情绪，身体变化在先，情绪体验在后。1885 年，兰格也发表了非常相似的理论，因此该理论被认称为詹姆斯—兰格情绪理论。该理论强调情绪刺激引起身体的生理反应，而生理反应进一步导致情绪体验的产生，情绪是对身体变化的知觉。先有机体的生理变化，而后才有情绪，所以悲伤由哭泣引起，恐惧由战栗引起。

本书梳理出具有代表性的定义，如表 2－3 所示。

表 2－3　情绪的定义

Lazarus（1984）	情绪是行为个体对周围环境刺激形成一种心理和生理的反应，并且这种生理和心理反应受到行为个体认知的影响
Bagozzi（1999）	情绪是一种由认知评价和思绪引发的精神状态，会引起声调的变化，并伴随着生理的过程，有一些肢体表现得以展现（如姿势、面部表情等）。消费者情绪会引发与应对和处理有关的行为
孟昭兰（1989）	情绪是行为个体在适应环境和人际交往中形成的心理活动和心理动机力量

资料来源：作者根据文献整理。

关于情绪的维度，很多学者从不同的研究角度进行了解析，分别提出了五维度情绪（快乐、焦虑、悲伤、愤怒和厌恶）、三维度情绪（正面情绪、中性情绪和负面情绪）和两维度情绪（正面情绪和负面情绪）（Oatley，1987；Izard，1997；Hazan，1987）。在两维度模型中，情绪分为积极情绪和消极情绪两类，前者包括爱、喜悦和惊奇，后者包括愤怒、悲伤和恐惧。另外，有学者从情绪的表达过程对情绪进行了解构，认为情绪由内到外的整个发生过程分为三个部分：主观感知、生理反应和外部表现。本书认为，情绪首先是一种个体的主观体验，是外部环境无法满足内心需求时的精神状态，它以面部表情和机体变化为主要表现方式。

情绪与认知之间的关系一直是心理学研究的重点。根据情绪一致性效应（mood congruent memory，MCM），与编码或提取时的情绪状态具有相同的情感效价的材料，对编码及提取具有积极作用。个体先行加工某情绪刺激后，使后续加工也容易蒙上相应的情绪色彩。也就是说，在积极情绪影响下，人们容易记忆和注意积极内容，在负面情绪引导下，则人们的反应方式会被负面情绪引导。学者们认为情绪对个体在认知、评价、生理反应和社会行为等方面都存在显著影响。当个体自身处于喜悦和高兴等正面情绪状态时，他们往往会用肯定的眼光来看待和评价周围的事物；若是处于悲伤、焦虑和苦恼等负面情绪状态时，他们往往会用否定的眼光来评价周围事物。除了一致性效应，心理学家 Kahneman（2002）

提出峰终定律来解释个体情绪对外在的评价，只有情绪顶点才是对不愉快情绪经历评价的主要影响因素，情绪的顶点无论是正向的还是负向属于经历者的关键记忆时刻。Gross（1998，1999）提出情绪调节理论，该理论认为，个体的情绪并非与周围环境或生活环境保持一致性，在受到周围事物刺激时，个体会表现出与所处环境和社会交往的冲突，之后个体会主动调节自身的情绪以适应外部环境。Gross 和 Levenson（1993，1997）认为，情绪调节受到情绪系统以外的个体认知和行为因素的影响，由于个体认知的局限性，情绪调节过程会受到心理活动的抑制。

Westbrook 和 Oliver（1991）把情绪的研究带入营销领域，开始了消费者情绪的研究。消费情绪被定义为："消费者在产品试用或服务消费经历中所产生的一系列特定的情感反应"。Menon（2000）认为消费情绪是消费者对服务价值的综合情感反应。与 Bradburn（1969）提出的情感平衡理论一样，消费情绪也有同样的表现，即消费者在产品或服务消费中，会交替出现正面情绪和负面情绪。学者们从不同的研究视角对消费情绪进行了分类，本书对营销研究中的情绪文献做了总结，详见表 2－4。

表 2－4　消费情绪

Westbrook & Oliver（1991）	情绪包括兴趣、愉快、害怕、悲伤、内疚等。有五个维度。 （1）快乐 （2）令人开心的惊讶 （3）冷漠 （4）令人失望的惊讶 （5）愤怒/悲伤
Philips & Baumgartner（2002）	两维：积极的消费情绪（快乐、热心、愉悦、高兴、放松等）；消极的消费情绪（沮丧、恶心、质疑、难过等）
Schoefer & Diamantopoulos（2008）	两维：正面情绪（快乐、自豪、愉快、被认可）和负面情绪（失望、悲伤、烦恼）

资料来源：作者根据文献整理。

在心理学中，情绪、情感和感情是有联系但不相同的概念（Bagozzi et al.，1999），但在消费者行为学中，这几个概念是通用的（Mano & Oliver，1993）。Erevelles（1998）提出了感情一般不与特定的外部刺激相联系，且具有很强的持久性和稳定性。情绪则是通常与特定的外部刺激相联系，随着外部情境和刺激的变化而起伏波动，具有较高的不稳定性。

二、消费情绪的维度

针对如何在管理领域中测量消费情绪这一概念，国外学者借鉴了很多心理学的研究成果。学者们构建了消费情绪的度量模型，并对消费情绪进行了科学深入的研究，以下为四个比较典型的消费情绪度量模型。

（1）Izard（1977）提出 DES II 模型，又叫差异化情绪量表。Izard 采用了多项区别情绪量表（DES）对多种相对独立的情绪进行评定，要求被试以五分制在由三个情绪形容词组成的簇（例如，很怕/恐惧/害怕，很生气/生气/有点生气）中对自己当时的情绪评分。这个模型中将情绪分为积极、中性及消极三种。

（2）Mehrabian 和 Russell 等（1974）提出 PAD 三维度观测量模型，其中，P（Pleasure-displeasure）代表愉悦度，表示个体情感状态的正负特性；A（Arousal-non arousal）代表激活度，表示个体的神经生理激活水平；D（Dominance-submissiveness）代表优势度，表示个体对情景和他人的控制状态。同时也可以通过这 3 个维度的值来代表具体的情感。Mehrabian 等利用这 3 个维度来解释其他 42 种情感量表中的绝大部分变异，而且这 3 个维度并不限于描述情感的主观体验，它与情感的外部表现、生理唤醒具有较好的映射关系。某种情绪在这几种维度上都会有体现和打分，如高兴，在愉悦度上为“高”，在兴奋度上为“中”；生气，在愉悦度上“低”，在兴奋度上是“高”，在有优势度上居中。利用这三个维度可以有效地解释人类的情感。

（3）Watson（1988）提出积极情感消极情感 PANAS（positive affect and negative affect scale，PANAS）模型。共含有 20 个条目，将各类情绪划分为积极和消极两种。国内研究也表明其具有良好的内部一致性信度和结构效度。然而，典型情感体验在内容上是存在文化差异的。个人主义文化更看重自我中心的情感体验（如自豪），而集体主义文化更看重他人中心的情感体验（如羞愧）。因此，学者邱林（2008）结合中国文化情境，对积极情感消极情感 PANAS 量表进行了修订，修订后形成了积极情绪和消极情绪各 9 项的最终量表，各题项具有良好的区分效度和结构效度。

（4）Richins（1997）提出 CES 模型。Richins 指出之前的模型都不适合测量与消费有关的情绪，很多条目在心理学和组织行为学上是适合的，但不适合与消费有关的研究，而且上述一些量表使用于消费者整个消费体验过程，是存在其限制性的。Richins（1997）重新发展出情绪组合（consumption emotion set，CES），CES 把消费情感划分为 16 类情感，除了嫉妒（envy）、寂寞（loneliness）、和平（peacefulness）以及满足（contentment）不符合信度水平，其他测量变量皆达到了满意的信度水平。Richins 还建议，在使用 CES 时，研究者也要做进一步的筛选，因为 CES 的构面太宽，有些情绪不一定与消费者研究完全契合。

三、消费情绪的影响因素

由于情绪表达了消费者心理和生理的动态变化，并且经常处于不稳定的一种状态，因此它并不同于一般意义上的认知情感或者感情等。Baggozi（1999）指出情绪是由对于事件或想法认知评估下所产生的心理状态，伴随着生理过程，通常从外表表现出来，可能产生特定行动来确认或应付此情绪。情绪通常包含由事件的直接观察或参与造成的，不论事件是真实的、梦幻般的或虚拟的。本书通过梳理情绪的研究文献，总结了影响消费情绪的四个因素，分别为个体因素、环境因素、产品因素和文化因素。

1. 个体因素

既然情绪与个体的心理和生理状态密切联系，必然会因个体的不同而产生不不同情绪反应。Dubé 和 Morgan（1998）认为男性消费者和女性消费者在很多方面对情绪的反应是有显著差异的，通过对 93 名医疗服务行业的消费者调查，Dubé 和 Morgan 证实了这一假设。El-Sheikh，Buck-hart 和 Reiter（2000）以已解决和未解决的人际冲突这两种情境为基础进行了研究，110 名被试在面临着两种情境时，在情绪方面表现出了显著的不同：在面对未解决的人际冲突情境时，女性消费者比男性消费者更加容易生气；在面对已解决问题时，即当女性消费者接受了道歉或者服务补偿之后，她们比男性消费者获得了更多的快乐。Birditt 和

Fingerman（2003）以年龄和性别两个人口变量特征甄别样本，考察不同群体在特定情境中的情绪反应以及所能承受的时间和强度，该研究选择185名年龄段在13～99岁具有完整自我认知的参与者进行了调查，以他们记忆中最近一次被破坏的社交活动为情境进行了考察，结果显示：女性消费者受到情绪左右的时间比男性要长，而年轻人比年长者更容易受到情绪的影响。Eisenberg（2002）的研究指出，同情是对那些遭受不幸和脆弱的人表现出的关注，当个体更倾向于认为自己与弱势群体具有相似性时，便会激发出同情的情绪。同时这种情绪受到性别的调节作用影响，女性较男性更强烈地体验到同情情绪，因而更大限度地判定自己与他人之间的相似性。

除性别和年龄因素外，个体的自我意识差异也会影响到个体情绪的差异。从自我构建与情绪指向的对应关系看，独立型自我的个体更多体验到自我指向的情绪，而相依自我则将他人指向的情绪视为一种最自然的感受（才源源和何佳讯，2012）。独立自我和相依自我不仅是一个稳定的自我认知变量，同时也可以通过启动的方式被即时激发（Oyserman & Lee，2008）。从这个意义来看，如果引导人们去关注自己，那么他们会更多体验到快乐和悲伤的情绪。相应的，如果让人们去考量朋友和家人的感受，人们就会更多地获得平和或焦虑不安的情绪（Lee，Aaker & Gardner，2000）。个体在不同的文化背景下成长，逐渐具备了自我意识属性，而这种自我意识伴随着自我成长过程，因此造就了面对相同外部事件或应激，导致人们产生了差异化的情绪反应。

2. 环境因素

影响消费者情绪的外部环境因素，主要包括硬体环境和软体环境两个方面。硬体环境主要包括服务企业的物理环境：灯光、颜色、声音、温度、气味、背景音乐、嘈杂程度、服务人员的服装以及产品的摆放、店面的布局等方面；软体环境主要包括服务企业的整体服务氛围、服务人员的服务技能、语言表达能力、服务的态度、服务人员的面部表情和举止动作和服务响应速度等方面。这两类因素均会对消费者的情绪状态带来不同程度的影响。

Bitner（1990）研究指出，服务企业所提供的服务环境对消费者的情绪、认知和生理反应存在着十分显著的影响，这种影响会直接导致他们后续的消费者行为。Baker 和 Cameron（1996）研究发现，服务企业的硬体环境因素对消费者的情绪存在着影响，服务企业可以通过调节灯光和温度、变换颜色和背景音乐等方式来吸引消费者，培养消费者忠诚。Turley 和 Milliman（2000）通过研究 60 余篇环境与购物的论文后发现，消费者对所处的购物环境对其情绪和购买行为有着广泛的影响。良好的购物环境会使消费者产生愉悦的消费情绪并增加其消费支出，而混乱的购物环境则会降低消费者的满意度，产生负面情绪。星巴克是消费环境营造典范。它以海妖为标识，带来消费者对海妖般魔幻魅力的向往，每一家店均拥有丰富的视觉元素和统一的风格，从而使顾客和过路客赏心悦目。店内经常播放一些爵士乐、乡村音乐以及钢琴独奏等，这迎合了那些时尚、新潮、追求前卫的白领阶层，对天天面临着巨大的生存压力的他们，起到精神安慰的作用。Haeckel，Carbone 和 Berry（2003）通过研究发现，服务员工的着装、说话的语态和语速、服务的响应速度、服务场所的气味、声音嘈杂度等因素会引发消费者的积极情绪或者消极情绪。以上这些均是消费者在服务企业提供的地点接受服务时影响他们情绪的环境因素。Babin，Chebat 和 Michon（2004）研究发现，商家通过色彩、灯光、气味、声音货品陈列、拥挤程度等营造的氛围可以轻松友好地吸引消费者进行消费。宜家为了激发消费者在购物时的积极情绪，在店面内采取了自由流动式布局，这种布局既采用格子形式，又采用岛屿形式，是一种消费者通道呈不规则路线分布。同时，它的货位布局十分灵活，消费者可以随意穿行各个货架或柜台，自由浏览程度高，不会产生急迫感，增加亲切感和心理舒适度。与此同时，宜家还采用了垂直式与平铺式相结合的陈列布局，如椅子、沙发、靠垫等会挂到墙面两三米的高度。在空间引导系统方面，宜家注重对其进行创造性的改造和设计，确保消费者感受到赏心悦目且易读易懂的导向标识，激发购物过程中的积极情绪。除上述因素外，在其他的消费情境下，如消费者在家里接受服务（以网络购物为例），以上因素可能就不再发挥显著的作用，有学者研究发现，当消费者进行网络消费时，网上音乐对他们的情绪并没有显著的影响。

3. 产品因素

Chaudhuri（1998）针对服务产品的类型与情绪之间的关系进行了实证研究，考察了不同的产品是否能引发消费者的情绪和感知风险的变化。实证结果表明，奢侈品更容易导致消费者的正面情绪，降低了消费者的风险感知；而必需品则更容易导致消费者的负面情绪，提高了消费者的风险感知。Porat，Liss 和 Tractinsky（2007）对网络服务产品进行了相关研究，研究发现，不同的网站设计、功能以及产品分类都会对消费者的情绪形成不同影响，良好的设计和功能以及健全的产品分类会引发消费者的正面情绪。

耿黎辉（2008）对产品属性和环境因素引发的广告、促销和公关等可控营销因素，与情绪与满意的关系进行了研究。研究发现，产品属性和环境因素能引发消费者的正面情绪或者负面情绪。汪兴东等（2013）对产品伤害与消费者的情绪关系进行了研究，他们把顾客分为忠诚顾客和非忠诚顾客两类，结果表明，忠诚顾客的情感认知和情绪会在产品伤害中被严重激发，越是消费者信任的企业，伤害越大，情绪越愤怒，并且这类顾客会通过负面口碑或者其他的报复性行为对责任方进行惩罚。对于非忠诚顾客而言，他们会表现出后悔的低落情绪，源自自我认知失误而导致的后悔。这类顾客会通过一定的方式转换或消除其负面情绪。孙莹等（2014）对汽车产品召回与消费者情绪及后续购买意向进行了研究，汽车产品缺陷的严重程度、生产企业采取的不同召回策略对消费者情绪有不同程度的影响。当产品严重缺陷需要召回时，消费者的风险感知会增加，负面情绪也会增加，则引发较低的重购意愿。

4. 文化因素

文化是形成和激发情绪体验的根源（才源源，2013）。消费文化对消费者情绪存在着不同的影响，在跨文化研究中这一结果更为显著。在民族文化差异方面，在个人主义文化中，人们更强烈和频繁地体验自我指向的情绪，在集体主义文化中，他人指向的情绪则更占据主导地位（Markus & Kitayama，1991）。Aaker 和 William（1998）曾开展一项中美跨文化的比较研究。他们提出个人主义文化背景与集体主义文化背景对个人情绪的影响。他们得到了非常有趣的发现：个人主义背景的消费者，具有普遍的独立自我认识，但是他们更喜欢指向他人的共情类型的情绪广告。相反的，集体主义背景下的消费者，他们是以相依自我为主导的一类群体，他们则更偏爱指向自我的情绪广告。独立自我和相依自我不仅是一个稳定的自我认知变量。如果引导相依自我的人们去关注他们自己，他们会更多体验到快乐和悲伤，如果让人们去考虑家人和朋友，人们就会更多地获得平和或焦虑不安的体验。除此之外，Davis，Wang 和 Lindridge（2008）通过实验的方法调查了中美两国的消费者在面临相同的网络购物环境时，在情绪方面所表现出来的差异，结果证实不同的文化背景下消费者表现出了不同的情绪。低任务的网络购物环境更容易刺激美国消费者，引发他们正面的消费情绪和购买行为，但是中国消费者对此却没有表现出明显的正面情绪。

在地域文化差异方面，属于正性情绪的骄傲在北美文化中被理解为由自我成就获得产生的情绪体验（Mascolo & Fischer，1995），羞愧则与自我目标未达成或是行为的退却有关（Kitayama，Markus & Matsumoto，1995）。在东方文化背景下，骄傲是由群体获得成功或者个人为群体做出贡献而产生的，羞愧则与群体目标未能达成有关（Kitayama，Markus & Matsumoto，1995）。在欧洲文化和非洲文化的比较研究中，Smith（2006）研究发现，非洲的消费者在服务失败或者服务冲突中更容易表现出悲伤的情绪，无论是自身原因导致的尴尬还是员工因素导致的羞辱，都会影响到他们的后续消费行为。

四、消费情绪在服务补救中的应用

许多学者在研究消费者情绪时，大多把消费情绪作为一个变量引入其构建的模型中，并未把消费情绪作为研究的核心。服务经济已发展到体验时代，消费者在服务体验中所表现出来的情绪对服务企业至关重要，所以针对消费者情绪的研究，尤其是在服务失误情境中情绪如何变化并影响消费者对补救措施的感知和评价，就变得尤为重要。对消费情绪在服务补救中的应用做如下梳理。

1. 服务失败与消费者情绪

Gronroos（1984）认为，消费者在服务失败中不但承担了经济方面的损失，还承担了情感方面的损失，即服务失败会引发消费者焦虑、挫折和懊悔等负面情绪。Lazarus（1991）研究表明，“应激”行为会引发消费者的损失和压力，消费者在此情境中可能会出现焦虑、悲伤、愤怒等不同等级的消极情绪。Oliver（1993）指出，在服务失误情境中，无论是消费者的经济损失还是自尊被冒犯等非经济损失，都会引发一系列的消费者情绪，如生气、失望、懊悔、焦虑、悲伤、愤怒等情绪反应，进而影响消费行为。Andereassen（2000）对服务失败所带来的负面情绪进行了总结，消费者经历服务失败之后都面临两种选择，向服务企业抱怨或选择沉默承受。无论哪一种选择，消费者都会产生负面情绪，且负面情绪都会影响到他们对服务满意度的评价和口碑传播。Smith 和 Bolton（2002）将负面、中性情绪与不同水平的满意度之间的关系进行了研究。范秀成等（2007）研究表明，象征性资源在消费者的消费体验中扮演着十分重要的角色，服务失败导致的负面情绪与象征性资源的损失关系密切，象征性资源损失越多，越会提高消费者对服务补救的预期。从上述研究成果来看，服务失败作为一种典型的外在应激或负面事件，激发了消费者在特定情境中的各种负面情绪，如沮丧、生气、郁闷和愤怒等，而这些情绪又会影响消费者的感知和态度。郑丹（2006）发现消极情绪对消费者满意的影响与产生情绪的归因类型有关，也就是说，当服务失败时，消费者的积极情绪、外在归因的消极情绪和内在归因的消极情绪都对消费者满意有显著的影响，消费者满意与外在归因的消极情绪负相关，而与积极情绪和内在归因的消极情绪正相关。杜建刚和范秀成（2012）提出与个体失败相比，消费群体内部互动更加复杂多变，服务企业往往更加难于应对。他们通过真实场景实验，围绕去个体化理论和群体情绪感染理论，系统探讨了服务失败后的群体心理反应过程。他们的研究结果证实：服务失败群体中会产生群体情绪感染现象，同时也会激发消费者去个体化倾向，两者都会对消费者抱怨倾向产生作用。可见服务失败对于群体情绪的影响也是十分显著的，不仅会导致情绪之间的传导和感染，也会激发个体行为倾向的变化。

2. 服务补救与消费者情绪

服务补救与消费者情绪之间存在密切联系，有效的补救能减少消费者的抱怨或者不满意。Andereassen（2000）在服务补救的研究中，为详细地了解消费者情绪在服务失误和服务补救中的变化，构建了新的服务补救模型，将情绪纳入模型中。Kennedy 和 Sparks（2003）则从公平理论着手研究服务失误对消费者情绪的影响，根据消费者的情绪反应提出服务补救情境中的情绪反应模型。Smith（2002）从消费者情绪在服务失误和补救情境中的作用这一方面着手进行研究，发现经济补救对消费者来说更为实用，不仅能弥补消费者的经济损失，有效降低负面情绪，且能带来高兴、快乐等正面情绪。Bonifield（2007）的研究证实，服务补救与消费者情绪和行为意向之间有密切的关系，积极的服务补救能大大地降低负面口碑出现的可能性。

范秀成等（2007）把服务补救的相关研究带到了一个更为广阔的领域。此后不少学者都把情绪作为影响因素，研究在不同情境下采取哪种服务补救策略能更有效地消弭顾客的负面情绪。郑丹（2011）提出服务补救同时影响消费者的认知和情绪，服务失误出现后，辩解会导致消费者的负面情绪，道歉则能有效地消除负面情绪，经济补偿则能显著地改善消费者态度，提升正面情绪。郑丹（2011）还根据近期效应提出，相比于初始负面情绪，补救后的情绪对顾客满意具有更显著的影响。张圣亮（2009，2011）认为补救主动性和补偿程度能对消费者的补救情绪产生重要影响：补救主动性上，主动补救对激发消费者正面情绪效果更佳；补救程度上，补偿额度越大，情绪越积极。除此之外，张圣亮（2010）采用情景模拟方法，以航空和宾馆服务失误与补救为例，分别测评了即时补救、事后补救和事后延时补救对消费者情绪和行为意向的影响。结果发现：首先，服务补救时机对消费者情绪和行为意向有显著影响，补救时机越早，消费者积极情绪、口碑传播和重购意向就越高，而消极情绪就越低；反之则相反。其次，获得服务补救消费者的积极情绪与口碑传播和重购意向呈显著正相关，消费者消极情绪与口碑传播和重购意向呈显著负相关。最后，消费者口碑传播与重购意向呈显著正相关。

五、文献述评

（1）为了对情绪进行测量，学术界研究了诸多情绪诱发手段，如故事/事件启动（即请被试回忆自己经历过的与某种情绪相关的事件激发情绪或在指导语中提供各类文字激发被试情绪）、视频/音频资料启动、心理暗示、动作或真实场景等。在服务补救领域，情绪研究较多采用情境模拟法，即通过指导语对场景进行细致描述激发被试的情感反应，这一方法能保持内部效度，但部分被试可能无法适应这一虚拟的服务场景，从而导致调查结果受到影响，因此外部效度值得推敲。真实场景的激发手段可以解决研究可靠性的问题，但在科技护航的基础上才能进行真实研究。建议后续研究在实验情境的操作上较多结合现实情境，加强情绪研究的外部可靠性。

（2）目前的研究行业多局限于餐饮、航空等交互性强的服务类行业等，仍未在其他行业推开，建议后续研究在其他行业中继续进行拓展。此外，在具体激发情绪变化的变量中，在服务补救领域，失败程度、消费者对失败的归因、消费者卷入度都是很重要的影响因素。但这些因素由于在实验中操控不易，且运作起来较为复杂，因此较少涉及，然而这些因素是影响消费者情绪不可忽视的重要变量。建议未来后续研究可加入服务失败原因、消费者归因、以往服务失败经历、消费者卷入度等对情绪变化和强度起到直接作用的变量，增强服务补救情境中消费情绪研究的完整性。

（3）情绪的产生和变化会受到文化和消费者人格特征等因素的影响，这些因素会对消费者情绪和行为意向产生影响。学者们在研究中并未对这些因素做过多的考虑，也没有形成科学的结论。从文化差异的角度来讲，东西方文化存在着显著的不同，这些差异使东西方的消费者对服务失败和服务补救会产生差异化的情绪反应，进而影响到后续行为。未来的研究中可在此领域进行科学深入的探索和研究。

（4）以往对补救领域的情绪研究是将情绪划分为正面情绪和负面情绪，但情绪也有强度之差别，具体的正面或负面情绪会依据特定情境的差异而有不同的愉悦或激活状态。服务失败程度的高低，如菜里有虫和上菜拖延，必然会激发不同个体情绪强度的差异。建议后续研究对情绪强度在服务补救中的作用进行深入探讨。

第六节

服务补救与服务补救效果研究

一、服务补救的含义

从20世纪80年代中后期开始，西方学者就开始了服务补救的研究。主要集中在服务补救的内涵与概念（Gronroos，1988；Andreasen，2000）、服务补救的维度（Bell and Zemke，1987；Bitner et al，1990；Boshoff，2000）、补救效果及补救后消费者行为（Smith，Bolton and Wagner，1999；Wirtz and Mattila，2004）等内容。

Gronroos（1988）最早提出关于服务补救的概念。服务补救是服务失败后，服务提供者必须采取一定的行动来回应服务失败，并使问题得到恰当的解决。服务补救策略可认为是针对服务失败，服务提供者对抱怨的消费者采取的一系列补救措施。服务补救主要是为了解决问题，转变不满顾客的态度，最终留住这些顾客。Johnston（1995）提出服务补救是企业为处理或解决服务失败而付出的努力。Hart、Heskett 和 Sasser（1990）认为服务补救是服务企业为了减少服务失败造成的顾客损失而提供的修复性行为。

许多学者的研究显示，良好的服务补救能有效地降低甚至消除服务失败造成的负面反应（Power，Woodruff & Zinn，1992）。之后有学者指出，把消费者的抱怨处理当成服务补救是欠妥的，服务补救应包含比处理顾客抱怨更为广泛的内容，还可能涉及服务失败后消费者并未提出抱怨的情境。Tax 和 Brown（1998）认为服务补救定义是服务企业的服务管理过程，即当服务人员在服务过程中出现服务失败后，服务企业在收集、整理服务失败案例的基础上，分析服务失败产生的原因，并基于此进行定量分析，对服务失败进行科学的评估并根据服务失败的类型，提出相应的服务补偿措施。Kenny（1995）研究了医疗服务组织后发现，服务补救是服务企业通过采取精神补救和实物补救等形式，平复顾客的不满，最终目的在于消除负面反应，再度创造顾客的服务满意。

根据以上的综述不难看出，以 Gronroos 为代表的学者在定义服务补救时，更加侧重服务企业通过服务补救，重获取消费满意和忠诚；以 Tax 和 Brown 为代表的学者侧重于将服务补救诠释为，为了再次获取消费者的满意而执行的补救行动和措施。综合学者们的观点，本书认为，服务补救是当服务失败发生时，企业采取的挽回消费者信心的各类补救行动。

相比有形产品，服务有更多难以把握、难以标准化的特点，而往往这些特点都在服务的“真实瞬间”（the moment of truth）中得到体现。学者们认为真实瞬间是服务质量控制的关键时刻，是服务产品区别于商品的独特生产过程。服务补救应被企业看作维持客户关系的“关键时刻”，把握住真实瞬间才能为消费者提供优质的服务。从这个意义上来讲，成功地挽回因服务失败给顾客造成的损失、重建消费者信心，对服务企业来说，也是展示自身服务质量的真实瞬间。甚至一些学者指出，遭遇服务失败的消费者如被成功补救，将会比从未遭遇过失败的消费者更加满意，更倾向于保持忠诚，更愿意宣传正向口碑，学者们把这种现象称为服务补救悖论（Hart，Heskett & Sasser，1990；McCollough & Bharadwaj，1992）。在市场竞争日趋激烈、争夺新顾客成本不断增加的背景下，服务补救对于建立长期顾客关系的作用日益凸显。

二、服务补救策略

通过大量阅读国内外文献，并对服务补救方面的文献进行整理和分析后发现，现有文献已在服务补救策略方面得出了很多结论，并且已经结合了特定的服务行业。后面将列举比较典型的服务业补救策略，并在列举之后就相关研究以列表形式进行全面的整合。

Bitner（1990）在研究了餐饮业、酒店业和航空业的服务失败之后提出：在服务失败后承认并道歉，向消费者解释原因，并给予补偿等措施是成功服务补救的策略。Goodwin 和 Ross（1992）研究指出，态度在服务补救中十分重要，当服务失败发生时，诚恳的道歉往往能有效地解决问题。Kelley，Hoffman 和 Davis（1994）以零售业为调查对象，针对服务企业的服务失败，归纳了三大类 12 项不同的服务补救形式。研究发现，更换或替换的补救形式占据比例最高，为 26.2%，但效果却不是最佳的，策略效果最好的是折扣和更正，效果最差的是不做任何处理。Kenney（1995）从医疗服务组织着手，提出医疗服务组织通常采取的服务补救形式主要有两种形式。（1）心理层面：道歉并解释原因；（2）实质层面：对消费者实质发生的损失予以补偿。Cash（1995，1996）以美国西南航空为研究对象，提出服务补救的五个步骤：（1）倾听；（2）道歉；（3）关切；（4）赔偿；（5）记录。服务企业在处理服务失败或者抱怨时，首先要清楚明白顾客在抱怨什么，为后续的补偿提供合理的依据。其次要为服务失败和顾客抱怨进行真诚的道歉并善意的关切，提出合理的补偿。最后是建立档案并进行检讨，避免再次发生。Hoffman、Kelley 和 Rotalsky（1995）以餐饮业为调查对象，采用重要事件技术法，对服务补救形式进行深入探讨，提出了八类具体的服务补救形式。

张简玉梅（2005）以主题游乐园的真实顾客投诉案件进行调查，以内容分析法归纳服务失败的类型及补救方式，并分析了服务补救对后续主题园游客行为意图的影响。她提出了两大类六项不同的补救策，物质层面的补救措施包括免费兑换券、更换物品、优惠券、金钱赔偿；精神层面的补偿包括回函告知、电话致歉。范秀成（2006）基于公平理论和期望理论，对网上零售业的服务补偿形式进行研究，提出三种服务补救策略：补偿、快速回应和道歉，认为三种策略配合使用才能起到最佳的补救效果。常亚平等（2008）认为电子商务环境下服务补救形式可以分为：解释、沟通、制度、反馈和赔偿五个方面。杨学成等（2009）提出服务补救的可控特征的概念，并把可控的服务补救措施归纳为三个特征维度：物质补偿、精神补偿和响应速度。陈可等（2008）研究提出服务补救要与消费者调整导向相匹配的观点，该研究把消费者分为趋利导向的顾客和避害导向的顾客，并把服务补救方式分为趋利式补偿和避害式补偿，认为顾客特征要与补救方式一一对应。傅慧等（2014）研究酒店行业的服务失败后认为，虽然货币补偿更加受到管理者的亲睐，但也需要考虑到服务失误归因的影响，若是酒店原因导致的服务失败，道歉、解释和沟通等非货币补偿比货币补偿可以起到更好的效果，若服务失败是由顾客原因所致，货币补偿和非货币补偿并没有显著的差异。

为了更加科学严谨地梳理服务补救策略，本章对国内外服务补救策略研究的相关文献进行了归纳与整合，详见表 2－5。

表 2－5　服务补救策略

年份	代表人物	服务补救策略
1990	Bitner 等	承认、解释、道歉、补偿
1992	Goodwin & Ross	真诚的道歉、解释
1993	Kelley、Hoffman & Davis	折扣、更正、管理者或员工解决、加大补偿、更换、道歉、退还金额、顾客自行更正、给予折让、不满意之更正、加大错误和不作任何处理

续表

年份	代表人物	服务补救策略
1995	Kenney	解释、道歉、补偿
1995	Hoffman、Kelley & Rotalsky	免费食物、折扣、优惠券、管理者出面解决、替换、更正、道歉、不作处理
1995，1996	Cash	倾听、道歉、关切、赔偿
1996	Conlon & Murry	道歉、证明正当、找借口
1997	Johnston & Hewa	个案处理、标准化程序、预警、主动出面解决问题
1997	Boshoff	道歉、道歉加同等补偿、道歉加超额补偿
1998	Boshoff & Leong	道歉、归因、授权
1999	Smith，Bolton & Wagner	补偿、回应速度、道歉
1999	Boshoff	沟通、解释、补偿、授权、回复、有形情境
2000	Levesque & McDougall	道歉、补偿、协助
2003	McCole	感知、处理过程、质量、意向
2006	范秀成	道歉、快速回应、补偿，配合使用
2008	常亚平等	解释、沟通、制度、反馈和赔偿
2008	陈可等	趋利式补偿和避害式补偿
2009	杨学成	物质补偿、精神补偿和响应速度
2011	唐小飞等	即时补救和延时补救
2014	傅慧等	货币补偿、非货币补偿（道歉、解释和沟通）

资料来源：作者根据文献整理。

中外学者们对服务补救策略已经有了比较全面的研究。从理论的角度分析，企业实施的补救策略是为了尽量消除消费者的不满情绪以及由此带来的物质和精神损失，挽救消费者对企业的信任度而采取针对服务失败的行为措施。

服务补救策略主要包括有形的补偿和无形的补偿两个方面，也可以称为结果补救和过程补救，结果补救偏重有形补偿（折扣、赠券、免单、赠送特色服务、赔偿等），过程补救偏重对消费者的象征性或精神方面的补偿（道歉、解释、快速回应、关切、倾听、真诚对待等）。在企业具体实践中，结果补救或过程补救可单独出现，或两者结合使用，以期平复消费者不满，重建消费者信心。从实践角度看，具体到每一个服务行业，补救策略各不相同。往往都是像餐饮业、酒店业、零售业、航空服务业、运输服务业等典型的社会服务行业为主要研究对象而形成的服务补救策略，对于其他服务行业的服务失败研究所形成补救策略研究相对较少。这其中的原因，本书认为是上述行业交互程度高，服务失败类型多样且频繁，且企业提供的补救策略也较多。无论如何，服务补救形式都是以服务企业对消费者的有形付出（折扣、赠券、免单、赠送特色服务、赔偿等）或服务人员对消费者的无形付出（道歉、解释、快速回应、关切、倾听、真诚对待等）形式表现出来的。

对于补救策略来说，补救策略的表现形式各种各样，但有几个问题尚待解决。一是以何种标准来衡量补救策略的优劣？Smith 和 Bolton（1999）提出过“优秀的服务补救”，优秀的服务补救可增加顾客满意和再次购买意愿，但他们却没有界定何为“优秀的服务补救”。Maxham（2001）提出过“低水平的服务补救”和“高水平的服务补救”，但也未界定两者的区别。本书认为，优秀的服务补救需要结合发生服务失败的特定情境、顾客特征进行探讨，但此类的综合性研究较少。二是在研究中，学者往往将重点聚焦在讨论哪种服务补救措施更为有效，到底是过程补救还是结果补救，但却忽略了一个问题，即两种补救策略在现实中往往并不分开单独使用。多数情况是以高程度的结果补偿为主（如全额免单）伴随过程补偿（道歉、解释、善意等），或以过程补偿为主（如道歉、解释、善意等、管理层介入）伴随一些结果补偿措施（折扣、赠券、免单），后续研究应更多地关注两者的结合方式。三是学者对服务补救的研究往往是事后研究，即企业在收到顾客不满的投诉之后，启动补救机制，因此补救的被动性较强，建议研究者可以加强主动补救方面的研究，不要在消费者抱怨之后才进行补偿，积极建立预警机制。更要开始进行主动补偿和被动补偿的对比研究，给予企业实践方面的指导。四是当企业的本次补救结束后，企业可否考量继续跟进消费者的反馈，通过合理的再次补救和相应补偿，实现满意度的再次提升，这个方向的研究也相对较少。本书通过一系列的研究设计，旨在探讨所谓补救策略的优劣或有效与否，取决于两个主要因素，一是特定的服务失败情境和遭遇服务失败的顾客的自身特点；二是结果补救与过程补救的结合方式，不同程度的结果补救与不同程度的过程补救如若采取不同的结合方式，将产生差异化的补救效果。这两个问题的探讨对目前补救策略的研究将是有益的补充。

三、服务补救满意

（一）顾客满意的含义

顾客满意（customer satisfaction）描述了顾客在消费产品或服务之后的一种整体心理评价，同时也是在产品或服务的体验之后进行比较而形成的，无论是产品或服务的功能质量还是技术质量，若是达到了顾客的心理预期，则会表现出满意。满意是一种个体的感觉状态水平，而这种状态水平的产生是顾客消费了某产品或服务后，可感知的使用效果与其消费预期进行比较，从而产生的愉悦或失望的心理状态。不过现在越来越多的学者也提出，除了期望能影响顾客满意度之外，产品和服务质量本身也直接影响顾客的满意水平。Zeithaml，Parasuraman 和 Malhotra（2002）的研究指出，期望理论不适宜解释网上交易中的顾客满意的问题，顾客在网上交易前常常并不是很清楚自己所期望的是什么，心里并没有一个标准，因此要考虑关于网上交易服务的质量对顾客满意的驱动性。

Oliver（1980）从心理学角度把顾客满意定义为“顾客对服务或产品的需要得到满足的心理状态”。Tse 和 Wilton（1988）研究指出，顾客在消费产品或服务之后产生的整体评价，与其预期产品或服务的满足程度进行比较，而形成了顾客的满意或不满意的表现，顾客的满意度与心理预期和实际体验一致性有很大的关系，一致性越高，顾客的满意度会越高。Kotler（2001）认为顾客满意是顾客对服务或产品消费之后形成的感知与其之前的期望状态比较而产生的愉快或者失望的表现。常亚平（2008）认为顾客满意属于顾客的心理反应，并非行为表现，其满意结果在于预期与消费体验的感知比较。

学者们在顾客满意方面的研究有了很大的进步，解决了很多实际问题，但是在测量顾客满意方面产生了较大的分歧。部分学者认为，顾客满意是在其一次性消费某产品或服务之后形成的主观评价，是基于“特定交易”的一种顾客满意；部分学者则认为，顾客对产品和服务的整体评价和判断不仅仅是一次性基于预期与消费体验进行比较之后得出的，而是建立在重复购买之后形成的，是“累积性”顾客满意。随着顾客的多次消费，顾客会不断地调整自身对产品或服务的心理预期，因而其满意度也会随之而变化，这是顾客的动态心理变化过程。Homburg 和 Giering（2001）认为“特定交易”满意是顾客对特定的产品或服务进行消费体验之后形成的评价结果；“累积性”顾客满意则是在一段时期内消费者基于其重复购买的整体经验对产品或服务进行总体评价而产生的愉悦或失望的心理状态。在满意的研究文献中，“一次性”交易满意和“累积性”满意都被认可且经常加以研究和比较，在服务补救的研究框架中，补救满意属于是特定交易满意或“一次性”交易的范畴。

（二）服务补救满意的含义

服务补救满意是补救领域的重要核心变量。Wirtz 和 Mattila（2004）认为，现有的服务补救的研究，主要集中在如何挽救消费者的满意度上，也就是说消费者满意已作为衡量服务补救的关键因素。诸多学者对服务补救满意进行了界定。Hart 等（1990）和 Boshoff（1997）认为服务补救满意是顾客在服务补救后的满意水平，是消费者在服务消费中遭遇服务失误并获取服务补救后，对补救行动本身的评价。Schoefer（2008，2010）和 Mattila 等（2004）提出“二次满意”的概念，即服务失误出现之前消费者是否满意与服务补救之后顾客是否满意。若消费者满意度水平会比遭遇服务失败时要高很多，则补救满意度的提高就意味着消费者第一次的不满情绪得以抵消，因此才会愿意继续忠于该服务企业，企业才能真正意义上保有顾客。二次满意这个概念其实是表示了在服务补救之后的整体感受和评价，所以二次满意的观点重点是对服务补救过程的评价。本书认同 Hart 和 Boshoff 的观点，认为服务补救满意是顾客在遭遇服务失败后，对本次服务企业提供的一系列服务补救行为的满意程度，是属于特定交易满意的概念范畴。

（三）服务补救满意的影响因素

1. 期望不一致

Ruyter 和 Wetzels（2000）研究指出，消费者在每一次的服务接触和服务交互中，都会将服务感知质量与预期服务质量进行前后的主观比较，从而形成相应的不一致水平。宋亦平（2005）和金立印（2006）认为，根据期望的不一致理论，企业的服务补救与消费者服务补救满意呈显著的正相关关系，补救的越及时、主动及程度越高，消费者会越满意。McCollough 等（2000）认为如果消费者在服务消费之前，对服务抱有较高的期望，且认为服务企业在服务失败后，应提供超出预期的高水平服务补救的话，服务企业即便是做的不错，也未必能使消费者感到满意。Estelami（2003）和丛庆（2007）认为促使消费者形成理性的服务补救预期将对服务补救满意产生重要的影响。Oliver（1997）在二次满意基础上提出，当消费者服务补救预期出现正向的不一致时，消费者的二次满意会提高，二次满意可能会高于服务失败前的满意程度，这有效地解释了服务补救悖论。期望不一致理论对于解释补救悖论提供了很多思路，陈可（2009）提出了一个理论框架试图解释服务补救悖论（service recovery paradox），并且引入可能期望（will expectation）和应该期望（should expectation）的概念，针对单次补救和多次补救的情境，讨论了两种期望和服务补救感知之间的关系及对服务补救满意度的影响，指出服务补救感知和应该期望之间的不一致是导致服务补救悖论产生的直接原因。

2. 感知公平

Olsen 和 Johnson（2003）的研究认为，消费者感知公平与消费者满意以及消费者忠诚有着十分密切的关系。对于特定交易满意的消费者，公平感知是他们核心的驱动因素，此时的消费者内心最看重的是公平。对于累计满意的消费者来说，公平感知对其后续忠诚有直接影响。由此，他们提出公平第一模型和满意第一模型，把消费者感知公平作为消费者满意和消费者忠诚的重要前置变量。Oliver（1997）认为，在特定交易中，消费者满意是感知公平影响消费者忠诚的中间变量，即消费者感知公平通过消费者满意来影响其忠诚，所以在特定服务情景中，特定交易满意属于情形后评价。在累积交易中，消费者是不断地重复购买，积累了以前购物的经验和评价，属于存储性评价。Olsen 和 Johnson（2003）在研究中抽取两类顾客进行特定的研究，满意且没有抱怨的顾客、不满意且有明确理由抱怨的顾客，研究发现感知公平和累积满意评价之间的因果关系受到这两种类型顾客的调节。郭贤达（2006）以电信行业为背景，采用了情景描述实验的方法调查了 441 名中国消费者在具有代表性的服务失败和服务补救中的反应，他的研究结果显示，分配公平和交互公平影响顾客服务失败补救后的满意度，并增强他们对服务提供商的情感承诺。赵占波（2009）引入组织行为学的公平理论，采取真实客户服务数据，基于不同客户类型深入探讨了服务补救质量对客户满意、客户信任和客户忠诚的影响。他研究发现大客户对服务补救过程中的“互动公平”最为重视，公众客户更为强调“结果公平”的影响。服务型企业应如何采取补救措施，大客户看重过程，一般客户更看重结果。这意味着互动公平、结果公平是否影响顾客满意度还受到顾客特征这一调节变量的影响。何其帼（2008）以医疗服务业为行业样本，研究了不同程度的服务失败情景下，顾客感受到的公平感知对顾客满意度的影响。他的研究发现结果公平和过程公平感知对改善服务补救效果都有积极作用，但在不同的服务失误严重性情况下有所不同。

3. 其他因素

Spreng 和 Olshavsky（1993）、Johnson（1995）提出顾客价值感知差异模型，认为价值感知通过两种途径对服务补救满意产生影响：一是消费者通过观察直接确定价值感知水平；二是消费者通过补救预期失验而形成新的基准，进而间接影响其满意水平。

钟天丽等（2011）以出现服务失败并补救的企业与另一家没有失败经历的企业比较，提出归因对服务补救满意度的影响，也就是说，若服务失败归因于企业或失败可控性强，消费者会提高对企业的期望，外部正向差异与消费者补救满意呈正相关关系。在服务归因方面进行研究的还有学者宋亦平（2005）。他将服务失败的原因重新做了分类，除了既有研究已关注的“内因”和“外因”外，补充了可能导致服务失误的第三方原因。通过情景模拟实验法，比较了这三种原因的服务失误对顾客满意度和购后行为的影响。结果发现，“外因”导致的服务失败对于顾客满意度及补救后行为的负面影响最大，“内因”导致的服务失败对于顾客的负面影响最小，第三方导致的服务失败对于顾客的负面影响介于前两者之间。除此之外，傅慧（2014）在研究酒店行业的研究强调了归因对满意度的影响，若是酒店原因造成的服务失误，诚恳的道歉和热情的互动等非货币性补偿会起到更好的效果。

除了归因因素外，Westbrook（1987）较早提出了影响满意度的情绪类因素。Westbrook认为情绪应该同认知一样，可以解释满意度这个变量，并且他认为消费者的正面情绪将对满意度起到正向作用，而负面情绪对满意度起到反向作用。Oliver（1993）也认为，认知和情绪均可以独立的影响满意度，同时情绪还作为中介变量，其他变量能直接或间接通过情绪对满意度产生影响。随后的一些学者也进一步证实了情绪对满意的影响。国内学者杜建刚（2007）详细探讨了顾客在服务补救中的情绪反应机制，并提出了情绪对满意和行为影响的概念模型。他验证了情绪感染在服务补救情景中是真实存在的，同时论证了情绪对顾客满意和行为的直接作用。可见，在服务补救情境下，情绪对消费者补救后满意度起到重要作用。

在服务补救策略与满意度之间的研究方面，王风华（2010）将道歉和补偿整合成服务补救属性，发现了服务补救属性对服务补救满意的显著影响。马双等（2011）以电子商务行业为背景，研究了服务补救满意的驱动因素，服务补救策略对补救后满意有直接影响作用。

影响满意度的重要变量还包括关系质量。学者们从不同的角度对关系质量的概念和维度进行了研究，普遍认同关系质量可视为一个高阶建构，包含信任、满意、情感承诺、情感冲突、理解、努力等维度。刘汝萍（2012）通过研究发现，加强关系质量不仅会在某种程度上削弱其他顾客不当行为对满意的负面影响，还会增强员工补救行为的努力对补救满意的正面影响，因此服务企业应该注重培养与顾客的关系质量尤为重要，如企业可以通过各项措施加强与顾客的关系，如实施会员制、提升服务质量的同时加强与顾客的情感沟通与交流，使顾客产生情感依赖和通过增强顾客的信任与承诺等。不可否认，关系质量在服务失败和服务补救中的影响是存在的，但是关系质量对服务补救效果，尤其是补救满意的影响是正向还是负向，学术界的看法并不一致。关系质量越高，则代表了消费者对出现服务失败企业的具有越高包容力，也偏于归因的负面作用降低，但同时，关系质量越高，越会提升消费者对企业补救策略的期望值，增加企业的补救难度。

个体的特质也会影响消费者补救满意度的感知。唐小飞等（2011）在补救时机和消费者个人特质对补救绩效（满意度）方面做了模拟实验，他的研究表明：

在及时补救情境下，男性消费者对服务补救的满意度显著高于女性消费者，主动个性特质的消费者对服务补救的满意度显著高于被动型个人特质的消费者，在延迟补救情景下这些结论呈现差异。张宏生（2007）指出了顾客特征对补救满意度的影响。消费者在功能价值倾向下，服务补救所带来的分配公平对顾客满意度有较高影响；消费者在社会价值倾向下，程序公平对消费者满意度有较高影响；在情感价值倾向下，互动公平对顾客满意度有较高影响；在尝新价值倾向下，互动公平对顾客满意度有较高影响；在情境价值倾向下，互动公平对顾客满意度有较高影响。

四、服务补救后顾客行为意向

（一）顾客行为意向的基本模式

意向这个概念源自于社会心理学。不是对未来某种行为的简单预期，而是刻画了对未来某种行为的一种积极承诺。意向反映了个体对未来采取某种特定行为的一种信念，它的存在将引导个体为实施这种行为，并通过持续性的努力集中于特定的愿景目标，从而将其实现。

顾客行为意向表明了消费者在特定的消费情境下，围绕某种消费产品或服务，产生的有目的的行为状态。Engel（1995）提出了态度理论，认为态度主要由认知、情感和意动三种要素构成。认知表示个体在态度标识参数方面形成的知识和信念；情感表示个体对态度标的物的心理感觉；意动即意向，则表示个体对态度标的物展现出来的行为或者意向。消费者行为意向在管理学的研究就是源自于态度理论。从态度的理论模型（见图2－10）中可以看出，个体根据自身的信念、感觉对态度的标的物形成整体的评估，进而导致个体的后续行为意向，最终

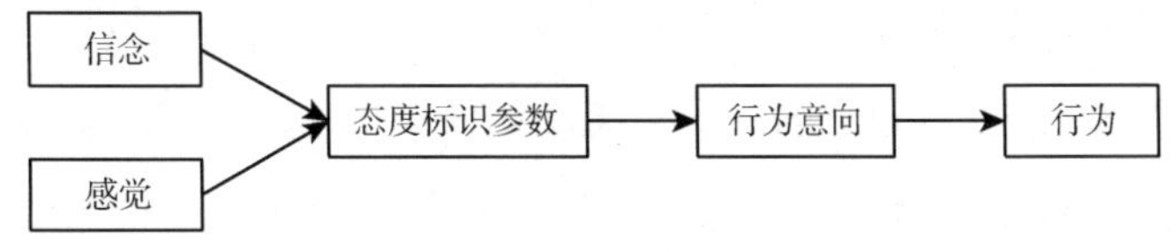

图2－10 态度与行为意向的关系图

资料来源：Engel and Blackwell, consumer behavior, 8th, Newyork: The Drydden, P. 365, 1995.

导致个体行为，即个体的行为意向是由态度决定的。从态度理论中可知，决定态度的主要影响因素是认知和情感。

Ajzen 和 Fishbein（1980）构建了个体行为意向模型，提出预测个体行为的著名理论，即合理行动理论。在合理行为模型中，行为意向是指在既定情境下执行某一特定行动的意愿。依据合理行为模型，行为意向是由个体态度、主观规范及其相对应的权重决定的。态度是对问题中的行为偏好或憎恶的评价程度。它代表了在好或坏、益或害、高兴或不悦、喜爱或憎恶等属性上的心理对象的总体评价。该理论也认同消费者对标的物的信念和认知并不能直接对行为意向产生影响，而是通过某个中介变量才能发生作用，态度变量便是重要的桥梁。补救满意度是重要的态度变量，代表了消费者对企业补救行为的整体心理评价。补救满意度则直接影响了补救后行为意向变量，行为意向变量则进而进一步影响了消费者个体行为。从这个角度来说，本书正是契合了这一影响脉络，将消费者的态度变量（补救满意）与行为意向变量作为衡量补救效果的重要变量。

（二）服务补救后顾客行为意向

服务企业想要维持与消费者之间的关系并获得长期利润，首先要获得消费者的忠诚。在服务补救情境中，成功的服务补救能获取到消费者满意和忠诚，衡量服务补救效果的标准就是消费者对服务补救的评价。Parasuraman 等（1994）将消费者的行为意向总结为 13 项，分属于口碑沟通、购买意向、价格敏感度以及抱怨行为四类，而补救后行为意向则主要由上述四类中的前两类构成，因为价格敏感度主要是体现在购买行为的当时，而抱怨行为则主要发生于服务失败之后补救之前。Blodgett 等（1997）将重购意向和口碑传播统称为顾客在补救后的行为意向。补救后的行为意向作为态度和行为之间的中介。本书亦采用 Blodgett 的研究方法，用重购意愿和口碑作为衡量补救后行为意向的变量。很多学者均将口碑和重购意愿作为补救后行为意向的衡量变量，并取得了相关成果。口碑（word of mouth）是在消费者之间以面对面接触的方式获得的信息，是最为生动、直接地传达信息方式，因此被广大学者关注。

Zeithaml 等把重复购买意向定义为顾客在充分考虑了自己的现状以及其他相

关条件之后，决定在未来继续购买或使用某一厂商提供的产品或服务的一种决定或倾向。他认为积极的重购意向有两种表现形式：一种是再次购买；另一种是积极向他人推荐。Jones 和 Suh 将重购意向定义为顾客购买此产品或服务且使用之后，下次仍会购买的意愿。陈明亮认为，重复购买意愿是客户实际重复购买行为的一个比较可靠的心理预测指标，他根据社会交易理论和投资模型，以中国 IT 分销行业为背景，提出了重复购买意愿理论模型，实证研究得出顾客满意能直接影响顾客购买意愿，同时顾客认知价值和转移成本也发挥了重要作用。常亚平（2008）将顾客愿意继续购买该企业产品或服务的意愿和倾向定义为顾客忠诚，从其本质来看，是在用重购意愿来刻画消费者补救后的行为意向。

肖丽（2006）提出，在遭遇服务失败后，具有真实服务关系的顾客会认为服务企业所提供的服务补救是真诚有效的，对其损失具有实质性的补偿，所以更倾向于正面口碑，并对服务企业具有惯性忠诚。郑秋莹和范秀成（2007）针对网络零售行业服务补救进行研究，认为不同的情境下采取不同的服务补救策略会起到不同的效果，从而导致消费者不同程度的忠诚反应和重购行为。该研究认为，道歉、补偿和快速响应三种策略单独使用均能起到一定的补救效果，但是组合策略往往能起到更好的补救效果。杨学成（2009）认为服务行业的无形性和消费者的个性多元化，会导致服务失败的产生，服务企业可以控制的补救措施包括精神补偿、物质补偿和响应速度三种，这三种补救措施对消费者的满意度和口碑传播均存在显著的影响。张圣亮（2011）研究了饭店行业的服务失败，他认为失败的服务会带来消费者的负面情绪，进而影响他们后续的购买行为，但是积极有效的补救措施往往能激发消费者的满意，完成关系的修复和再续，使服务失败对后续购买行为不会产生实质影响。Anna 和 Daniel 通过实证研究，发现饭店的顾客满意度和重购意愿与饭店对投诉的处理时机关系密切。王如意（2010）研究结果表明，顾客参与反馈和企业后续沟通对改善消费者满意、信任、重购意愿和引发正面口碑有正面影响。企业主动激发反馈可以显著地提高信任，但不影响信任、重购意愿和正面口碑。此外，顾客参与反馈与企业后续沟通的交互作用对信任和重购意愿具有显著影响。

Wirtz 等（2004）研究发现，消费者满意与他们对服务企业的忠诚及正面口碑传播的关系十分密切，服务补救策略影响补救满意进而影响消费者行为意向。傅慧（2014）验证了货币补偿和非货币补偿的补偿满意度差异，提出两种补偿的满意度与归因相关，同时提出消费者对服务补偿的满意度对以后的服务信任、重购意向和口碑传播均存在显著的正向影响。目前大部分的研究都认为，服务失败出现后，服务企业提供的服务补救水平越高，消费者越会出现补救满意，进而能保持后续的正面口碑传播和重购意向，如图2－11所示。

图2－11　补救、补救满意与消费者行为意向的关系

资料来源：本书整理。

五、文献述评

（1）服务补救后消费者满意、重购意向和口碑传播三个变量是衡量服务补救效果的重要标准。服务企业在服务失败发生后，进行补救的主动性、及时性、补救策略、补救策略组合、补救时机、补救程度等因素都会影响补救后消费者满意、重购意向和口碑传播，并且决定了消费者是否能由服务补救，感知到被公平合理的对待。这三个变量虽然都是服务补救的最终结果，但却有着相对复杂的区别。从补救效果的长期和短期角度来说，补救后消费者满意属于典型的服务补救之后的即时评价，虽然可能具有时间的持续性，但是应该属于短期效果。消费者的重购意向和口碑传播则是具有时间的持续性，是表现出来的长期效果，是较为稳定的意向状态。鉴于同时涵盖这三个变量的研究还相对较少，本书尝试把服务补救后消费者满意和后续的行为意向（重购意向和口碑传播）均纳入模型中，观察不同补救策略的补救效果。

（2）以往的研究证实，服务补救策略本身的特征并不直接影响再购意愿和口碑效应，它是通过中介变量——顾客对补救满意度感知，来影响后续行为意向，补救满意度与重购意向与口碑之间呈现出正相关的关系。迄今为止，在服务补救与顾客关系方面的研究，通过文献梳理发现，部分文献研究了补救的客观属性和特征对补救后满意的影响，部分文献探讨了服务质量、补救感知公平对顾客满意及建立关系的影响，部分文献探讨了消费者情绪对服务补救满意的影响以及顾客与企业之间的互动及关系质量等因素对服务补救满意的影响。虽然学者们对感知公平、消费者情绪、补救策略都有一定的探讨和研究，但是对于补救策略、感知公平、消费者情绪、补救满意度、后续的行为意向这一系列变量之间的影响机理、内在结构关系却没有系统的梳理和阐述，本书将在此方面进行探索。

（3）在影响补救满意度和补救后行为意向的研究中，诸多文献将精力集中到补救策略设计、服务失败程度、企业与消费者之前关系程度等研究中，并未对中国消费者的个体特质差异进行重点研究和分析。本书认为，消费者的个体差异会对消费者的情绪反应及满意感知等变量起到重要影响，因此有必要重点进行考量。

第三章

顾客感知公平对补救效果的影响机理分析

第一节 理论基础与研究主线

本书的理论框架基于社会心理学、营销学和心理学的一些重要理论。公平理论衍生于社会心理学的研究，主旨是衡量在社会交换系统中的投入与所得的比较，同时还包含与他人比较的过程（Greenberg，1990）。研究者陆续在不同领域就公平性与个体的态度、行为系统之间的关系展开了相关研究。在公平理论引入工商管理领域后，著名学者 Clemmer（1988）认为公平理论可适用于服务与产品的交换系统中，以及服务性企业与顾客之间的交往关系，她并首次提出了“服务公平”的概念，公平理论自此在企业与消费者之间的交易过程中被频繁研究和使用。随后 Oliver（1989）提出公平性理论可用来解释顾客的不满意或满意，并且顾客的口碑、再购倾向等行为意向也可以公平性感知作为依据。1996 年 Oliver 指出公平理论可以进行测量，分别为“负面不公平—公平—正面不公平”。1993 年 Clemmer 和 Schneide 利用实证分析指出了分配公平和程序公平在消费者评价中的作用，并于 1996 年提出了公平的三维度模型，即分配公平、程序公平和互动公平。分配公平旨在揭示交易环节中的利益与成本的权衡；程序公平旨在强调对争议和矛盾处理过程的公平和平等是十分重要的；互动公平强调了处理争议过程中人际互动和人际接触方式会引发心理公平感知的差异。除了三维度模型外，对于公平感的内在结构研究，还有双因素理论、三因素理论和四因素论，其中双因素论认为公平感存在分配公平和程序公平两个维度。四因素论把公平的维度拓展成分配公平、程序公平、人际公平和信息公平。

服务补救领域中的感知公平正是很好地吻合了公平的研究构架并结合服务补救的情境，多采用三因素结构，并引申出了更丰富的含义。服务补救是典型的消费者与企业的社会交换过程，企业在补偿力度、补救过程和补救人际互动方面的努力会激发消费者感知公平等认知过程的改变，分配公平、程序公平和互动公平三个构面在引起消费者情绪改变、补救整体感知及行为意向等方面各自发挥作用，本书认为诠释消费者认知和情绪变化的起点是基于公平理论的感知公平。

态度理论是营销研究中的重要理论，Fishbein 和 Ajzen 提出的理性行为理论（theory of rational action ，TRA）是态度领域的重要模型，主要用来分析态度如何有意识地影响个体行为。该理论认为个体是理性的，个体的行为在某种程度上可以由行为意向合理地推断，而个体的行为意向又是由对行为的态度和主观准则决定的。任何因素只能通过态度和主观准则来间接地影响使用行为。态度是人们对从事某一目标行为所持有的正面或负面情感，它是由对行为结果的主要信念以及对这种结果重要程度的估计所决定的。

Fishbein 提出行为意向是个体态度和主观规范的函数，TRA 的理论模型如下面的公式所示：

$$B \sim I = (A_B)w_1 + (SN)w_2 \qquad (3-1)$$

其中，B 表示行为，I 表示行为意向，A_b表示个体对于某行为的态度，SN 指主观规范，w_1、w_2 分别代表态度和主观规范的权重。此外，他还提出了态度的计算方式，其中，A 是态度，b_i 是进行某项行为个体所秉持的信念，e 是个体对客观后果或结果的评价，态度是个体信念和评价的函数。

$$A_B = \sum_{i=1}^{n} b_i e_i \qquad (3-2)$$

Fishbein 随后又将研究结果进行了提炼（如图 3－1 所示），提出了“信念—态度—行为意向—实际行为”这一模型，这个模型可用来解释个体信念到行为之间的整个转化过程。

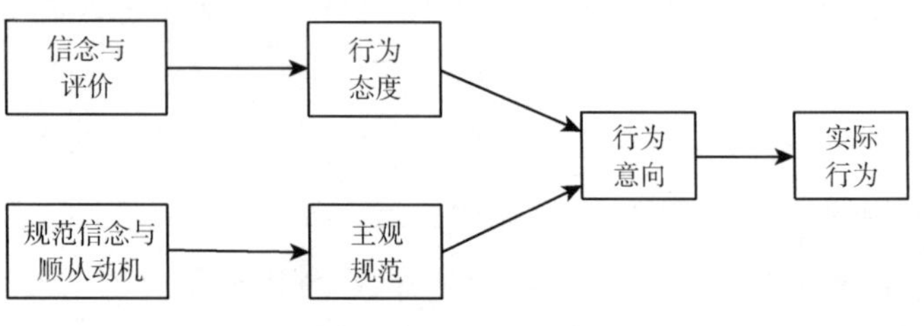

图3－1　理性行为理论模型

资料来源：Ajzen, I, Fishbein, M. , Belief, attitude, intention and behavior: An introduction to theory and research [M]. Addsion－Wesley, Reading MA, 1975.

Fishbein 的模型着重阐释了个体的行为意向由态度变量和主观规范来决定，而态度变量又受到信念的影响。信念与一般意义上的信念概念不同，理论中的信念因素是一个笼统的概念，在消费心理学领域，它是指消费者对某一事物或情境的看法。

心理学的态度三元理论也是本书的一个理论基础。这个模型强调了认知、感情和行为之间的相互关系。Breckler（1984）总结前人研究成果，认为情感（affect）、行为（behavior）和认知（cognition）这三个似同实异的要素组成了态度，并且提出认知导致情感的变化，进而产生行为意向。认知属性是个体的观念，是消费者个体对某事物其属性的各种信念，情感属性是消费者个体在产生认知过程中随之衍生出来的情感体验，行为属性是对消费者个体持有的行动意向，这与个体的行动本身有着本质的区别。态度的三个元素都很重要，但是由于消费者对态度对象的动机水平不同，态度的三个元素的相对重要性也不同。消费者对一个产品或服务的态度不能简单地由他们对该产品认知属性的识别来决定。Engel（1995）做了进一步探讨，他提出了态度的决定因子是认知和情感，态度则是决定了个体的行动意向，他明确地提出了态度与行为意向的因果关系。

Fishbein，Breckler 和 Engel 的巨大理论贡献不仅阐释了认知、情感和行为意向之间的内在逻辑关系和机理，更可以启发企业从改变消费者的认知开始，进而改变消费者的消费行为。假如企业能树立某产品或服务的积极形象，让消费者对产品或服务有正面的感知，再通过适当宣导，加入引发消费者情感共鸣的产品属性，基于上述理论，消费者就会产生消费的内在欲望和意向，最终激发积极的消费行为。

本书研究脉络的建立主要是考虑到如下几方面因素。第一，目前国内外服务补救方面的研究成果也颇丰，以国内消费者为样本进行相关统计分析，但其中少有研究将中国消费者自身特质纳入研究框架，立足于中国本土的文化背景，深入探讨如何基于以往理论成果，研究被传统文化熏陶的中国消费者在面对服务失败、企业多种补救策略时，会因自身特点而产生何种感知和行为的差异。本书认为，消费者是服务补救环节中最为关键的一环，消费者是企业补救效果的最终评价者，任何补救策略的设计均要结合消费者的个性和文化特质。第二，现有补救研究以公平理论为主的认知研究范式为主，只有少数文献涉及情感或者情绪因素，现有研究对服务补救中的情绪机制研究也相对不足。情绪在影响消费者满意或补救满意的过程中是必不可少的因素，企业补救行为的根本目的是激发消费者的积极情绪，让消费者摆脱服务失败带来的情绪困扰，进而感受到企业的诚意和补救满意，从而重建在遭遇服务失败后的消费信心。从这个角度出发，深入了解消费者补救情境下的感知和情绪变化过程对企业提供有针对性的补救策略具有重要意义。第三，虽然理性行为理论、态度三元理论等对认知、情感、行为的关系进行了研究，然而在服务补救的特定背景下，顾客公平感知、正负面情绪、顾客补救满意及行为意向间是否遵循“认知—情感—行为”的因果链，抑或是情绪能反过来影响感知因素，感知公平是否能直接引起顾客积极的行为意向等问题也亟待探讨和理清。鉴于上述研究问题，并基于公平理论、Fishbein 理性行为理论和心理学中的态度三元理论，本书拟构建企业补救情境下，中国消费者补救感知到补救后行为意向的影响路径，图 3 – 2 就是本书的研究主线。

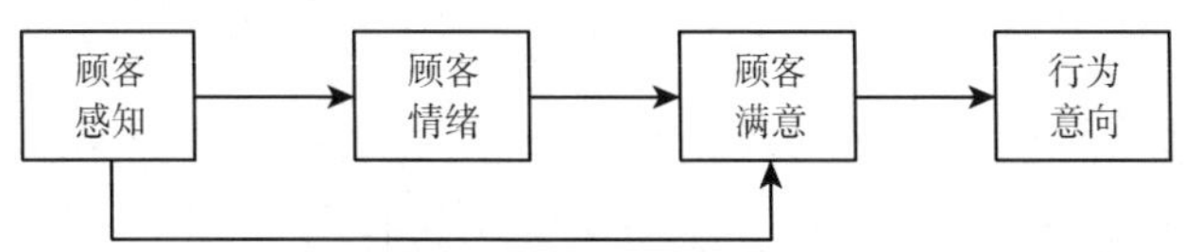

图 3 – 2　本书的研究主线

第二节 概念模型

服务补救，从本质上来看是一种双向交换。社会交换理论强调了形成人际互动中对分配或交换考虑的重要性。服务企业在服务失败后提供的各类经济补偿（赠券、礼品、折扣、积分等）均会首先触及顾客经济方面的得失感知，顾客会在心中对各类有形补偿产生各类期望和心理印象，只有那些与知觉成本匹配的有形补偿才能使顾客感到被平等、公正地对待（Kelley，1994），结果便是激发了顾客的公平知觉，顾客才会产生积极的处理态度，分配公平极好地刻画了此社会交换的直接结果。同时，由于遭受服务失败的顾客处于烦躁和不满的情绪状态下，在整个处理过程中，问题解决的流程是否便利、快捷和灵活，企业是否勇于认错和承担责任、是否倾听消费者的抱怨，并具备友好、善意的态度向顾客道歉并解释，并采取打动顾客的互动方式，这些方面均会让顾客感知到企业是否站在消费者立场思考问题，这些措施均会导致顾客在对程序公平和互动公平方面的感知变化。整体来看，感知公平就是消费者对企业整体经济、非经济补救措施的综合看法，是顾客感知变量，是消费者在补救后能否实现满意的重要前提。公平理论的可贵之处在于它提供了一个认识顾客在补救过程中心理状态变化的视角，本书认为它是消费者一系列心理感知变化的起点和引擎。

服务失败及补救行为发生在高交互、高冲突的情境中，以往研究多从认知角度来解读消费者的感知变化过程，本书认为情绪也是消费者补救过程中不可忽略的重要因素和成分。在服务失败时，消费者将会产生各类负面情绪，沮丧、不满、郁闷甚至是暴怒，这些情绪将会被带入补救过程中。尽管企业会提供一系列补救措施，但消费者的情感状态不一定会发生企业所期望的变化，也可能会经历郁闷、愤怒、高兴、愉快等情绪，这些情绪是影响消费者补救满意及行为意向的重要变量。Westbrook 等从 20 世纪 80 年代就开始了对情绪进行研究，并指出情绪因素对个体行为的影响超过了认知因素并起到重要作用（Bagozzi，Gopinath & Nyer，1999）。有学者指出情绪的变化归结于认知，如公平范式（Chebat &

Slusarczyk，2003；Kennedy & Sparks，2003）。Lazarus（1991）还进一步指出，情绪从来都是对认知活动的反应，或者说情绪是在认知过程中产生的某种意义，而且认知过程的目的就是实现这一意义。因此他认为认知是情绪的充分条件和必要条件。本书认同此观点，认知确实是影响情绪变化的重要前置变量，如感知公平。然而现有研究尚未达成一致的是认知如何影响情绪的变化，哪些认知变量对将对情绪造成影响，认知、情绪和满意之间的内在机理究竟如何。

本书进一步认为，在服务补救的情境下，在消费者感知公平与情绪变化之间，是否还存在着一些重要的、未被解读的影响路径？本书认为其中一个很重要的路径就是面子。服务失败事件会引发消费者情绪变化，同时也会激发和伴随着另一种心理机制在悄然发生作用，即面子效应。面子和消费过程是密不可分的，面子既有社会建构的内容又有心理建构的内容，本质上讲，是一个社会心理建构的变量。好面子的个体既要获得社会赋予的声誉和认可，也要进行自我展示。面子的这个特征与消费行为，尤其是高人际互动行业的消费行为是匹配的。当消费者被冷漠地对待时，会敏锐地发现他们的遭遇正被周遭群体围观，此时消费者会感受到没面子，自尊被刺伤，从这个角度看，面子损失的感受必然会极大影响消费者的状态，因而在补救环节中，通过各类合理、公平的措施为消费者挽回面子便显得尤为重要。根据杜建刚（2008）的研究，面子感知在服务补救情景中是真实存在的。

消费的过程就是面子展示的舞台。在消费过程中寻求的自尊提升以及经济和物质补偿等行为均可以视作个体的面子事件。服务失败的企业只有通过各种补救策略将消费者在服务失败环节中失去的面子找回来，才能激发消费者的正面情绪和补救满意。补救中的面子问题尤为重要，本书探讨的重点之一是面子机制是否在补救过程中发挥作用。主要包括如下几个焦点：消费者是否确实能在服务补救中获得“得面子”感知；消费者的“得面子”感知是否会引起其积极情绪和补救满意的变化；消费者的面子感知是否也能激发其对企业补救努力的正面评价（重购和口碑）；消费者“得面子”感知是否在感知公平与情绪变化之间发挥桥梁作用。

此外，心理学的研究（Wakefield，1999）指出，人际互动是促发情感变化的重要刺激。中国消费者长期受到儒家“和合”、“中庸”、“仁”、“恕”等文化价值观的熏陶，有遇事避免冲突的内在思想倾向，以及凡事以和为贵的行为出发点。当消费者面对企业真诚、有力的补救措施时，譬如企业愿意承担消费者所有损失、企业管理者亲自出面道歉和解释、员工面对面的殷勤服务与真诚互动时，很多消费者能从中体谅到企业积极补救的良好意图和善意，从而逐渐能宽恕企业的失误并产生一些正面的情绪。因此，从这个角度考虑，企业的补救努力不仅要使消费者感知到公平，还必须让消费者从企业的补救行为中体会到企业的补救诚意，激发消费者的善意感知，激发潜藏在消费者心中的宽恕之心、体恤之心和怜悯之心，从而释怀消费者的负面情绪和激发正面情绪。从这个角度出发，本书认为，消费者在补救过程中感知到的企业善意性是面子机制外，能准确刻画消费者在补救过程中心理变化的又一个重要变量，但更值得深入挖掘和研究。

以往研究普遍证明，感知公平会影响消费者的补救满意（Tax & Brown，1998），补救满意是激发后续积极行为意向的重要变量，也是企业补救的重要目标，本书也认同此理论。然而，本书认为感知公平与补救满意之间存在很多被忽略的重要路径，这两个补救过程中的重要变量之间并不一定是直接作用的因果关系。本书提出，面子机制、感知善意则为这两个变量之间提供了必不可少的桥梁作用。面子感知和善意感知均是补救过程不可避免的心理状态，从不同角度诠释了补救情境中的消费者心理变化过程。消费者对补救策略的公平感知会通过影响面子机制与善意机制，进一步引起情绪的变化，从而导致补救满意与消费者补救后行为意向。这两个诠释中国消费者个性和文化特质的机制广泛存在于服务失败及补救这种高交互、高冲突的情境中，会对消费者的情绪以及满意度产生较大的影响。

基于相关理论和上述分析，本书尝试构建感知公平与补救满意之间的影响路径。围绕“感知—情绪—满意—行为意向”的主线，将概念模型进一步细化和延伸，构建了基于面子和感知善意的服务补救概念模型，概念模型如图 3 – 3 所示。

本书在第二章中已对模型中核心变量的含义做出了界定，在此进一步加以

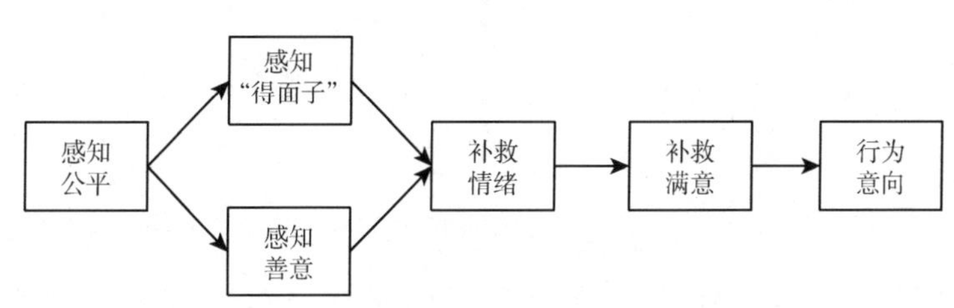

图 3-3　概念模型拓展

资料来源：本书整理。

明确：

感知公平：在消费过程中，消费者将自己的投入、付出与所获收益比较后感受到的公平程度。在服务补救情境下，感知公平是消费者因服务失败而遭受的损失与企业的经济和非经济补救措施进行比较权衡后，内心感受到的公平程度。本书采取公平三维度模型，即感知公平包含结果公平、程序公平和互动公平三个维度。

感知“得面子”：消费者在特定消费者情境下对自身“得面子”程度的主观感知。

感知善意：消费者对企业真正关注自身切身利益的感知，尤其当消费和服务过程中出现问题时，对企业能设身处地为消费者考虑的良好意图的主观感知。

补救后正面情绪：在服务补救情境下，由企业的补救策略引发的积极情感状态，如高兴、被尊重、心情舒畅等。

补救满意：消费者对企业针对特定服务失败而展开的一系列服务补救措施的满意程度，是特定交易满意的概念。

补救后行为意向：以重购意愿和口碑作为衡量补救后行为意向的变量。重购意愿是消费者考虑自身现状及相关条件后，未来仍购买该产品或服务的倾向；口碑是对产品、品牌或组织进行正面、负面评价并将该评价通过人际关系进行传播。

第三节 机理分析

一、“感知公平—感知‘得面子’—补救效果”影响机制分析

现有研究多以感知公平为视角，研究了补救的有效性，强调消费者与服务提供商之间的“交易”应该以公平为基础（Andreassen，2000）。只有达到了基本的公平后，才能产生满意和行为意向（Smith & Bolton，1998；Tax & Brown，1998）。感知公平是消费者心理满足状态的起点，但是，不是所有情境下顾客感受到公平后都会产生补救满意和积极的行为意向，本书认为其之间存在潜在的未被发掘的隐含变量，因此感知公平要通过影响其他变量，进而影响补救满意。本书认为“得面子”感便是其中的重要变量。

消费者的面子意识不是凭空而来的，他们的面子需要以及对有（或者没）面子的感知至少与三方面因素及其相互作用有关：一是消费者特质，涉及消费者对面子的需求是否强烈；二是消费物特质，涉及消费物是否具有符号价值，在哪些方面能体现和满足消费者的面子需求；三是消费情境特质，涉及消费活动发生在什么样的空间，相应空间下的消费是否关乎面子。从这三方面角度看，服务失败和补救行为以及其发生的外在环境正是恰好满足了面子感知产生的重要条件。从消费者特质来看，“面子”概念在我国文化长河中源远流长，无时无刻不影响着中国人的社会交往和活动。面子是植根于文化的概念，反映了中国人的价值取向，也是解释中国人为人处世之道的重要依据。面子文化的形成既与自然条件有关，更深受儒家文化的影响，它具有社会性和道德性的特点，并对个人心理和行为以及社会互动产生重要影响。个体的面子感知与其行为之间存在密切关联，当个体感觉到有面子时，会产生一定的心理满足感，从而对情绪和行为意向产生影响。面子意识是流淌在国人血液里的文化产物，作为价值观的核心部分，中国消费者注重面子的感知，在考虑与消费有关的问题的时候，除了考虑产品自身价值外，也会单独考虑这一行为是否会让自己从社会交换的过程中得到面子。从这个

角度出发，消费者之所以会产生很多冲动购买或者溢价的购买行为，是因为某项商品或者服务激发了消费者潜在的面子感知，从而对某项商品和服务进行了重新的评价和认识，即对商品和服务产生了满意的感觉，进而产生了后续的消费行为。

服务业会涉及消费者较高层面的需求，如请贵宾吃饭、请家人旅游、在高档酒店举行婚礼等。另外，在服饰、轿车、住宅的品牌和档次等各方面消费者也会顾及面子问题。很多情况下，不论消费者本身是否喜欢，在消费时都会不自觉地考虑到其他人会怎样看待自己，尤其是在时尚消费盛行的今天。人们在这类消费过程中对面子的需求是非常强烈的，消费者希望与企业交换的资源能带来心理上的满足感受，尤其当消费者处于他人的关注之下，自身是否得到了朋友、家人的认同和恭敬，自身形象和能力是否得到了充分的展示，这类需求将更为强烈。因此，面子文化对中国人消费行为具有独特影响，中西方学者一致认为面子是支配中国人社会行为的重要社会概念。

在服务失败情境下，当消费者遭遇到服务失败时，他们不仅受到了经济方面的损失，消费者外在社会认同和内心价值认同感觉也会被打破，从而感受到了面子威胁的知觉，面子中的公众性自我意识遭到了破坏，由此激发了消费者失去面子的强烈感知。根据社会交换理论，社会交换则是有价值的资源交换过程。任何活动和追求都是为了能满足个人生活所需的各类资源，运用社会交换理论可以更好地解释人际关系及消费者与企业的交互关系。从资源角度看，社会资源不仅是看得见的物质资源，更包括尊敬、爱、地位等因素。消费者在遭遇了服务失败后，除失去物质利益外，更重要的是失去了原本应享受的被重视感、自尊和自我展示的内心需求，就这个角度而言，这些因素均是面子中包含的重要因素。让消费者重新树立自我认可和自我肯定的心理建构，才能对企业的补救行为进行重新评价和认识。从这个意义上讲，“得面子”感的产生，是消费者接受企业补救经历后的非常重要的认知变化过程。

企业补救策略分为结果补救和过程补救。结果补救旨在提升消费者的分配公平感知，让消费者感受到经济损失得到了补偿。过程补救旨在提升消费者的程序公平感知和互动公平感知，让消费者感受到企业不仅会快速处理问题，更会通过诚恳、真诚的解释、道歉、认责以及人际互动等行为，表达出企业的补救诚意及愿意承担责任的勇气。本书认为，若企业的补救策略不仅照顾到了消费者的物质损失，还能在精神上让消费者感到企业对自身失误的深感歉意和反省，对消费者的投诉和抱怨及时处理，对消费者的诉求、利益以及自身价值都非常重视，那么这些举措便会起到给消费者“还面子”的作用。从这个角度看，企业给予消费者的物质补救（如全额补偿、免单、打折等），不仅能使消费者在补救过程中感知到了较高的分配公平，而且还能感受到由这些物质补偿带来的高自尊感以及高价值感，此外企业给予消费者的精神补救（及时行动、道歉、解释、管理者出面沟通等）不仅激发了消费者的互动公平和程序公平感知，更提升了人际尊重和良性互动。高自尊感、高价值感、人际尊重这些因素不言而喻地也会激发消费者失而复得的面子感知，只有在补救环节让消费者重新产生“得面子”的感知，才能激发消费者的补救满意感，以及由于感知“得面子”而产生的积极消费行为。所以中国人在人际交往中总是以对方给不给自己面子和给自己多少面子来判定对方对自己的接纳程度，并对彼此的关系进行认知和评价。

对于“得面子”感与补救满意和行为倾向的必然联系，本书基于两方面原因做出推理。一是面子的交换法则。周美伶和何友晖（1993）的研究提到了面子的交换法则，面子感的产生需要透过互动的情境，也就是说，面子是在人与人的互动中酝酿和产生的，正如俗语所说，“面子是人家给的，架子是自己拆的”，“施”与“报”体现了面子的交换法则。脸面作为一种资源扩散方式，是以他人的正面评价作为回报的，如他人对施予资源者的接受、感谢、感激、颂扬等会感到自己有了面子。给他人面子就是对他人重要性的承认，也就是对他人成功、德行或善举的肯定、羡慕、欣赏、尊重、敬佩等（翟学伟，2004）。在服务补救情境中，当得到面子的消费者从企业的补救行为中，重新得到了价值和能力肯定的心理满足感后，积极情绪会油然而生。即消费者接受了服务企业的“施”，则消费者会产生“报”的动机，即对企业的补救行为滋生正面的评价。二是，基于Fishbein的理性行为理论，“得面子”感是重要的感知变量，它的存在将会引发消费者的情感和行为倾向变化，激发消费者出现积极的行为意向和对补救措施的满意态度。因此，本书认为感知公平会影响消费者的面子感，面子感的变化又将引发对企业整体评价的转变。

二、“感知公平—感知善意—补救效果”影响机制分析

我国文化理念中重伦理、尚礼仪，以孔孟为代表的儒家文化的核心是“仁”，它贯穿于孔子学术体系的各个方面，所谓“仁者，爱人”。“仁”的具体表现方式有多种，其中“恕”就是重要的行为体现之一。“尽己之心谓忠，推己及人谓恕①，” “忠者，尽己之心也；恕者，推己之心以及人也”②。贾谊《新书·道术扒》指出“以己量人谓之恕”。正所谓，己立己达谓之忠，立人达人谓之恕。曾子更直接将孔子说的“吾道一以贯之”解读为“夫子之道，忠恕而已矣”，即曾子将“恕道”视为贯穿孔子整个思想学说的根本之道，其体现的是具有仁爱的情怀，以仁爱之心对待他人。可见，“恕”就是以自己的仁爱之心，去推度他人之心，从而正确地处理人与人之间的各类问题，谅解他人的不妥和谬误。孔子的儒家思想要阐释的“恕”是做人、待人的一种行为方式。李兆良（2011）提出，“恕”是贯穿儒家学说的核心内容和基本理念，是孔子行仁践仁的原则和方法，是维系人际和谐的处世之道。它是实现“仁”的直接途径和中介，具有方法论的地位。从儒家文化的角度，李兆良（2011）指出，儒家倡导的“仁”与当代西方心理学的宽恕有相同的含义。傅宏在《中国人宽恕性情的文化诠释》一文中也明确指出，“仁”是“善”的核心。

“仁”“恕”同本同源，恕是“仁”之实行，行恕至“无己之可克”则是“仁”了。儒家学说中的“恕”彰显了人类善良的本性，也是同理性、共情感的发端。恕的文化功能在人们的日常生活中有诸多体现，如化戾气为祥和，化干戈为玉帛，以同感心去推想身边人群，对他们不提出太多苛责与刁难，尽量做到己所不欲、勿施于人的宽容与谅解等。因此宽恕的价值观是能调节社会关系并约束人际关系的重要手段。尤其体现在个体在面对人际关系中的冲突、矛盾和各种负面压力时所持有的处事方式和原则。在服务失败的情境中，各类不同程度的服务失败必然引发人际冲突和矛盾，便引发了消费者个体情绪和心态过程的变化。通

① 引自：朱熹，四书章句集注，中庸章句［M］. 北京：中华书局，1983。

② 引自：真德秀，问忠恕．西山先生真文忠公文集（卷三十一）［C］. 上海：商务印书馆，1937.

常来讲，在此情境下服务企业为了挽回消费者信心，会千方百计地弥补自身服务失败带给消费者的物质和精神损失，不仅会在经济补偿方面投入成本补偿，还会通过快速、主动的反馈及殷勤的人际互动等行为表达对自身服务失败的歉意和反省，这些行为便带动了消费者在这一过程中的复杂心理状态变化。

发生服务失败之后，很多企业采取了积极妥善的补救策略，如提供了免单、折扣及超额赔偿等补偿措施，并制定了相关流程务必保证以规范、灵活的程序来处理消费者的抱怨和服务争端。同时，为了表达对消费者的歉意，企业会促使其管理人员视情境会介入服务补救的整个流程。若在解决问题的过程中，企业的出发点是消费者的感受和自身利益，能以同理心、同情心、同感心对待消费者，不以成本为导向进行物质补偿，并以礼貌、周到和充满歉意的人际互动方式与消费者沟通时，这些策略不仅可以提升消费者的公平感知，也可以激发潜藏在消费者内心中的宽仁情怀。冯友兰在《新世训：生活方法新论》中提出，践行恕道是仁爱的彰显和表达，是人性中“向善之心”“恻隐之心”“不忍之心”的充分扩充。中国消费者在以儒家文化为主导的传统文化熏陶中成长，必然在潜移默化中会受到儒家价值观的影响，大部分消费者能秉持宽容、尊重和理解的情怀，对待争端和冲突时做到以宽仁为本，以仁厚的品格，在同情心、慈悲心、恻隐心等多重心态共同作用下，选择规避冲突、降低人际负面效应、体谅忍让他人过错的和谐处理办法，从而在一定程度上接受企业的补救措施并感知到企业的补救善意和诚意。

感知善意的产生需要具备两个条件，一是受损失方具备感知对方各类积极、友好善意行为的品质和价值观；二是过错方切实表现出充满诚意和歉意的真实、可行的措施。当这两方面均同时具备时，本书认为基于中国消费者的文化特质，受到“恕”和“仁”等思想影响的中国消费者，会感受到企业努力补救及力图挽回消费者信心的积极态度和良好的补救意图，从而激发出感知善意的产生。第一个条件已在前面详细加以论述，第二个条件是否满足要取决于企业各类补救措施的力度和效果。本书认为，企业“有能力”进行何种程度的补救与企业“愿意”为补救付出多少努力，在消费者的感知层面是两个不同的问题。一个“有效”的服务补救策略，要使消费者体会到，服务失败的企业愿意、主动且有能力为消费者考虑，愿意站在消费者立场帮助消费者解决问题。也就是说，企业既要表现出“愿意”为自身的服务失败买单，也有“能力”做出实实在在的补偿。衡量这两个层面是否同时满足的重要变量即感知公平。从分配公平来看，不计成本地提供免单、折扣和优惠券等经济补偿主要体现出企业“有能力”进行补救的积极诚意。当严重误点的航空公司免费提供里程券或上错菜品的餐饮企业提供全额免单等措施时，不仅激发消费者的分配公平感知，这些实实在在的物质投入彰显出了企业的改错意图，知错而后积极改正可以激发消费者的恻隐之心，即善意感知。就程序公平而言，以快速、合理的流程处理失误带来的问题，而不是拖延等待，这源于企业积极应变的态度，同时反应快速化、执行规范化和管理规范化会彰显企业强大的执行能力和顾客服务能力，在一定程度上反映出企业“愿意”为自己的失败进行弥补的诚意，从而激发消费者的宽恕心理。在人际公平方面，人与人的交互是最直接传递感染力的方法，一个眼神、一个形象或者动作，均能在细节上打动人心。服务人员或企业的管理者通过真诚的道歉、解释以及各类人际沟通，可以有效地传递出企业挽回消费者的善意，激发潜藏在消费者心底的同情心和共感心理，从而对企业的补救行为做积极评价，感知到企业“愿意”弥补的动机，激发消费者善意心态。只有企业在物质补偿、补救流程和人际互动三方面均采取了有效行为，才能触动消费者的内心，促使消费者在饱受损失后，客观、公正地评价企业的补救努力，激发其自身的感知善意。

正如“得饶人处且饶人”所描述的那样，当消费者从企业实实在在的行为和善意的动机中受到感化和触动时，自然而然会对企业的补救努力产生满意的感受。当消费者感知到企业的补救善意时，他们对企业的认知也就发生了变化，逐渐摆脱企业仅是盈利机器并始终围绕自身利益打转的固有认知。Engel（1995）提出态度理论指出的，认知、情感和意动三个要素是紧密并互相影响的。当认知发生变化时，消费者的情绪会随之或同时发生改变，摆脱固有的负面情绪，感受到由善意性激发出来的同理心和共感意识，对企业的补救举动和后续行为产生好感，从而与企业建立隐形的情感纽带，这就给企业带来了提升补救满意的契机。补救满意度和重购、口碑等后续消费行为意愿则是企业追求的最终补救结果。这一结果的产生除了需经面子路径外，感知善意也能为企业挽回消费者提供新的思路。只有诚心诚意地与消费者沟通、勇于承担责任并快速将补救方案付之于实践，这些执行力才能体现出强烈的补救意图、认错意图及挽回意图，才能激发潜藏于中国消费者内心的宽恕情怀和仁慈秉性，释放消费者的负面情绪及促发由正面情绪带来的补救满意和考虑与企业再次合作的意愿。

三、“面子/感知善意—消费情绪—补救效果”影响机制分析

面子是认知层面的概念，即面子是个体认知到对方对自己某些属性的评价后，产生的自我心像，也可理解为个体根据他人的评价而产生自我形象定位，面子是重要的个体感知变量。陈之昭（1988）提出，个人对以面子为代表的自我价值产生认知后，情绪的变化会随之而来。他人评价与自身认可度之间一旦达到不平衡，最直接反应之一就是情绪。陈之昭（1988）的“面子消息处理机制”模型已经明确阐释，人、事、物、地、时等社会情境中的不同刺激类型，进入消息处理系统后，会通过认知系统进行转化，后经过消息计量系统计算出面子量，面子量与个体的比较系统经对比后，其结果则进入反应系统，进而导致相应的认知、情绪和行为反应，也就是说，情绪生理及反应是面子机制的重要影响结果。

服务补救领域充满了人际互动，在他人陪伴的服务环境中，个体的面子效应感知很容易被激发，随之会引发消费者个体的各类情绪反应。首先，服务失败后，消费者会产生“丢面子”的感觉，影响到了由社会交换价值撑起来的面子感知，也会导致生气、郁闷、沮丧、伤心等负面情绪随之产生。杜建刚和范秀成（2012）探讨了服务失败情境下面子丢失对顾客抱怨倾向的影响，提出了以顾客损失、面子丢失和情绪为核心的顾客抱怨倾向模型。他们采用真实录像情景实验法进行了实证研究，发现面子效应在服务失败的情况下是真实存在的，消费者的面子损失会影响服务失败后的情绪。在现实生活中，面子损失导致负面情绪的事例屡见不鲜。在我国以礼仪文化著称的人际环境中，当消费者宴请贵宾时发生上错菜、迟上菜或接待不周等现象时，该消费者的面子感知缺失即刻提升，负面情绪则随之被激发，则严重影响消费体验和消费者与企业的合作关系。其次，当发生服务失败的企业采取诸如物质补偿、道歉、解释等手段积极弥补自身的服务过

失时，消费者的“得面子”感一旦产生，则亦会直接地影响其情绪的变化。也就是说，根据陈之昭（1988）的研究，消费者的颜面一旦被挽回，消息处理系统会自动计算面子量盈余，情绪反应系统会随之产生得意、开心、满足、愉悦等正面情绪。前提是企业充足、恰切和积极的补救策略能促使消费者感受到有面子或赢回面子，扭转消费者的负面印象。游怡（2015）指出，面子获得和损失会导致消费者情绪的变化，面子获得导致积极的情绪，面子损失导致消极的情绪。从上述分析可见，面子与情绪之间存在着密切的联系和作用关系。

感知善意与消费者情绪之间也存在密切关系。首先，根据依附理论，每个消费者均具备一个或若干个为了得到安全感而寻求亲近另一方的心理倾向。在消费者与企业之间存在互动和交流时，企业则会出现拟人化，承担起部分被信赖和被期待的角色。即消费者希望在具备威胁感的环境中得到企业的利他性帮助。当企业能承担其自身角色，努力保护和提升消费者的利益时，企业这种无私的利他行为便会直接体现为一种对消费者的善意，这些围绕如何保障消费者利益的善意行为，可以激发出消费者的真挚情感和依附性，随之会带来紧密的消费者与企业间的联系，如共赢、信任、情感承诺等。其次，Nelson（2009）在其研究中指出，消费者若只感受到企业的盈利目的，而企业的行为中没有包含对消费者的善意及对社会利益的关注，没有体现出企业应承担的社会责任，消费者就不会产生积极的情感反应和情感承诺。从这个角度思考，当消费者感受到企业的利他行为和善意举动时，则会在心理上受到触动，产生相关的情感过程。正如前面提到的“施”与“报”的关系，企业的善意行为换来了“报”，此时的“报”则主要体现为消费者的正面积极情绪，如感激、庆幸、欣慰等。可见，消费者感知善意一旦产生也会引发诸多正面情绪的产生。最后，Nelson（2009）的研究亦发现消费者正面情绪的类型和强度则取决于消费者在交易过程中体验到的明确的和隐含的收益。在服务补救情境下，明确收益是指企业的各类有形补救措施，隐含收益在于企业有形补救措施背后体现出的对消费者的关切之心、尊重之心等触动其内心善意感知的各类情怀，这两类收益对消费者的情绪强度和类型起到重要的影响作用。总起来看，当消费者体会到企业是在尽力弥补失误，并实实在在地为消费者利益着想，千方百计力图挽回消费者信心时，这种利他行为和善意动机会激发消费者的正面情绪。也就是说，感知善意作为认知层面的概念，可以促使消费者情绪的变化。

目前学者们已经证实了情绪与满意度间的重要关系。当消费者在补救过程中产生积极的情绪时，得意、愉快等正面情绪会对补救满意和后续的重购和口碑意愿产生正面影响（Mattila，2002）。Dolen，Lemmink 和 Mattsson（2001）采用关键事件法比较了售后服务中消费者情绪对满意的影响，发现情绪是分层次的，并发现不同层次的情绪对满意的影响作用是不同的。Shoefer 和 Ennew（2005）依据认知评价理论，提出了感知公平通过驱动情绪的变化，进而影响消费者补救满意，可见，情绪是能对补救满意度起到重要影响。杜建刚（2007）验证了情绪感染在服务补救情景中是真实存在的，同时论证了补救情绪对顾客满意和行为的直接作用。杜建刚（2008）基于面子的视角，围绕消费者情绪的变化和中国独特的脸面文化，对服务失败和补救中的情绪反应过程进行了系统探讨，并尝试设计了适应于中国本土特色的情绪和面子量表。试验结果证实了面子感知在服务补救情景中是真实存在的，面子获得影响消费者的情绪感知并进而对补救后满意和行为产生影响。郑丹（2011）发现顾客在服务补救后的满意，受顾客服务补救后情绪的影响，而不是受顾客服务失败时的初始情绪的影响。其中，补救后积极情绪对补救满意有显著的正向影响，补救后外在归因消极情绪对补救满意有显著的负向影响。Nyer（2000）指出，消费者正面消费情绪会对再次购买意向以及口头传播意向均有显著的正向影响。可见，情绪与补救后行为意向之间的关系被逐渐重视并陆续展开。基本的模式和逻辑是：正面情绪对个体的行为具有促进和推动作用，负面情绪对个体的行为具有阻碍、影响和打扰的作用。围绕这个思路，补救的目的之一就是激发消费者的正面情绪，摆脱服务失败的困扰，给予服务企业挽回消费者信心的机会。从现实情况看，一个真诚的微笑和发自肺腑的歉意往往比物质补偿更加会激发消费者的正面情绪，从而带动消费者再次光顾的欲望，而敷衍和程序化的应付措施则会触动消费者本就烦躁的负面情感，从而断绝与消费者建立联系的契机。情绪会在短时间内，如服务补救状态下，发生剧烈的波动，从而影响消费者的心理状态和行为意愿，因而服务补救中的情绪变化是不容忽视的。消费情绪不仅是能对补救满意度起到直接影响的变量，还能进一步影响消费者补救后的行为意向，如重购和正面口碑意愿等产生非常重要的影响。

四、感知面子的驱动因素分析：面子意识

面子意识的定义已经在第二章中加以论述，本书将面子意识和面子需要视为含义相同的概念。面子意识是个体稳定的内在行为倾向，具有跨情境的稳定性，体现了个体希望通过努力、成就、责任心及乐于助人的表现，赢得外界认可和尊重的渴望和倾向。面子意识反映了个体追求社会地位或声望等成就的意愿，是个体通过社会认可的一些途径，去获取面子感的倾向。面子多是为他人而有，以“成就行为”为例，面子意识不直接影响成就本身，但能引发为了维护面子而来的诸多行为反应，这就是人际互动中个人某些特定行动的原动力。

面子作为一种符号资本，其在消费社会中的重要性不言而喻。面子意识是人类社会中普遍存在的现象，在儒家“名”“礼”等伦理思想影响下，面子意识成为体现儒家价值观的重要指标。Hwang 等（2002）提出，在儒家关系影响下，中国人构建出来的自我既不是西方个人主义文化所强调的独立自我，也不是互依自我，而是有一种关系自我。当个体在某些特定的情境中与他人进行互动时，这些个体会按照此类情境对自己的角色设定，将符合自我形象的一面呈现出来，希望塑造出最有利的形象和外在评价，此时“面子”便应运而生。与西方消费者相较，中国消费者的面子意识表现得更为突出，从而产生独特的行为模式。

一个面子意识强的人，则会有较强的做面子或者撑面子的倾向，从而促进个体产生一系列围绕面子得失的行为。面子意识较弱的个体，则在做面子和撑面子上感到没有强烈的欲望。陈子昭建立了影响面子行为的模型，如图 3－4 所示。从图 3－4 可以看出，一个人的面子行为受到若干因素的影响，包括马基雅维利主义、个人资源、社会文化因素，最为重要的则是面子需要，也就是面子意识。上阈和下阈分别代表两个门槛值，即个体在面子需要上的强度是不同的，面子需要的高、低能解释面子行为的差异。面子意识深刻影响着中国人的消费观念，是中国消费者实施购买决策最为重要的衡量指标之一（施卓敏，2014）。

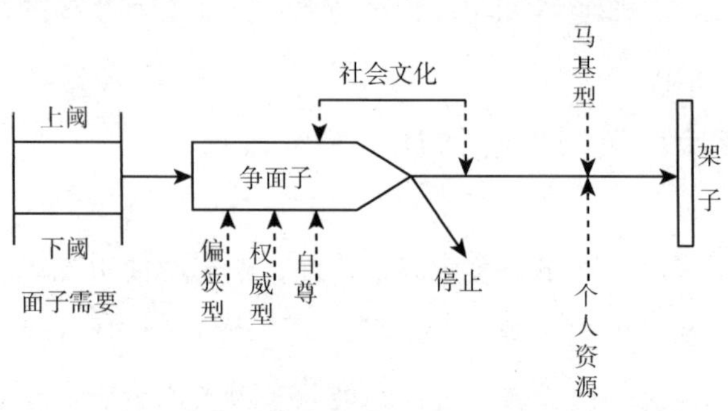

图 3-4　影响面子行为的因素

资料来源：陈之昭，面子心理的理论分析与实际研究．引自：翟学伟，中国社会心理学评论（第二辑）[M]. 北京：社会科学出版社，2006：107-160.

面子意识作为重要而稳定的人格特质变量，是个人特质的一种体现，将会对消费者在服务或消费情境下的感知和行为带来显著影响，它会导致不同的消费者对同一应激产生不同程度的面子感知。在人际高交互的服务情境下，消费者需要借助服务企业提供的高质量产品和服务，借此表达自己受尊敬的程度、较强的社会能力。例如，在高端餐厅请领导和同事们吃饭、在高星级酒店举行婚礼、选择最贵的旅行社出国旅行、买一款昂贵且广为人知的艺术品等。若消费者在众目睽睽之下遭遇了服务失败，面子意识的差异便会加剧不同消费者之间面子得失的感受，从而加剧面子问题的突出性。高面子意识的个体，换句话说，好面子的个体，对追求社会认同和赞许方面具有更强烈的欲望。结合到服务补救，服务补救过程是典型的人际交互程度高的情境。高面子意识的消费者在服务失败环节的"失面子"感知，在服务补救环节"得面子"感知，均会比面子意识低的消费者更为敏感。宋晓兵（2012）的研究证实，中国消费者的面子意识能调节感知面子对消费行为之间的关系，面子意识越高，感知面子对行为意向的影响越大，而美国消费者的面子意识则无法起到调节的作用。此外，他还发现了感知面子这个变量对中美两国消费者购物行为的正向影响作用。游怡（2015）发现，面子观在情绪和面子获得之间起到较强调节的作用，一个人面子观越重，在面子获得后，产生的情绪越积极。她研究中提到的面子观即面子意识。

面子意识的形成受到成长经历、父母理念、文化环境以及个性差异等多种因素的影响。结合陈之昭等学者的研究，具有高面子意识的个体，也就是通常所说好面子的消费者，与不好面子的消费者相较，会从相同的产品或者服务事件中感受到更为显著的面子量提升或面子量减少，即净面子量的增减更为明显。本书认为，面子意识是影响感知面子的一个重要因素。在服务补救情境下，个体面子意识的强弱会对感知面子增加或减少程度带来的影响。具有差异化面子意识的消费者从企业的补救策略中体会到的面子感知是有差异的。例如，当企业管理者亲自出面给消费者道歉并提出补救措施时，好面子的消费者会从这个举动中感受到“有面子”及受到企业的高度尊重，骄傲、愉悦、兴奋等正面情绪会随之提升，不好面子的消费者则可能无法感知到这一举动对自身面子的影响，认为管理者是否出面对最终的补救效果并不产生影响。从这个角度看，对于面子意识高的消费者，企业要围绕如何提升这类消费者的面子感知，采取一系列针对性的补救措施，如管理者亲自出面、对消费者的影响力和个人能力多加赞许、殷勤服务、适时赞扬等，这些措施可以有效地提升该类消费者的“得面子”感知，将其在服务失败中的面子损失补回来，激发消费者内心的喜悦和满足感，从而较容易产生积极的后续消费行为，如重购和正面口碑等。若企业的补救策略没有提升“好面子”消费者的面子感，则他们的情绪波动则会较为强烈，对企业的负面认知难以扭转，从而产生一系列的负面行为。因而，在实施补救策略时，企业要充分考虑到消费者面子意识对补救效果评价的影响，因人而异，灵活应变。

五、感知善意的驱动因素分析：宽恕倾向

当服务失败发生时，消费者会首先在认知层面考虑这一行为有多严重，责任在谁。在情感层面，消费者会经历愤怒、心痛、恐惧等负面感情的冲击。当企业提供了相应的服务补救后，部分消费者可以克服消极的心理和期望，正面地看待企业的努力，但部分消费者会很难建立积极的态度。这种外在行为的差异与消费者的个性特质差异密切相关。本书认为，宽恕倾向是一个解读消费者心理变化的重要变量，是剖析消费者感知和行为差异的一个重要视角。

孟子提倡性善论。《孟子·滕文公上》：“孟子道性善，言必称尧舜。”。古语

言道，人性之善也，犹水之就下也。人无有不善，水无有不下。每个个体都具备一定的恻隐之心、羞恶之心等。当消费者具有较强善念或善端时，则会具备推己及人的能力，处事时能设身处地地为他人着想，理解对方的难处和不易，这也就是“恕”的含义。《说文》：“恕，仁也。”《声类》提及，以心度物曰恕。“恕”是儒家“仁”文化的重要体现。宽恕的内涵在于通过对自己的“心”的观察，体察他人的处境，理解他人的境遇，释怀他人的过错，并尊重他人的感受。结合到服务补救情境下，企业的失误引发了消费者的不满，不论企业提供何种补救措施，其目的之一也是获得消费者的宽恕。获得宽恕与否取决于两个方面：第一，企业是否勇于承认自身的过错并诚挚的道歉解释，不试图加以争辩，不只是考虑企业的得失，而是站在消费者的立场体会消费者的处境，以消费者需求为导向，快速、有针对性地解决问题。此类有诚意的补救措施是激发消费者同理心和移情性的前提。第二，消费者个体有同理心的潜在意识，同理心的产生基础就是儒家伦理教化下个体的宽恕意识。也就是说，具备高宽恕意识的消费者能从他人、群体或企业的行为中感受到对方的善意，内心潜在的“善端”被激发出来，从而对外界事物采取更为正面、积极的评价。

在营销领域，McCullough（1998）以迁就理论和利他理论为基础，提出了宽恕的定义：宽恕是促使受损失一方对犯错者产生同情、共情心的一系列动机变化过程，宽恕带来了受损失一方和犯错者的矛盾化解过程，削弱了受损失一方想要报复、回避和疏远犯错者的心理动机，并在一定程度上激发善待犯错者的愿望。学者们对消费者宽恕的研究已基本形成共识：消费者宽恕不仅仅是逐步释放心理压力和负面情绪的一时行动，也是随着时间的流逝，消费者有意识的弱化心理压力的整个过程。对宽恕起到重要影响的人格变量中，宽恕倾向是解释力较强的重要变量。基于 Rye 和 Loiacono（2001）的研究，本书认为，宽恕倾向是消费情境中的宽恕倾向是消费者面对冒犯行为时，能放下负面的情绪、认知（报复的想法）和行为（如口头攻击），而对企业持正面回应（如同情等）的行为倾向。宽恕倾向是衡量个体独立于情境因素外的相对稳定的个性特质，关注的是个体对发生在人际关系中各种侵犯事件的宽恕水平。McCullough（2002）发现宜人性的性格特质能直接影响宽恕倾向中的报复心理、回避和仁慈等动机，而神经质的影响机理却不同。王玉（2014）提出宽恕倾向与个体感受到的社会支持呈现显著正相关，与个体的积极情感也存在正相关，与消极情感呈现负相关。在大学生群体中，大学生感受到的社会支持是主观幸福感与宽恕倾向之间重要的中介变量。张正林（2010）发现宽恕倾向在修复消费者信任中的重要作用。他们用情景模拟法对消费者的初始信任修复和后续信任修复进行实证研究，利用 SPSS 对数据进行方差分析和多元回归分析，研究结果表明，消费者宽恕倾向对初始和后续的重购意愿有显著影响。傅宏（2006）发现中国人的宽恕倾向与一些强调人际关系和团体稳定的人格品质（人和、人情及面子）具有更为密切的相关，也是因为受到儒家思想的影响，人们相互之间宽恕更多考虑到的是“和为贵”“得饶人处且饶人”。儒家、道家和佛家都倾向于追求个人内在的平和以及人们相互之间的和睦，因此从中国哲学思想中派生出来的一些文化人格要素，如中庸等影响了中国人的宽恕倾向。

已有研究普遍认为具有高宽恕倾向的个体，更具有宜人性、情绪稳定性的人格特质。服务失败及补救是一种突发压力和挫折情境，在这种压力冲突中，正是可以验证消费者自身宽恕倾向的重要情境，因此，本书认为宽恕倾向可以作为消费者认知和行为变化的重要预测变量之一。宽恕的功能之一在于用仁慈代替怀恨和怨怼，消费者在受到物质和精神损失后，能表现出对犯错企业谅解体恤的亲社会倾向。宽恕倾向会激发消费者产生仁慈、善意以及愿意与企业继续合作的动机，因而高宽恕倾向的个体会更加懂得释放负面情绪，摆脱负面压力的束缚，从而获得心里的自由和释怀。结合到服务补救领域，当服务企业充分认识到自身的过失，并在第一时间诚心诚意向消费者道歉，不推托责任，不争辩夺理，在情感层面上就会帮助消费者释放掉较多的负面情绪。进一步，当企业提供与消费者经济损失匹配甚至高于损失程度的物质补偿措施时，消费者对企业的负面认知将会被进一步削弱。一旦恻隐之心和同情之心萌发，一定程度上就说明了宽恕倾向能带来消费者认知过程和情绪过程的变化。特别是，当企业的一线员工尤其是经营管理人员出面沟通，恭敬有礼、真挚诚恳地向消费者解释失误的原因，对消费者的处境表示深切的理解、同情并提出可靠的服务保证时，这类举措则进一步可以使深受“重仁”“尚礼”文化熏陶的大部分中国消费者感受到企业实实在在的补救善意。但是，若遭受损失消费者的宽恕倾向偏低，对周遭不顺的境遇始终无法释怀，并往往将失败程度扩大化，总是归因于外，对他人多苛责和挑剔，并对企业的各类补救行为抱有较高的期望，则此类消费者与人为善的动机和倾向均会偏低，不容易原谅企业的过错。因此，此类消费者也较难感知到企业的善意性，更愿意从自身角度去过于严苛地评价企业的补救努力，企业需要付出的补救成本也就更高。相反，宽恕倾向高的消费者较易体验到他方的感受，并借助同感去处理人际冲突，有时候会选择一定程度的调节和自我牺牲去维持和恢复良好的关系。此类消费者内心的“善端”较易被激发，内心会流露出对企业各类补救行为的理解和体谅，从而选择再次相信企业并采取积极的口碑和购买行为。本书认为宽恕倾向高的消费者较之宽恕倾向低的消费者更容易从企业的物质、精神各类补救措施中，感知到企业愿意补救的诚意和为消费者利益考虑的善意，认识到犯错的企业不再围绕自身的经济利益做文章，而是为了挽回受损的顾客而做出努力。高宽恕倾向的消费者比低宽恕倾向的消费者，更容易体会到企业的补救善意，更容易谅解企业的服务失误，进而激发出更高的情绪变化，从而对企业的补救努力产生较为积极和客观的评价。

第四节 研究假设与理论模型构建

国内外的学者在服务补救领域做了大量突破性、实质性的研究，梳理了服务补救、感知公平与补救满意、行为意向之间的关系链条，得到了很多有用的结论。同时也不难发现，已有研究仍存在一些不足，需要做进一步的探讨。主要体现在如下几个方面。第一，消费者身上潜在着一些的差异化的人格特质，这些人格特质会直接影响消费者在补救过程中的感知变化和情感变化，如感知“得面子”、感知善意、补救情绪等，这些人格特质在补救过程中的重要作用尚未被充分挖掘。唐小飞（2011）指出补救效果必然与人格特质密切相关，中国消费者深受传统伦理教化的影响，儒释道等多种传统思想影响着国人的价值体系，文化的烙印会引致行为的变化。本书所要讨论的面子机制、感知善意等变量在补救过程中是否发挥作用，其运作机制如何，通过何种路径影响到补救满意及后续行为意向，这都是本书着力要去揭开的谜题。第二，情绪机制在补救过程中的重要作用仍需进一步探索，一些消费者感知变量（公平、“得面子”、感知善意等）的存在是否会引起正面情绪的变化。第三，公平、“得面子”以及感知善意这些变量会直接影响补救满意和行为意向，还是将通过影响消费者情绪进而影响补救效果，这些也是亟待解决的问题。本节将沿着这些主线进行深入分析和建立相关假设。

一、感知公平对感知“得面子”的影响

面子和消费过程是密不可分的，面子既有社会建构的内容又有心理建构的内容。面子本质上是一个社会心理建构的变量，既要有社会赋予的声誉和认可，也要进行自我的展示。面子的特征与消费行为，尤其是高互动的服务行业消费行为是匹配的。消费的过程就是面子展示的舞台。顾客在服务失败中的损失、自尊的维护以及寻求补偿等行为均可以视作面子事件，因此这个过程中就要给予消费者应有的“面子感”，为顾客找回面子。戚海峰（2009）提出中国人的自我观是关系自我类型，也就是说，他人的反应是个体产生面子感的重要前提。若企业的态度是消极和怠慢的，消费者的面子感知就会被破坏，反之如果企业的态度热情和积极并能与消费者深入互动，则会激发消费者的面子感知。陈之昭（1988）认为接受他人的尊重、赞美、道贺以及能力和价值的肯定都会有面子提升的感受。杜建刚（2011）总结了餐饮业的面子事件，他提出人际互动、赞美是典型的激发面子感的企业补救措施，他还提出能让顾客挽回面子的好措施是对消费者进行象征性的补偿，用最真诚的诚意和优秀的服务态度，对消费者进行道歉和认真的解释。上述研究充分从一个角度说明了关注、移情、礼貌等象征性补救属性可以增加消费者面子感。这些举措也正是提高消费者互动公平的必要条件。本书认为，消费者的互动公平这一感知提升到一定程度时候，消费者与企业间破裂的情感纽带被逐渐修复，消费者与企业之间的亲密感逐步提升，则消费者会感觉到企业给予自身的尊重和重视，而这种尊重会激发作为关系型自我的消费者内心中的“得

面子”感，因此本书认为互动公平对维护消费者尊严和帮助消费者赢回面子有重要的影响。

同时，本书认为以分配公平和程序公平为导向的补救也能对“得面子”感的提升发挥重要作用。金耀基（1988）认为面子可以来自经济性的交换行为(如金钱、财物等)。黄静（2010）在品牌再续意愿的研究中提出，消费者可分为社交型消费者和交易型消费者，对前者来说，道歉等无形补救策略可以激发强烈的“得面子”感，有形回报在激发交易型消费者的“得面子”感方面更有效。成中英（1986）提出主观向度面子和客观向度面子均可激发消费者的“得面子”感知，主观向度面子是个体从社会接触和交易中获得的社会成员对自己的尊重和认可，客观向度面子是个体被他人认可的社会价值。本书认为，当企业为遭受损失的顾客提供诸如免单服务、大幅度价格折扣等经济补偿时，这些旨在提升分配公平感知的措施与提升消费者客观向度面子的要素是契合的，即分配公平的提升也会导致消费者感受到企业对自身的尊重和重视，即激发消费者的感知面子。物质补救所传递的不仅仅是金钱或者经济补偿，也传达了企业挽回顾客信心的信息，同时有形回报也是社会交换必不可少的组成部分，能促使消费者产生“得面子”的感知。在程序公平方面，若犯错企业在第一时间回应消费者的抱怨和投诉，并迅速依据公平、灵活的流程加以处理和给予消费者应有的道歉和解释，这些措施体现了提升程序公平的目的，但同时也与提升消费者面子维度中的主观向度面子十分契合。也就是说，快速、规范和积极地处理消费者的投诉和不满，而不是顾客处于等待和无助的状态中，不仅对于提升程序公平十分有效，也对激发消费者的内在自我认可度及价值感知也是十分重要的。即使企业提供的物质补偿和精神补偿十分可靠和充分，但若在补救流程上没有迅速和积极地给予消费者反馈，则不仅会影响整体公平的感知程度，也会加深消费者本已受挫的面子损失感，不利于激发补救过程中的“得面子”感知。基于此，本书提出如下假设：

H1a：顾客感知分配公平对顾客感知“得面子”有显著的正向影响。

H1b：顾客感知程序公平对顾客感知“得面子”有显著的正向影响。

H1c：顾客感知互动公平对顾客感知“得面子”有显著的正向影响。

二、感知“得面子”对后续变量的影响

（1）感知“得面子”对补救情绪的影响。

陈之昭（1988）诠释了面子机制与行为和情绪的关系，提出了面子的消息处理系统（见图3－5）。这个系统指出，面子会到五个要素的刺激，这五个要素分别是人、事、时、地和物，个体在受到这些应激刺激后，会将这些外界应激引入面子的处理系统。

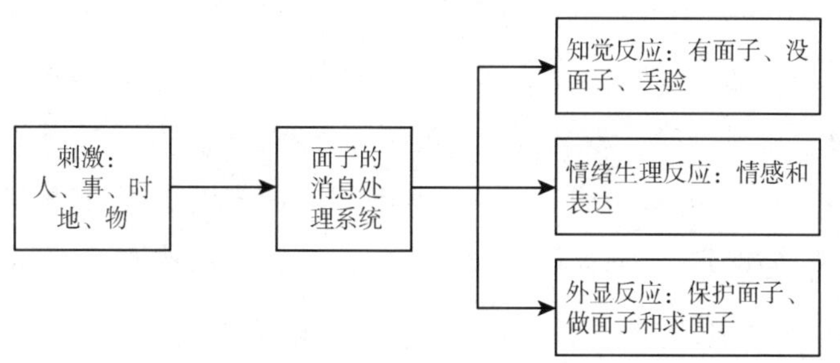

图3－5　面子与情绪的关系

资料来源：陈之昭，面子心理的理论分析与实际研究．引自：翟学伟，中国社会心理学评论（第二辑）[M]．北京：社会科学出版社，2006：107－160.

经过面子消息系统处理后，个体会产生如下的几种反应。一是人的知觉反应。知觉是客观事物直接作用于人的感觉器官，是人脑对客观事物整体的反映，即把感觉信息转化为有意义的、可命名的经验过程就是知觉。知觉是个体借助于过去经验对来自感受器的信息进行组织和解释的过程。各类事件（人、事、时、地、物）这些外界刺激通过人的感觉器官进入人脑，在个体中激发面子感知，经过时间的积累后，形成了有面子、没面子、丢脸等最终知觉感受。二是情绪的生理反应。情绪只是有机体对待特定环境的一种反应和一簇反应。根据沙赫特的情绪三因素理论，生理激活决定情绪的强度，认知决定情绪的性质，情境刺激则是产生情绪体验的客观条件。各类有面子、没面子的事件（人、事、时、地、物）作为情绪产生的外在条件和刺激，被个体感受到后，会产生各种情绪，如神气、心满意足、愉快、得意，或是郁闷、窘迫、不快等负面情绪，这也直接揭示了面

子与情绪的内在关系，面子感知的变化直接影响个体的情绪反应。三是外显行为反应，即由情绪引发个体的行为变化，陈之昭将这几种行为变化总结为求面子、做面子、顾面子和撑面子这四种典型的行为。这几种行为有方向上的细微差异和区别，在面子行为强度上存在差异，但都是个体在负面应激下的面子行为，也反映了中国消费者的面子机制在改变消费者行为方面发挥的重要作用。在第二章中，本书梳理了朱瑞玲的面子知觉与整饰模型。当面子威胁知觉产生时，直接会导致一些诸如焦虑、生气、羞愧等负面情绪，而这些负面情绪则进一步激发了一系列的整饰行为，如报复、自我防卫和预防性的行为（声明等）。

陈之昭和朱瑞玲的研究阐释了面子系统与情绪表达间的密切关系，面子的得失可以使消费者产生兴奋、得意、骄傲等情绪反应。杜建刚在 2011 年的研究不仅证实了面子机制在服务失败情境中是真实存在的，还提出消费者的面子丢失感受与其负面情绪密切相关。Schoefer（2008）将补救情绪进行了专门的界定，指出补救情绪是在补救过程中，由认知评价引起的一系列的情感感受状态，Schoefer 还指出了补救后的几种正面情绪，分别是得意、愉悦、兴奋、热情等，负面情绪包括不安、郁闷、窘迫等，此外还包括漠不关心等情绪状态。Schoefer 的研究不仅系统梳理了补救后的情绪，更指出补救情绪的产生原因是认知评价。综合来看，面子是中国消费者价值观系统中不可或缺的一部分，既是个体心理建构，也是消费者行为处事的原则。从孩童时期开始，个体就已经被打上了这种文化的烙印，在进一步的成长过程中随着不断地学习和阅历的丰富，这种价值观会潜移默化地影响个体的认知评价体系，进而影响情绪变化。当消费者从企业补救的各项措施中感受到有面子时，潜在的内在价值认可会提升，会激发个体满意、愉悦的情感体验，负面情绪也将随之下降。张圣亮（2009）的研究指出，补救程度越高，消费者的积极情绪越高。从这个角度看，当企业提供了恰切、合理且为顾客着想的补救策略之后，会给予顾客“得面子”感的主观感知，随着面子量的提升，消费者的积极情绪会逐渐被激发，负面情绪则逐渐消退。为了更好地证明面子感知与情绪之间的直接关系，补充情绪范式的研究成果，且为了更好地发掘“得面子”感与情绪、补救满意、消费者行为等变量的影响机制，本书聚焦于积极情绪，提出如下假设：

H2：顾客感知“得面子”对补救后正面情绪有显著的正向影响。

（2）感知“得面子”对补救满意的影响。

陈之昭（1988）提到个体获得的面子量，应与其行为能奖赏别人的程度成正比，这是一种公平法则。儒家主张“以直报怨，以德报德”，道家主张“以德报怨”，面子也有人情法则，所谓礼尚往来，讲究的是给予别人面子或者保护好别人的颜面，都不是只给予不获取的行为。“人情留一线，日后好相见”，乃是希望日后得到好的回报。黄光国（2004）对面子的交换法则也给予了肯定，他认为在面子有关的消费中，他人给予消费者认同、肯定及赞赏的大小是建立在希望消费者能有所回报的基础上，有所施与，则希冀有所报答。结合到服务补救的情境中，消费者“得面子”与企业预期从消费者处得到的回报也是一种“施”与“报”的关系。企业希望通过一系列的补救努力，换取消费者对企业失败行为的原谅以及对补救措施感到满意，即让消费者感到有面子，只有消费者内心的自尊程度和认可程度得到提升，才能产生对企业行为的认可和满意。

同时，Ajzen 和 Fishbein 的理性行为理论说明，要想对个体的行为意向产生影响，需要通过行为态度和主观规范这两个路径，态度是影响行为意向的重要前置变量。李东进（2009）对 Fishbein 的模型做了中国情境下的修正，发现除了行为态度和主观规范外，个体的面子意识可以对行为意向造成直接的影响。宋晓兵（2012）就李东进的研究又进行了深入探讨，认为李东进提出的“面子是一个平行于行为态度和主观规范，能影响行为意向的变量”这个结论适用于中国消费者，美国消费者的感知面子与行为意向间的关系不是直接的，需要借助其他的中介变量来实现。就前述学者的研究发现来看，本书认同 Fishbein 和宋晓兵的研究结论，个体在产生面子感知后，确实存在会有争面子、护面子、避免丢面子等类似的行为动机，这类动机将如何作用于顾客的行为是本书重点解决的问题之一。面子将直接作用于顾客行为？抑或是通过其他感知或情绪变量影响消费者的行为决策是本书探讨重点之一，从面子的存在形式看，面子多见于日常的人际交往，尤其在商品购买过程中，在日常采购情境中，当购买某产品或服务对消费者的面子感知有提升时，如高档皮包、高档手表、高档化妆品等炫耀性商品，消费者并不一定会产生确定的购买意向。只有当消费者由这类炫耀性或品质性消费感受到面子的提升量影响到了其个体的购买态度或者购买倾向，才能产生购买行为。例如，部分女性群体认为购买爱马仕、Prada等皮包能提升自身在他人眼中的评价，获得周围人群的欣赏，即有面子，则内心会充斥一定的满足情绪，但这不意味着此部分女性将一定会购买高档皮包。若有面子带来的内心满足和欣喜仅激发了潜在的购买动机，但限于经济条件的限制、购买能力的欠缺或其他主客观因素的影响，购买动机未能达到特定强度，即面子的增加量未能形成购买意愿，则有面子并不会引发特定的购买行为。故本书强调，以购买意愿为代表的态度变量才是影响行为动机的直接变量，消费者内心的面子等感知变量要通过影响态度变量，进而影响个体的行为动机。换句话说，只有当消费者将带来面子感的商品或服务与内心的评价标准，如经济成本、消费能力等因素进行比较后，若消费者仍感到满意或接受，才会产生购买的欲望。结合到服务补救的情境，消费者在服务补救中体验到的“得面子”感知越强，确实越能强化口碑和重购意愿等行为意向，但这种面子作为感知变量，需要通过重要的态度变量——补救满意，来实现对补救后行为意向的影响，即本书认为感知“得面子”与消费者行为意向之间要通过“补救满意”来发生影响的，基于此，本书提出如下假设：

H3：顾客感知“得面子”对补救满意有显著的正向影响。

三、感知公平对感知善意的影响

善意是研究消费者——企业关系的重要因素（Morales，2005）。感知善意是消费者体会到的企业对顾客利益的真实关注和关心，而不是总将企业定位为一味从消费者身上攫取利益的商业机器。社会交换理论基于理性经济的视角来解释消费者的行为，但近来一些的研究指出消费者在某种程度上是情感驱动的。消费者会在消费过程中产生某种态度，这种态度总是以带有某些特殊色彩的体验形式表现出来，且伴随着情感的产生。情感过程是伴随着顾客心理过程而发生和发展的，消费者的购买决策总是会受到各类情感的影响或主导。对情感需求的关注已经成为企业进行营销或各类企业决策的重要考虑标准之一。从学术研究角度看，Xie和Peng（2009）在信任的框架下指出，信任重建的措施包括情感性修复、功能性修复和信息性修复，他还特别强调，情感性修复（道歉、沟通等）和功能性修复（经济补偿等）对信任中的善意维度起到了正面作用。本书研究的是消费者感知善意，与信任中的善意维度是不同的概念，但可以从 Xie 和 Peng（2009）研究结论做出推断，善意的提升不仅与情感性修复如各类精神补偿相关，以物质补偿为代表的功能性修复也可对善意感知的提升带来影响。从这个角度理解，在服务补救的情境中，服务失败的企业通过经济补偿和象征性的精神补偿所传达出的企业良好的补救意图，直接可引发感知公平各维度的变化，也可以进一步激发出消费者内心中对企业善意行为的感知。

同时，中国消费者深受“和”文化的影响，“和”文化包含爱人、仁慈、和谐，避免斗争和冲突的含义。周易思想中就有明确的保合太和的和合精神，和合是中华民族文化的首要价值和精髓。《乾·象》曰：“乾道变化，各正性命，保合太和，乃利贞。首出庶物，万国咸宁。”著名思想史家钱穆（钱穆，1988）认为：“中国人常抱着一个天人合一的大理想，觉得外面一切异样的新鲜的所见所值，都可融会协调，和凝为一，这是中国文化精神最主要的一个特性。”并指出：“文化中发生冲突，只是一时之变，要求调和，乃是万世之常。”他还提及，“西方人好分，是近他的性之所欲。中国人好合，亦是近他的性之所欲。今天我们人的脑子里还是不喜分，喜欢合。大陆喜欢合，台湾亦喜欢合，乃至……全世界的中国人，都喜欢合。”在和文化影响下，同时也是为了附和这种主流文化，中国消费者在遇到冲突、矛盾和人际不协调时，会倾向于选择包容和宽恕，因而著名学者冯友兰提出，忠恕是中华民族实行道德的方法，也是普通待人接物的方法①，中国民族对“恕”文化的宣导和提倡不仅源于“和”文化的大环境和价值观，更深刻刻画了中国消费者以“恕”为代表的宽仁文化。正是这种以“恕”为代表的宽仁文化氛围，才能让中国消费者秉持宽容、尊重和理解的人文情怀，对待争端和冲突时能以“仁慈”和互相体谅为本，能站在对方立场思考问题，奠定了人际沟通和谐的深厚文化基础。

具体到服务失败和服务补救的情境，基于前述文化根源阐述，在矛盾和利益

① 冯友兰. 新世训生活方法新论［M］. 北京：北京大学出版社，1996，15.

冲突的情境中，中国消费者具备体谅和感知到对方努力补偿和补救诚意的能力，即可以感知到企业方为了弥补自身过失而体现出行为善意，体会到企业在努力弥补失败过程中积极为消费者考虑和谋划的善意。不言而喻，服务失败给消费者带来了精神和物质等各种损失，犯错的企业为了重新挽回消费者信心，也会努力提供经济和精神两方面的补救措施。从精神层面看，服务补救是一个高人际互动的服务环境，Clemmer（1988）的研究强调，激发消费者高互动公平的感知，企业需要真正表现出礼貌、友好、感兴趣、敏感和诚实等属性。Parasuraman 和 Zeithaml（1985）也做了深入研究，指出人际互动有两个要素尤为重要，即移情和可靠的保证。Davidow（2003）甚至指出了让消费者感受到真正的关怀和关注，会改变消费者的补救后行为。因此，我们有理由相信当消费者感受到高互动公平时，就能体验到犯错企业一线员工甚至管理人员的强烈歉意和补救意图，从而激发其心中的善意感知，受到“和”与“恕”文化潜移默化影响的中国消费者更会源于心中的宽恕意识和和合倾向，会表现出对企业的同情、理解和原谅。从物质角度来看，除了人际因素外，基于 Xie 和 Peng（2009）的研究成果，当犯错企业在物质角度能不计成本地提供如免单、大幅度折扣为主的经济补偿措施，并对消费者的损失和问题规范、迅速及灵活处理时，本书认为这些积极的物质补救举措也会体现出企业的补救意图和对消费者的尊重，增添补救关系中的情感性成分，激发消费者的善意感知，促使消费者对企业的积极意图和诚意态度有正面的评价和认识。基于此，本书提出如下假设：

H4a：顾客感知分配公平对顾客感知善意有显著的正向影响。

H4b：顾客感知程序公平对顾客感知善意有显著的正向影响。

H4c：顾客感知互动公平对顾客感知善意有显著的正向影响。

四、感知善意对后续变量的影响

1. 感知善意对补救情绪的影响

虽然尚未发现将感知善意纳入服务补救领域的研究，本书认为将消费者的感知善意纳入服务补救情境是十分值得深入研究的课题。从理论层面看，心理学中的相关研究为感知善意与消费者情感之间的关系研究提供了理论基础。心理学者提出个体均有三种心理成分，分别是认知、情感和行为。在通常情况下，一般研究认为认知和情感均会导致消费行为的产生，而认知又会直接地影响情感（Bagozzi & Gopinath，1999）。感知善意是认知范畴的概念，是消费者对企业真正关注消费者自身利益，尤其是对企业提供“合同外帮助行为”的感知。从理论角度来看，认知情感理论为感知善意对个体情感变化提供了有利的理论支持。具体到补救情境中，感知善意是消费者对企业认识到自身服务失败并且全力对消费者进行补救的积极意图的感知，因此感知善意作为认知变量，会带来消费者心理上和情感上的触动，产生谅解、宽恕等心态转变。

营销领域中的善意研究对理解感知善意与情绪之间的关系提供了有益的视角。Hasan（2014）的研究指出，当消费者收到的利益能体现出企业真正为了消费者自身的利益考虑时，企业的这种“善意行为”就可以激发消费者的积极情感，如感激、高兴和恩惠等。Bansal，Irving 和 Taylor（2004）的研究表明，消费者感知到的企业善意的水平越高，与企业间的情感承诺就会越高。White（2005）对社会支持的理论研究对剖析消费者的感知善意机制有很大的启发。White（2005）研究了社会支持的三个构面：有形支持（经济方面的）、情感支持（善意、关注、理解等）和信息支持（建设性的建议等），White 特别提出，在降低消费者与决策有关的负面情绪方面，消费者感受到的情感支持（如感知到的善意）作用效果是最佳的。背后的研究机理是，压力情境下的“心理缓冲”（stress buffering）机制（Sarason et al.，1996）。具体来说，当消费者处于压力情境下时，他们会产生一种心理暗示和思想倾向，即消费者会认为如果他们有了情感方面的有力支持，就能避免负面结果的影响，帮助自己从压力困境中解脱出来。从这个角度来看，感知善意很好地解释和诠释了这种心理缓冲剂的机理。在服务补救的情形下，面临服务失败的种种疑虑和不安，消费者显然被置于一种压力和对抗的情境中，此时消费者是否能正确和客观地观察、理解、接受相应的补救策略，取决于消费者既有的认知体系、以往的消费和补救经历以及企业的策略本身。当企业不仅勇于承认自身的失误，并千方百计地弥补消费者的经济和精神损失，具备内在的善端和受到“和”文化熏陶的消费者若能认识到企业的努力行为并感知到企业在补救行为中透露出的诚意和善意，则会大大缓冲消费者在失败情境下的压力感知，并在情感上感受到受到正面的支持。当消费者感知到情感上的支持时，负面情绪会大大减缓，对企业的负面评价也将逐步扭转，则更易于感受到补救策略的正面性以及产生相应的正面情绪，此时消费者才有可能对企业的补救策略产生较为正面的评价。因此，感知善意一旦萌发，消费者的积极情绪则会随之被激发出来，才可能导致后续的补救满意以及后续积极的补救行为意向，如重购和口碑倾向。本书对感知善意与补救情绪之间的关系论述和推断，不仅基于相关理论和文献研究，更从心理缓冲这个角度，推断了感知善意对倾向的影响。消费者的感知善意不仅会起到心理缓冲的作用，而且会引起其情绪的变化，产生诸如高兴、愉悦、感激等情感，感知善意的水平越高，消费者积极情绪的强度越高。基于此，本书提出如下假设：

H5：顾客感知善意对补救后正面情绪有显著的正向影响。

2. 感知善意对补救满意的影响

感知善意源于消费者感受到了企业出于为消费者利益考虑而做出的积极利他行为，感受到企业不仅仅只是攫取消费者利益的盈利机器，同时针对消费者的利他性。中国消费者待人处事的原则受传统文化的影响颇深，孔子曾说："夫仁者，己欲立而立人，己欲达而达人。能近取譬，可谓仁之方也已。"宋代儒学的集大成者朱熹曾加以批注，朱熹认为"譬"就是深入地了解和体会，强调个体要从自身的需求、欲望和感受来体谅、理解他人的想法、行为方式和感受，能推己及人，替别人着想，并且要以此作为践行优良道德的基础。这种伦理观念和教育基础造就了中国消费者善包容和重和谐的文化特质，能从犯错企业的补救环节中体会到企业想真实挽救服务失败的诚意和善意。

同时，基于 Fishbein 的理性行为理论，个体认知可直接影响消费者的态度变量。这为诠释感知善意这个认知变量对补救满这一态度变量的可行性提供了坚实的理论基础。基于此，感知善意作为个体的认知变量，能在影响路径上对态度变量产生影响。Selnes 和 Gonhaug（2000）以"供销关系"为研究框架，提出了感知善意与满意度之间的密切关系。他们的研究认为，企业对供应商积极行为的善意感知会引发其对供应商的积极情绪，从而有助于提升企业对供应商的服务满意度。这个结论对我们理解“消费者—企业”的补救过程有很好的借鉴作用。在服务补救的情境下，企业已经陷入服务失败的困境，未达标的服务失败行为已经使消费者产生了负面情绪以及对企业的负面认知，此时无论是经济补偿还是以精神补救为主的过程补偿，企业首先要借助各类经济和非经济举措体现出企业勇于认错、积极改正的诚意和正面意图，强烈补救的意愿和行动力对激发消费者的共鸣和改变其对企业的负面认知具有重要作用。Henning-Thurau 和 Groth（2006）的研究曾指出，员工真诚的微笑、积极主动的行动表现不仅会使消费者产生正面情绪，也会直接影响到消费者的交易满意和行为倾向。这种人际之间的良性、友好的互动也是激发感知善意的重要手段，消费者只有感知到企业的“善”，才能报之以“谅”，才能产生乐观正面的积极情绪。结合中国消费者的文化特质，本书认为，若消费者可以从企业真诚的人际互动和有力度的物质补偿中体会到企业的良好补救意图，感受到企业的善意，则服务失败引发的心理状态会逐步发生转变，在感受到积极情绪的同时产生满意的补救态度。也就是说，让消费者从企业的补救行为中体会到企业的善意是实现消费者补救满意的重要前提。基于此，本书提出如下假设：

H6：顾客感知善意对补救满意有显著的正向影响。

五、补救情绪对补救满意的影响

在服务失败的情境下，服务失败本身、服务失败严重程度以及消费者的损失程度会引起消费者负面情绪的产生，这是初始情绪状态。本书的研究焦点在于在补救情境下，企业的补救方式和力度以及与消费者的沟通会引发消费者在补救过程中的情绪出现何种变化。Schoefer（2008）将补救情绪进行了界定，指出补救情绪是指在补救过程中，由认知评价引起的一系列的情感状态。

McColl-Kennedy 和 Smith（2006）指出，服务补救中的情绪研究有几个特点：一是情绪与特定的刺激相关（如服务失败和补救策略），与任务导致的情绪是完全不同的；二是虽然消费者也受到总体情绪状态的影响，但特定刺激引发的情绪更能在服务补救的情境中起到决定作用，它是总体情绪状态的根本和基础。本书旨在探讨特定刺激下的具体情绪状态，不是总体情绪状态。Smith 和 Bolton（2002）通过模拟情境实验，证实了补救情绪在服务补救中的重要作用，解释了补救过程中和补救后会产生正面的情绪，此外，这两位学者还发现当消费者情绪投入较高时，对信息的处理就越系统和越全面，企业的补救行为与满意度之间的关系越强。Kennedy 和 Sparks（2003）研究了服务失败和补救中的具体两个极端情绪状态：愤怒和愉快。当消费者经历服务失败后会产生不满的负面情绪；当企业提供了良好的补救后，会给消费者带来愉悦的情绪状态，企业则有可能在这种情况下与消费者建立起更高的信任和承诺的关系，这两位学者还建立了以“反思”为概念框架的情感评价模型。Schoefer（2009）将补救情绪进行了聚类分析，得出了愉悦的（pleasure）、参与的（involvement）、不满的（discontent）和关注的（concern）四种情绪状态，并指出补救后积极情绪（愉悦的、关注的）会与补救满意、信任等变量密切相关，同时补救情绪还能对补救后关系质量带来影响。

情绪在服务补救中是十分难被管理的，同时情绪的存在形式和程度对消费者最终的选择和态度起到了极其重要的作用。情绪的激发和唤醒要通过对情景的再评价及之后而产生，而企业的补救行为正是被评价的对象。Oliver 在 1993 年就提出了情绪是认知评价与消费者态度变量，即满意间的中介变量。郑丹（2011）的研究明确指出，顾客对服务补救是否满意的评价标准是受到服务补救后其情绪状态的影响，而不是受服务失败时初始情绪的影响。杜建刚（2007）就服务补救中的情绪感染机制进行了深入研究，指出企业员工的情绪状态会传染至消费者，从而影响消费者的情感状态和补救满意度，只有从内心深处产生的真实情绪才能感染消费者，真实的情绪会通过一系列面部表情和细微动作被表现出来。Howard（2002）在研究中指出，消费者对产品的态度受到情绪传染效的影响。情绪发送者的情绪会影响接收者的情绪，进而影响到接收者对产品的态度。情绪发送者和接受者可以被看作企业方和消费者本身。从这个角度思考，在补救过程中，企业人员的一个真诚的微笑和发自肺腑的歉意必定会影响和激发消费者的正面情绪，这才能提升消费者的补救满意度，这也是情绪传染机制的影响。有研究显示，积极的情绪会影响简单的启发式决策，而消极的情绪则更多地影响细节的、深入的加工。当消费者感受到积极、乐观的情绪时，则会导致他们产生转变性的思维和想法，因而有可能对企业产生由负面到正面的肯定。若是企业采取敷衍和程序化的应付，则会触动消费者本就存在的负面情感，从而断绝与消费者建立联系的契机。契机正是企业力求寻找的。对企业而言，纵然各种各样的服务失败让消费者感到失望和沮丧，但从另一个角度看，也营造了一个与消费者再次建立连接的契机。把握住这个契机，则极有可能会促使补救悖论的产生，即顾客的二次满意（服务补救后的满意）比服务失败之前的满意水平还要高，顾客与企业之间会产生更高的情感联系和服务承诺。因而，补救行为扭转顾客的情绪并最终引致补救满意是企业进行补救的最终目的。综合上述学者的研究成果，本书认为企业的补救行为会激发消费者的正面情绪，同时正面情绪是影响补救满意变化的重要变量，基于此，提出如下假设：

H7：补救后正面情绪对补救满意有显著的正向影响。

六、补救满意对补救后行为意向的影响

补救满意是衡量服务补救后消费者感知的关键变量，其本质上与一般意义的满意是相同的，但从更精确的角度去看，补救满意是二次满意的概念（Maxham & Netemeyer，2002），是消费者经历服务补救后重新获得的满意状态，是交易满意的概念。Ajzen 和 Fishbein（1980）提出理性行动理论是补救满意与后续行为意向关系研究的理论基础。人的行为意向有两个主要的决定因素，一是个体自身的态度，二是社会因素或主观规范的因素，这两个因素分别负载了不同的权重。理性行动理论能在很大程度上解释具有不同态度倾向的个体如何在差异化情况下产生不同的行为意向。联系到服务补救的情境，补救满意是重要的态度变量，会影响到顾客信任、忠诚、承诺、口碑意愿和重购意愿等因素（从庆，2008；张初兵，2014）。

Parasuraman（1994）和 Blodgett 等（1997）就服务补救领域中的各类行为意向进行了系统的梳理和界定，经过他们的研究，将重购意向和口碑意愿作为衡量顾客在补救后行为意向的重要变量。范秀成和郑秋莹（2009）对顾客忠诚进行了

深入梳理和解析，经过对中外100多篇文献的元分析，将口碑意愿划入态度忠诚，将重购意愿划入行为忠诚，可见重购意愿和口碑意愿是具有典型性的能衡量顾客补救后行为的重要指标。

诸多学者就补救满意与后续行为意向的关系展开了相关研究。服务满意度与后续行为的研究较为丰富，大多研究以消费者补救满意作为行为意向（重购意愿、口碑意愿等）的前置变量。Spreng 和 Harrell（1995）以搬家服务为研究对象，通过大量样本分析发现，包装满意、司机满意、补救满意与整体满意之间呈正相关关系，其中补救满意对口碑意愿和重购意向有强烈的影响。Tax 和 Brown（1998）以美国西部大企业员工为样本进行调研，发现了感知公平与补救后满意之间的关系，并同时证实了补救后满意是顾客信任和承诺的前置变量，同时受到以往购物经验的调节。Blodgett（1997）就服务补救后的口碑传播问题进行了深入的研究，发现了补救与口碑传播之间的密切关系，也就是说，企业提供的服务补救程度越高，消费者就越会向朋友进行推荐和大力褒奖，反之若补救程度造成消费者不满，则会产生较高的负面口碑倾向。Davidow（2000）基于前人的研究，提出了“补救—满意—行为意向”这一完整的研究框架，如图3－6所示，Davidow 的研究揭示了满意作为补救与消费者行为间的重要中介变量。

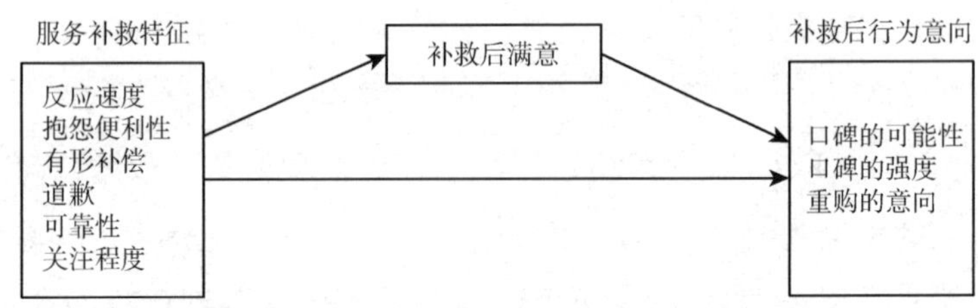

图3－6　补救、补救满意与行为意向的关系

Maxham 和 Netemeyer 在2002年和2003年的两篇文献分别对补救满意与补救后行为意向的关系进行了研究，并取得了进一步的突破。他们2002年的研究提出了感知公平固然对消费者行为具有很强的预测力，但感知公平与消费者行为之间不存在直接的因果关系，必须要借助补救满意这个变量发挥作用。这是围绕感知公平、补救满意与行为意向间一项明确、有里程碑性质的研究成果。2003年，这两位学者的研究还发现，主要是消费者导向行为、消费者感知公平和组织内部公平性会对补救满意产生影响，补救满意的结果变量包括良好的口碑、购买倾向等。McCole（2004）以认知不一致理论和感知公平理论，确认了补救后满意与口碑、信任、行为倾向之间的关系。Wirtz 和 Mattila（2004）就感知公平（分配公平、程序公平和交互公平）、服务失败归因（可控性、稳定性、归属）与补救满意之间的关系进行了研究，并指出了补救满意与重购倾向和口碑之间的正相关关系。Hocutt 和 Bower（2006）年以餐饮业为样本，采用实验和方差分析的方法，也证实了感知公平与满意之间的关系，同时提出补救后满意与负面口碑之间的关系。

本书认同 Parasuraman（1994）和 Blodgett（1997）的界定方式，即以消费者重购欲望以及口碑意愿作为补救后行为意向变量，同时认同多数学者的观点，认为补救满意是影响消费者补救后行为意向的重要前置变量，感知公平、情绪、感知善意等变量亦是通过“补救满意”来影响消费者行为。企业要给予消费者与其损失相匹配，同时达到消费者补救期望的补救努力，才能实现消费者补救满意和挽回消费者信心，扭转不满顾客对企业的认知，并激发其向他人推荐以及再次消费的欲望。基于此，本书提出如下假设：

H8a：补救满意对顾客重购意愿有显著的正向影响。

H8b：补救满意对顾客正面口碑有显著的正向影响。

H8c：补救满意对顾客负面口碑有显著的负向影响。

七、面子意识与宽恕意识的调节效应影响

1. 面子意识的调节效应

面子意识有效地体现且衡量了消费者在各种社会活动中对面子的看重程度，面子意识可以在很大程度上解释人际之间的送礼行为、攀比行为、炫耀性消费和节日消费等消费行为（卢泰宏，2003）。面子意识是反映消费者个性与价值观的人格相关变量，能对消费者的行为产生相对长期稳定的影响。朱瑞玲（1987）指出，中国特有的社会化过程孕育出社会取向的成就动机，若以面子作为文化概念来说明这种社会取向的成就动机，是十分恰切的。因而，面子意识的存在不依赖于具体的情境，它是消费者自身特质的对外在刺激的一种潜在反应方式。

根据陈之昭（1988）的研究，面子意识是影响面子行为的重要变量。面子意识是人格需要的范畴，面子意识越强，则需要社会给予这类群体的赞许越大，他们视社会赞许为重要的社会价值体现。面子意识高的人会随时随地都会表现出一些好面子、争面子、护面子的行为，譬如喜欢购买显示自己价值和身份的商品、对社会外在评价十分看重、对影响自身面子感知的事件较为敏感等。汪涛（2011）年的研究发现，个体的面子意识是影响消费者个体行为的一个重要的调节变量。具体来说，面子意识在感知面子的作用机制中发挥调节作用，即当高面子意识的消费者与低面子意识的消费者互相比较时，面子意识高的消费者感知到的某产品或服务带给他们的面子含量更大。从汪涛的研究中，本书可以得到很多启发，面子意识的差异不仅会导致消费者对产品需求的差异，也会导致消费者之间由于不同的性格特质，对同一应激会产生差异化的面子感知。高面子意识的消费者之所以去购买炫耀性的产品，如高档手表、皮包、游艇等，是因为这些产品内在的价值和属性带给了这类消费者极高的感知面子，能体现出社会地位、声誉和卓越的形象，因此产生了购买行为。栾冬晖（2010）发现价格比较对消费者感知面子具有显著的正向影响，而且这一影响作用受产品类别的调节。在下行比较、同行比较、上行比较的情境下，价格比较对感知面子的影响是有差异的，其中同行比较最为显著，下行比较和上行比较之间则没有明显差异；价格比较对感知面子的影响受到物质主义价值观和人际影响易感性的调节作用。

在服务补救的情境下，消费者接受企业服务的过程也是自我展示的过程，在高档餐厅用餐、在高档酒店请客、举办豪华婚礼等行为是向其相关的社会群体展示自我能力和价值的契机和舞台。对面子意识强的消费者来说，他们会有更加强烈的社会消费需求，更多地关注诸如声望等外在属性，因而服务失败对其造成的丢面子感知会远远超过面子意识弱的消费者。在补救过程中，这类消费者会更渴望从企业的补救策略中挽回失去的面子，尤其是在朋友及亲人面前赢回了失去的面子。面子感知的敏感度对这类消费者而来尤为强烈，面子感知的强弱会极大地影响这类消费者的满意度和重购意向。另外，对于面子意识较弱的消费者来说，他们更为看重企业补救努力的实际回报，即企业是否弥补了自身的经济损失，而不是急于挽回面子感，对“得面子”感的获得欲望远不如高面子意识的消费者强烈。基于此，基于上述分析，本书提出如下假设：

H9a：面子意识在分配公平与感知“得面子”之间起调节作用。

H9b：面子意识在程序公平与感知“得面子”之间起调节作用。

H9c：面子意识在互动公平与感知“得面子”之间起调节作用。

2. 宽恕意识的调节效应

积极心理学的不断发展促进了对个体心理特征的研究。宽恕由于是人际交往中不可忽视的重要影响因素，在20世纪后期逐渐受到学者们的关注。在中华文化背景下，“恕”侧重修身，是我国处理人际关系的一种人际观或方法准则，与西方概念中的宽恕有所区别，包含仁爱、理解、尊重和宽容的丰富内涵，宽恕成为日常生活中恕道的最主要的含义。目前学者将宽恕分为对他人的宽恕和对自己的宽恕，基于本书的研究背景，重点研究对他人错误的宽恕。

宽恕是指受害者受到他人伤害后，自愿停止敌视侵犯者，并善待侵犯者的心理过程（张海霞，谷传华，2009）。它既是一种状态，也可以是一种倾向或人格特质。宽恕倾向是指个体在面对他人侵犯后愿意原谅他人的过错的一种倾向（付进，2016），是衡量消费者个性特质的相对稳定变量，关注的是个体对发生在人际关系中的各种侵犯事件的宽恕水平。宽恕倾向高的个体可以最小化被敌视、侵犯或激怒的感觉，激发个体表现出建设性的行为，因此善于宽恕的个体拥有较高的主观幸福感。Neto（2007）发现“大五”人格量表中的宜人性、神经质与宽恕倾向有密切关系，Berry（2001）发现宽恕倾向与“大五”人格中有关，尤其是与“大五”性格中宜人性呈现显著的正相关，与个体的神经质特征显著负相关，与内倾性格抑或外倾性格无显著相关，也就是说宽恕倾向是个人性格特征的重要表现。傅宏（2006）提出宽恕与人和、面子等中国特色的人格变量关系更密切。黎玉兰（2013）的研究表明，大学生的自尊与人际宽恕倾向呈显著正相关，且性别调节了两者的关系。也有研究指出，在集体主义文化下，个体更注重集体或社会对自己的评价，处于集体主义文化下的个体有更高的社会认可需要。宽恕作为一种人际交往的重要策略，也是社会所期望的。集体主义文化下的宽恕更可能是出于社会期待以及集体要求做出的，那么当个体认可这种社会期待，或者说具有较高的社会认可需要时，他更可能会宽恕他人的冒犯。社会认可需要对集体主义文化下的个体宽恕倾向也具有一定的影响。可见，宽恕倾向会因为性格差异、文化背景等变量的影响而在不同个体身上呈现出不同的外在行为表现。

宽恕和谅解他人是中华民族“以和为贵”“和合为上”文化理念的具体体现。《论语·里仁》：“夫子之道，忠恕而已矣。所谓仁者，必恕而后行也”。道家强调“内得于己”的善良本性，施惠之于他人，以宽仁的态度处理人与人之间的关系。“宽恕”和“推己及人”等理念都是源自于理解、尊重和仁爱，在仁爱、尊重的基础上去宽恕自己和他人。高宽恕倾向的个体倾向于不再坚持偏激的判断和报复的动机，而是表现出对他人或者企业的正面理解行为，倾向于尊重和理解对方，怨恨、愤怒等这些强烈的消极情绪逐渐被中性的情绪淹没，并渐渐向积极和正面的情感转化，宽仁和同情等情绪会逐步涌现。在行为的表现方式方面，高宽恕倾向的个体也不再采取报复的形式，而是以善意的态度和宽容对待犯错者。

Tsarenko 和 Gabbott（2006）将宽恕的研究领域进一步拓展，将宽恕倾向引入商业关系，并提出了消费者宽恕的概念，即消费者能调整自身的认知和情绪，对企业的冒犯行为施以仁慈、忍耐和宽容，并能及时地转移和弱化心理压力，从而形成重购意愿的亲社会转化过程。在服务补救的研究中，Tsarenko（2011）阐释了在服务补救过程中，消费者宽恕的产生是一个复杂的认知加工和情绪变化过程。消费者宽恕受到诸多因素的影响，如自尊、性格特质、消费者与企业的关系、归因、移情、共情等因素的影响。Ahluwalia（2000）提出消费者与企业的关系越亲密，消费者的承诺水平越高，消费者就越容易对企业的错误或失误加以理解和谅解。Gregoire 等（2009）则提出了相反的结论，认为消费者和企业的关系质量越亲密，越不容易宽恕对方。本书控制了归因、消费者与企业关系这两个变量，重点研究人格变量，即宽恕倾向对消费者与企业关系的影响作用。

在服务补救情境下，高宽恕倾向的消费者会从更加积极的角度解读企业补救举动，从而更易于感知到企业的善意性，产生谅解的意向，对企业的补救行为易产生正面和积极的评价。更为重要的是，高宽恕倾向的消费者与宽恕倾向低的消费者相较，更能更为积极地解读企业的失败行为，站在企业的角度去理解的补救行为，体会出企业迫切弥补过失的正面意图。此类消费者的同情心、同理心以及宽恕倾向较为容易被激发出来，从而使他们更易于从企业的补救措施中感受到企业的善意，能够在争端中更为理性、客观的对企业的行为做出评价。宽恕倾向使这类消费者能从企业表现出来的友好态度、真诚举动、移情尊重及经济补偿和快速响应中感知到企业为消费者考虑的善意动机，而不是执拗于服务失败造成的损失，因而会在认知评价和情绪状态的变化过程中，表现出与低宽恕倾向的个体所不同的感知和行为差异。基于此，本书提出如下假设：

H10a：宽恕倾向在分配公平与感知善意之间起调节作用。

H10b：宽恕倾向在程序公平与感知善意之间起调节作用。

H10c：宽恕倾向在互动公平与感知善意之间起调节作用。

八、理论模型及操作模型

本书剖析了补救过程中消费者感知和情绪变化的过程，同时立足于中国消费者特质和传统文化因素，引入感知“得面子”和感知善意等变量，提出了感知公平对补救效果影响机制的相关假设。将理论模型中的各类影响机制假设进行如表3－1所示的汇总：

表3－1　本书的研究假设汇总

编号	研究假设
H1a	顾客感知分配公平对顾客感知“得面子”有显著的正向影响
H1b	顾客感知程序公平对顾客感知“得面子”有显著的正向影响
H1c	顾客感知互动公平对顾客感知“得面子”有显著的正向影响
H2	顾客感知“得面子”对补救后正面情绪有显著的正向影响
H3	顾客感知“得面子”对补救满意有显著的正向影响
H4a	顾客感知分配公平对顾客感知善意有显著的正向影响
H4b	顾客感知程序公平对顾客感知善意有显著的正向影响
H4c	顾客感知互动公平对顾客感知善意有显著的正向影响
H5	顾客感知善意对补救后正面情绪有显著的正向影响
H6	顾客感知善意对补救满意有显著的正向影响
H7	补救后正面情绪对补救满意有显著的正向影响
H8a	补救满意对重购意愿呈有显著的正向影响
H8b	补救满意对正面口碑呈有显著的正向影响

续表

编号	研究假设
H8c	补救满意对负面口碑呈有显著的负向影响
H9a	面子意识在分配公平与感知“得面子”之间起调节作用
H9b	面子意识在程序公平与感知“得面子”之间起调节作用
H9c	面子意识在互动公平与感知“得面子”之间起调节作用
H10a	宽恕倾向在分配公平与感知善意之间起调节作用
H10b	宽恕倾向在程序公平与感知善意之间起调节作用
H10c	宽恕倾向在互动公平与感知善意之间起调节作用

基于前几章的文献梳理和假设推理，本书的理论模型如图 3－7 所示。

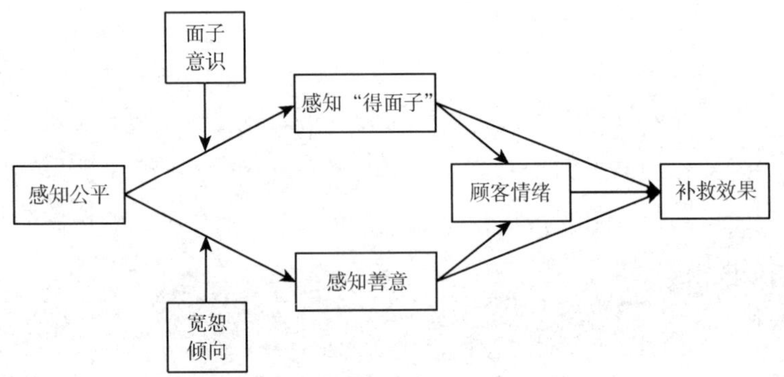

图 3－7　本书的理论模型

具体展开的操作模型见如图 3－8 所示。

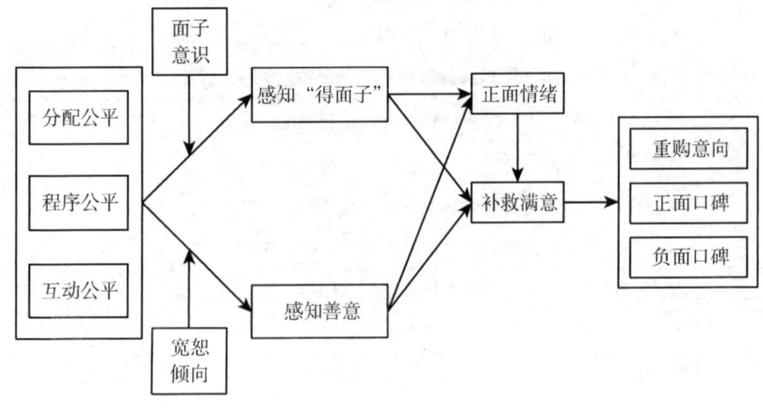

图 3－8　本书的操作模型

为了更为直观地表达本书想要研究的问题，结合本书所提出的研究假设和操作模型图，得到研究假设图，详见图 3－9。

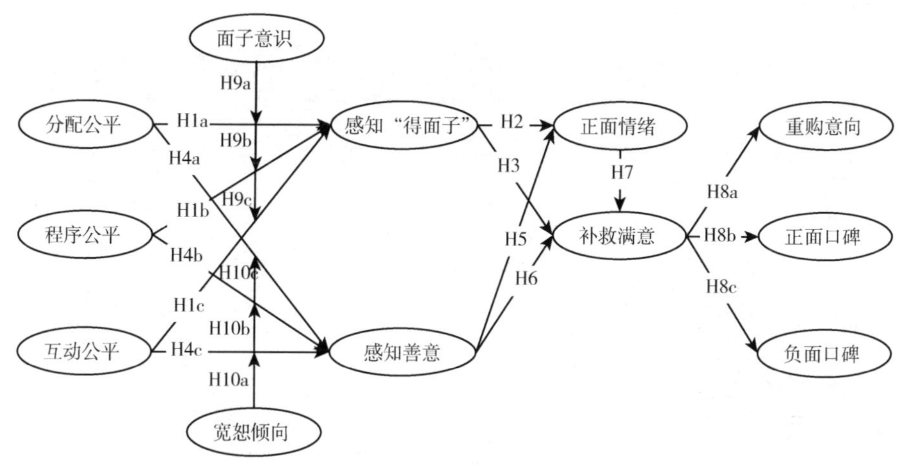

图 3－9　本书的研究假设图

第五节

本章小结

作为理论分析部分，首先阐释了本书的理论基础，即公平理论、理性行为理论和态度三元理论等，提出了以“感知—情绪—满意—行为意向”为主线的研究思路。在此基础之上，引入代表中国消费者个性和文化特质的感知“得面子”和感知善意，阐述了它们在感知公平和消费者补救后情绪之间的重要作用，并引入面子意识和宽恕倾向这两个变量作为面子机制和善意机制的调节变量。随后基于现有服务补救领域的相关研究成果，充分论述了感知公平、感知“得面子”、感知善意、消费者补救情绪、补救满意与补救后行为意向之间的相互作用机制，提出了待验证的完整理论模型。

第四章

前期探索研究、变量测量与实验设计

第一节

前期探索探究

在进行正式研究之前，本书先实施了三个前期研究。实施这三个前期研究的有两个目的：一是对面子机制、情绪以及尚未被引入服务补救领域的感知善意机制的存在性以及运行方式进行初步的确认和探讨；二是为正式施测阶段采取合理、有效的实验设计（服务失败情境、补救策略）做前期的讨论和探索。

一、背景行业

经济型酒店是高交互、高接触的服务行业。在企业的实际经营中，经常发生各类服务失败的现象，从预订、入驻到离店的各环节中均易发生各种类型的服务失败。经济型酒店的员工配备较少，但消费者对员工服务质量的要求却很高，企业的服务人员不仅要遵循严格的管理手册，还要通过自身的努力为消费者营造温馨、舒适的入驻环境。因而，经济型酒店的员工需要具备优秀的服务能力及服务失败后的补救技能。以往文献对以经济型酒店为研究背景行业的做法，表达出强烈认同。De Witt（2008）指出酒店业非常适合补救研究。Smith 和 Bolton（2002）在餐饮和酒店业中验证了情绪的作用，提出情绪是酒店行业中影响失败感知和补救满意的重要变量。Karatepe 和 Ekiz（2004）、Lewis（2004）以及 Kim（2012）均以酒店业为大背景对服务补救展开了深入研究。

经济型酒店是涉及各行业、各系统、各部门管辖、各投资主体兴办、三星级及以下的以及没有星级的中低档次饭店、宾馆、招待所等经营性实体。经济型酒店一般是指三星级以下的酒店，与高星级的酒店相比，是偏中低档的酒店。价位较为便宜，且每个店的规模较小，多以连锁型方式来经营。入驻经济型酒店的目标客户其需求较为简单且集中，需求主要是围绕卫生简约的住宿环境、清洁的洗浴条件、统一的服务标准和便捷的预订方式。目前，由于经济型酒店干净卫生、便宜便利等特点，已成为我国消费者旅游、走亲访友以及个人商务的主要选择，锦江之星、7 天和如家等大型经济型酒店因此呈现出迅猛发展的态势。我国的经济型酒店已经进入千店时代。如家收购莫泰 168，收购后如家酒店一举突破千店大关。2012 年一季度 7 天酒店的开店总数已超过 1000 家。经济型酒店已经进入野蛮生长阶段，且行业竞争尤为激烈。在发展模式上，如家和 7 天等连锁巨头多以加盟与适当自建相结合的方式拓展门店。同时，由于经济型酒店的进入壁垒较低，规模大量扩张后对分店的管控力度、资源投入均无法做到实时监督，卫生问题、价格问题、客户服务、安全问题等均已成为十分常见的服务失败现象。央视 2016 年曝光了北京 7 天、速 8、海友、星程、格林豪泰等多家快捷酒店将布草（床品、毛巾等）洗涤业务外包给第三方厂家，后者将带血、带呕吐物的床单混在一起用火碱洗涤，导致床品 ph 值超标的问题。“低价”与“舒适、清洁”本是经济型酒店的经营特色，但也成为消费者投入和关注的主要问题。各类频频被曝光，企业曝光之后如何补救以及重新获取消费者信任已经成为众所关注的问题。

本书选取经济型酒店作为研究的背景行业，一是源于经济型酒店是普通大众熟悉程度和接受程度非常高的行业。二是经济型酒店是典型的服务行业，员工与消费者交互程度高，各类型的服务失败均常出现。从这两个角度出发，本书选择以连锁发展的标准化经济型酒店为研究对象（排除招待所等业态），以提高受众对实验情境的熟悉度。

二、第一轮访谈

1. 访谈目的

第一轮的访谈拟实现如下几个目的：（1）确认在服务失败和补救过程中，

消费者是否经历过“失面子”感和“得面子”感；（2）在补救情境中，消费者是否感受到了犯错企业积极补救的善意？（3）对消费者在补救过程中的情绪反应进行初步探讨；（4）基于以往的文献成果，对补救策略的设计及各补救策略的有效性讨论。

2. 访谈准备

（1）访谈参与人员的情况。

本书以经济型酒店为访谈背景，采访了有经济型酒店住宿经历的企事业单位人员 7 名，他们的职业稳定，有较强的消费能力，访谈人员资料见表 4－1。

表 4－1　　访谈人员情况介绍

编号	姓名	性别	教育程度	职业	年龄
01	江＊	男	博士	教师	34
02	刘＊＊	男	硕士	公司职员	40
03	张＊	女	本科	教师	32
04	苏＊	女	本科	护士	35
05	梁＊＊	男	博士	银行职员	28
06	董＊＊	女	硕士	公司职员	29
07	孙＊	男	本科	公司职员	41

（2）访谈设计。

本次访谈包括焦点小组访谈和一对一访谈两种形式，安排在山东某大学的一间会议室里进行。首先邀请 7 位被访者进入会议室，以圆形布局落座，这样可以充分保证主持人和被访谈人员之间的沟通顺畅。在焦点小组阶段，作者本人拟定了半结构化的访谈提纲，由本书作者主持本次访谈的进程，把握访谈的大致方向。在第一轮集中访谈结束后，作者本人与 7 位被访者分别就集体访谈中尚未深入讨论或待理清的问题又进一步做了一对一的沟通。

访谈的半结构化提纲包括如下问题：

①简要回顾一下您入驻经济型酒店（如家、7 天、汉庭、银座佳驿等）的经历，其中较为深刻的服务失败经历是什么？经济型酒店是否进行过补救？补救的措施有哪些？

②在服务失败的过程中，您有“丢面子”的感觉嘛？在得到经济型酒店的

反馈（补偿、解释、道歉等）后，您有没有觉得在面子上好过了一些？您觉得在服务失败和补救过程中，面子得失是否存在？面子感是重要的影响因素吗？

③在企业的补救过程中，您是否有一些积极的情绪状态？是什么因素导致您产生了积极情绪？

④在整个服务补救的过程中，酒店有没有什么举动让您觉得该酒店是有诚意进行补救的？酒店哪些做法让您觉得它确实尽了力去弥补失误？

⑤哪种补救措施您觉得最可行？酒店的什么事件或者举动让你最满意？

⑥您最终对经济型酒店的处理结果满意吗？导致您满意的一些原因是什么？您以后还会光顾这家酒店或者向您的朋友们进行推荐吗？

3. 访谈结果分析

（1）对失败经历的总结。

在焦点访谈中，参与访谈的7位人员均回顾了自己入驻经济酒店的一些不愉快经历。他们入驻经济型酒店基本上有两种原因：一是旅游休闲为目的，二是以商务出差为目的。7位访谈人员的4位提到了“预订”问题，主要表现在酒店反馈说没收到客人的预订信息、预订的房间因其他原因没有了、酒店没有发送确认短信等。卫生问题（4人提到）也是大家较为关注的一个问题，主要反应是在洗手间、床单和被褥等卫生条件不达标、房间有味道等。此外，访谈者们一致反应，经济型酒店的服务态度参差不齐，大部分经济型酒店的服务态度较为冷漠，甚至对客人爱答不理，服务态度积极、真诚的酒店并不多，这方面与高星级酒店的服务水准差距甚远。其他类型的服务失败经历还包括办理业务时间等待的时间过长、房间内的设备（吹风机）等配备不全、上网故障、房间隔音效果差、当向酒店人员咨询旅游方面的问题时漠不关心和不予回应等。

（2）补救过程中的面子感知。

访谈人员在访谈过程中回忆起自己的入驻经历，提到了一些与面子有关的情境：

情境1：我和一帮驴友一起入驻YZJY酒店时，我用网上的优惠券订了5个房间，酒店却说优惠券过期了不能使用，酒店让我们按实际的价格来支付。我跟酒店交涉了半天，对方却很强硬，我真是感觉太尴尬了！我觉得在朋友们面前下不来台。这时来了一位貌似酒店管理人员的人，了解了情况后，及时地跟我们再三道歉并解释是他们自己信息不一致造成的。后来，他按照约定的优惠价格给了我们5个房间，并在每个房间内赠送了果盘和一次洗衣服务。这样处理后，我才觉得酒店的做法让我能跟驴友交代，在他们面前我觉得自己挽回了面子。

情境2：我和女朋友去旅行，当地RJ的住宿价格中竟然不含早餐，我认为这不符合经济型酒店的惯例，就和酒店吵了起来，服务人员说自己网站中注明了，是我没看清楚，我觉得特气愤，让我在女朋友那里很没面子。我向酒店经理反映了情况，酒店经理向我解释说这项做法是当地的普遍做法，他为给我带来的误解感到非常抱歉。后来他提供了隔壁一家餐厅的餐券给我们，并将我们的房间位置调到了山景房，看到女朋友满意的表情，我觉得这家酒店还是不错的，让我在女朋友面前显得很有能力。

情境3：我和老板及同事去成都开会，入驻了某经济型酒店，我请酒店人员推荐一下好吃好玩的地方，酒店前台反应十分冷淡，并说让我自己去看点评网站，我气死了！真想找个地缝钻进去。后来过来一位酒店管理人员，责备了这个员工，并向我做了耐心的道歉，同时拿上来他们酒店的宣传册，一条一条热情地给我们讲解，我的火气才消了不少，觉得自己在老板和同事那里也得到了认可。

情境4：我和媳妇带着两家的老人去杭州旅行，西湖边上的RJ经济型酒店人挺多的，光等着办理入驻就让我们等了20多分钟，真让人着急。一位酒店人员走了过来，跟我们道歉和解释，并亲切地端来饮料，我觉得很受尊重。后来，我跟她聊了起来，她了解到我们是第一次来杭州后，她就帮我们向他们店的领导申请了一下，给我们的房价打了个95折，并赠送给四位老人出行的拐杖和雨伞。这个策略真是人性化！如果四位老人因长时间等待而焦躁劳累，我真的会觉得自己很不争气。酒店这样的处理方式，让我觉得心里很高兴，在家人眼里很有面子。

情境5：我带着儿子去南京旅游，正好看到有家经济型酒店的房价打折，就选择了这家酒店。我儿子看到房间内有很多饮料，直接打开喝了，我当时正在洗澡没注意。后来我问工作人员这些饮料是否免费，工作人员表示饮料不免费的，并且价格比外面的超市贵很多。我想退房时一起结账，但工作人员不同意，生硬地让我先去前台结饮料的钱。当时脸上有点挂不住，儿子也在盯着我，我挺生气，就跟他们争执起来。其实不是在乎这几个钱，就是他们的态度让人难以接受。后来过来一个貌似经理的人，向我道歉并说他们自己的员工培训没有做好，并蹲在地上跟我儿子道歉和解释，还赠送了一个小玩具给孩子。结账的时候，这个经理再次跟我道歉，并允诺下次入驻给我打折。

从被访者的回忆中，他们经常提到与面子有关的要素，譬如“觉得很有面子”“要不是这样处理，我的面子真挂不住”“朋友们会觉得我处理得很好”“让我挽回了点面子”“让我在大家面前显得挺有能力”等。上述情境中均也出现了相关的与面子有关的描述，此外，本书发现，如果一起旅游或出差的人是同事、驴友等关系，而是不是亲人，消费者的面子得失感知会更为强烈。

（3）补救过程中的感知善意。

访谈人员在访谈过程中回忆了酒店的一些补救经历，提到了与感知善意有关的元素：

补救1：我在成都的一家RJ酒店住宿，房间的吹风机坏了，那时候已经是晚上12点了，我打电话给前台，他们让一个工作人员给我送个新的吹风机。那个工作人员迅速跑来，拿了个新吹风机并连连给我道歉。后来我发现衣柜的挂衣架也不太够用，就又让他去拿了一趟，他二话没说就跑去拿了，然后又迅速拿回来好几个给我。我觉得这个工作人员大半夜跑来跑去挺不容易的，挺积极的，吹风机不好使的事情也不是啥大事。

补救2：我和我老公从马尔代夫回来想在北京玩几天。那天下了飞机到北京已经是接近夜里11点半了，我们打车去了西单的一个某酒店。因为匆忙，只是提前预订了一个房间，也没有跟酒店说房间的要求。到达之后，发现这个酒店是四合院改的。值夜班的一个大叔帮我们拎着行李去了一个房间，但那个房间靠近楼梯，晚上噪音大。我睡了一会就觉得很吵，就打电话给大叔提出要换房。那个大叔说在走道尽头还有一间，就是有点小，希望我们别介意。那时已经夜里三点多了，大叔又帮我们拎着行李去了新房间。第二天，大叔看到我们起来了，第一时间跑过来说，有个位置好而且大的房间腾出来了，让我们搬过去。随后他又找人帮我们拿东西收拾，我挺感动的。这家酒店还是很为客人着想的，感觉他们很努力。

补救3：我和妈妈去天津探访亲戚，为了不给亲戚添麻烦，就住在HT酒店。结果洗澡的水一会凉，一会热，我就想发火，但妈妈让我先别生气，先跟酒店反映一下。酒店值班经理和一个老师傅很快就来了，经理和老师傅向我们表达了歉意，接着老师傅去浴室查看情况。很快查出来是管子老化的问题，老师傅赶忙修理，而且浑身被淋湿了还接着修，并说得可能要一个小时才能修好。经理立刻说给我们换个新房间，我们接受了他的提议，老师傅还帮我们抬着行李和物品，把我们安置在新房间后才走。妈妈说人要以和为贵，经理和老师傅都尽力了，大家都不容易。

补救4：我跟妹妹一起去广州玩，选择了广州市中心的一家RJ酒店，定了一个双床的房间。妹妹是个特别爱干净的女生，有点小洁癖，入驻后妹妹发现她的床单上有一点灰色污渍，就要求立刻换房间。当时是旅游旺季，同等价位的房间没有了，酒店就跟我们协商可不可以把床单换新的。我们同意后，有一位中年阿姨过来给我们更换，她一边跟我们道歉，一边认真地换床单，并告诉我们他们酒店清洗床单的流程很严格，这次可能是床单清洗后不小心碰了别的地方所以脏了，让我们放心。这个阿姨不仅给妹妹换了床单，还拿来了新被罩，并叮嘱我晚上空调的温度如何调整不会感冒，在市中心怎么坐车方便，并且临走前还特地看了洗手间的卫生情况，包括新毛巾和沐浴液是否完备。这个阿姨的态度很温暖，让我们在异地感觉到关怀，也让我们对这个酒店有了一些亲切感。

从被访者的描述中，本书发现如果被访者对酒店的补救措施，尤其是补救人员的态度感到满意时，就会不时地流露出一定的体恤情绪和宽恕倾向。“这个员工已经尽力了，大家都不容易”“他们还是为我们着想的，这就挺不错”“态度挺积极的，看着是像解决问题的样子”“这个阿姨的态度真温暖”等描述表达出顾客对于酒店积极弥补失误和努力化解顾客不满等行为的真实感知，在心底不经意间滋生了一些正面情绪，这些情绪伴随者顾客的同理心和善念。一旦顾客产生这种感知，则较易于站在酒店的立场去看待问题，将问题以大化小，将心比心，因而酒店与顾客之间的矛盾较容易化解。

（4）补救过程中的情绪变化。

根据访谈结果，在服务失败后消费者的负面情绪均有不同程度的爆发，主要的情绪类型有“真是过分！（生气）”“本来想开心来玩的，搞得真郁闷（沮丧）”“让我怎么跟朋友交代？（难堪）”“那个酒店人员吃火药了啊？怎么这么不通情达理？（不快和厌恶）”等。当经济型酒店提出了一些补救措施后，被访者的情绪反应有两个方面：一是负面情绪有所减弱（“这还差不多”“我就不那么计较了”“心情稍微平复了一些”“这才是酒店该有的样子”“这样还行，我的火气下去了不少”）；二是出现了正面的情绪，包括高兴（“这样补偿我还是挺高兴的”）、舒畅（“这个酒店经理还是蛮不错的”）、自豪（“朋友对我刮目相看”“我终于没在岳父岳母面前丢脸”）、愉快（“解决了问题就能好好玩啦”）、感动（“那个修理的老师傅真是挺不容易的”“换床单的阿姨真是挺心善的”）等。在补救的过程中，消费者的情绪会出现明显的变化，当酒店采取贴切、真诚的补救措施时，消费者的积极情绪确实会被激发，尤其是对那些通情达理、容易满足的顾客来说，积极情绪的产生伴随着负面情绪的削减，消费者在积极情绪下则会对酒店产生较为中肯的评价。

（5）可接受的补救策略。

补救策略主要为经济补偿和精神补偿两个方面。对经济型酒店而言，经济补偿以房价打折、赠送礼品（优惠券、果盘、贵宾卡等）、升级房间档次和赠送服务（免费洗衣）等为主。精神补偿的措施较为复杂，受访者经常提到的精神补偿措施为：道歉、解释、积极回应、主动认错等。同时，精神补偿好的酒店还能勇于承认责任，管理者亲自出面给消费者解释和道歉，对消费者的经历做到感同身受，对消费者的处境表示出理解和同情，对消费者的投诉耐心倾听以及对消费者的建议认真采纳等。有被访者提及，有的酒店还提出了整改措施，做出了不再犯类似错误的保证，希望与消费者建立长久合作关系等意愿。当受访者被问及哪种精神补救措施的效果更佳时，其中6位受访者提出“管理者出面”很重要，5位受访者强烈认为“道歉”、“勇于承担责任”是极为重要的，其他的精神补救措施均也有不同的接受度。

在本轮访谈中，本书发现实施服务补救的主体对消费者的情绪和感知等具有较强的影响。酒店的补救主体为一线员工、管理者以及少数后天的客服人员。从访谈情况来看，管理者对顾客情绪、感知善意、感知面子以及行为意向的正向影响最高，远远高于一线员工和客服人员。管理者出面亲自沟通已经成为经济型酒店的主要补救策略之一。

（6）补救满意与补救后行为意向。

访谈中发现，对实施补救的经理或员工心存好感或者对酒店的补救措施抱有积极情绪的受访者，大多数表现出了对补救经历的满意，并愿意再次入驻并向朋友推荐的积极意向。其中，有 3 位对补救措施满意的受访者提到了面子的问题，“酒店的补救措施让我感觉到很受尊重”“酒店的做法让我在老板和朋友面前很有面子”“酒店的做法让老人对我的能力很认可”，表达出这些意向的大部分受访者表示将来还愿意再次来这家酒店消费，并会向周围的朋友们推荐这个酒店。此外，有 3 位表达出再光顾意向的受访者提到了“酒店能为我的损失和利益考虑”“酒店也确实是尽力去补救了”“看着酒店的这些员工也很不容易的，他们还是挺想做好的”“他们的认错态度还是挺诚恳的，不掩饰不回避，这样我们也愿意退一步，互谅和解”，这些受访者的话语中透露出对酒店积极补救行为的感知，也在心底里感受到了犯错酒店的善意，因此，在不同程度上表露出了对酒店的服务补救的满意，并表示日后会向朋友们进行推荐。

三、第二轮访谈

1. 访谈目的

在第一轮访谈中，本书有了不少的发现和收获：（1）确认了消费者在服务失败和补救环节中确实是存在“失面子”“得面子”的感受；（2）确认了消费者在服务补救环节中能体会到企业的善意，感知到企业积极努力补救的诚意；（3）消费者补救后的正面情绪会出现提升；（4）当消费者对企业的补救措施感到满意时，会有重购和口碑意向。对于消费者认可的补救策略，第一轮的访谈中也有了一些发现。因此，第二轮访谈的目的是在第一轮访谈的基础上，在对经济型酒店的常见失败情境、补救措施进行进一步的挖掘和确认。

2. 访谈准备

（1）访谈参与人员的情况。

参与此次访谈的是山东省内一家大型经济型连锁酒店——YZJY 酒店的 6 位门店管理人员。该经济型酒店在省内占据较高的市场份额，连锁门店已超过百家，且拥有较好的客户口碑。受访者均是各门店的店长，有多年经济型酒店的管理经验。

在进行第二轮访谈以前，本书仔细研究了 Lewis（2004）对经济型酒店的服务失败研究（见表 4-2）。Lewis 的研究系统梳理了经济型酒店目前出现的频率最高的失败情境，并进行了均值统计和排序。结合访谈一中提及的中国经济型酒店的失败情境，本书拟定了第二轮访谈的思路。

表 4-2　　　　酒店服务失败表——依照严重程度排序

失败类型	均值	排序
酒店房间不干净	1.45	1
预订的房间没有了	1.62	2
员工态度不友好	1.75	3
房间的门锁笨拙	1.82	4 =
员工效率低下	1.82	4 =
食物和饮料质量不尽如人意	1.84	6
员工的服务不尽力	1.85	7
账单计算错误	1.91	8

（2）访谈设计。

访谈在 YZJY 酒店一个门店的会议室里进行，作者准备了访谈表。访谈的第一部分是请受访者填写访谈表，访谈表中是基于 Lewis（2004）的研究以及访谈一中提到的服务失误情境，列举出了常见的经济型酒店的失败情境，请各位受访经理进行勾选。第二部分是焦点小组访谈，请受访经理们叙述一下目前经济型酒店常用的补救策略及入驻顾客对各补救策略的接受情况。

（3）访谈结果分析。

在经济型酒店的失败情境上，根据受访经理们的反馈，“预订房间没有了”

“卫生条件差”“房间位置不佳”“房间隔音效果差”“对设施（床、淋浴、窗户）不满”是经济型酒店常见的结果失败情境。“入驻办理的时间长”“呼叫时服务人员反应慢”是常见的程序失败情境。“员工态度生硬、不友好”“顾客咨询问题时，员工表现出漠不关心和烦躁”等是常见的互动失败情境。这些结论与第一次访谈的结果基本吻合。总起来看，预订问题和卫生问题是最为典型、常见的结果失败情境；程序失败主要表现在反应不及时和等待时间长的方面；人际交互失败问题是较为突出的互动失败情境。

在补救措施上，受访经理们的反馈如下：结果类的补救措施由房价打折、赠送优惠项目（洗衣券、餐券）、抵用券、免费升级房间等构成。道歉、解释、承认失误并勇于担责、体谅顾客、耐心倾听、移情等是普遍采用的过程补救措施，为此 YZJY 酒店专门进行了相关培训。对于服务失败较为严重的情况，被访者反映，由管理者们亲自出面解决的效果更为理想。被访者反馈，当由他们出面解决问题时，处理投诉和不满的效果比一般员工或者后台的客服人员要好。由此可见，管理者出面能传达出酒店对消费者极为重视的信息，从而提升补救效果。根据被访者的实际经营经验，承认失误是很重要的补救措施，不推托、不找借口，并勇于承认不足，能在一定程度上获得大部分消费者的谅解。当消费者的情绪较为激动时，酒店通常会第一时间要平复消费者的情绪，向消费者致歉，解释产生失误的原因、承担责任。接着，酒店会传达出足够的补救诚意和认责态度，并配合相应的物质补偿。当不满的消费者离店时，酒店会再一次的致歉和解释，并提供一定的优惠措施以挽回顾客信心，提升消费者满意度。

在访谈的最后，本书作者引导受访经理进行了总结。总起来看，结果补救接受程度较高的措施是房价打折。就从房价折扣力度来看，酒店管理者们将目前的现实做法进行了反馈，10% 的房价折扣较为普遍，如失败程度严重，则可提供 20% ~40% 的房价折扣。对过程补偿来说，根据被访者在第一线的实际经验，本次访谈提炼出了“道歉解释”、“理解和关注顾客处境”、“管理层介入”、“认责”、“承诺改正”、“快速响应”几个维度。酒店管理者们一致认为，道歉解释、认责和快速响应是目前较为普遍的补救方式，管理层是否介入则要视具体情境和消费者的需要而定，管理层介入通常会带来较高的补救满意度。

四、问卷测试

1. 访谈目的

为了更为严谨、客观地对访谈一中的结论进行验证，本书还实施了一次小范围的问卷测试。问卷测试要实现如下几个目的：（1）进一步验证服务补救环节中，感知面子及感知善意的存在方式和表现方式；（2）进一步明确服务补救中的情绪类型；（3）初步探讨感知面子、感知善意与情绪之间的关系。此次问卷共发放了50份，回收48份。发放对象是有工作经验的企事业单位人员，主要分布于山东省内几家企事业单位。

2. 问卷内容

餐饮业是普通消费者非常熟悉的行业，服务失败的类型多种多样，而且补救方式也较多。问卷的第一部分是请被试回忆，在餐厅就餐的过程中，自己经历过的3件“丢面子”事件及3件“得面子”事件，并按照1～5分进行打分（5为最严重，1为最轻微）。第二部分是请被试回忆在餐厅就餐过程中，列举出3件认为饭店已尽力弥补，并表现出真诚补救意图以及为顾客着想的事件，并进行打分。第三部分是请被试描述一下自己在接受补救过程中的情绪变化。本书选取Schoefer（2005）量表中对情绪的表述和分类，正面情绪为：快乐、愉悦、得意、激动、温暖、高兴、热情高涨、自豪、被尊重，信度为0.9；负面情绪为：坏心情、不高兴、心烦、恼怒、沮丧、郁闷，信度为0.85，并请被试勾选出能体现自己情绪的词汇，最后根据被试选择的词汇频数，将正面情绪进行进一步的集中。此外，问卷还设置了两个题项“您认为您的情绪受到面子感受的影响吗?”“您认为饭店表现出的诚意与补救努力会让您情绪好些吗?”，旨在关注情绪与感知面子和感知善意之间的关系。

3. 结果分析

在回收的48份问卷中，共收集了110件“失面子”事件和98件“得面子”事件，将类似的案例进行合并后，共甄选了51件“失面子”事件和48件“得面子”事件，随后，本书将这些面子事件进行了大致的归类。

“失面子”事件可归为如下几类：态度轻蔑（态度恶劣、自尊心受挫、被忽视、傲慢等）、语言不恭（轻视投诉、责备顾客、推脱责任等）、怠慢拖延（不理会顾客需求、让顾客等待却无回应、敷衍塞责等）、菜品失误（菜里有异物、味道差、菜凉饭冷等）。

“得面子”事件可归为如下几类：敬重赞赏（能力强、有品位、有学识等）、有影响力（服务员围着身边转、满足各类需求、寻求宝贵意见等）、管理者亲自沟通（亲自道歉、解释并承诺改正等）、高质服务（赠送生日惊喜、试吃高档菜肴等）。

对于顾客流露出的感知善意描述，共收集了74件事件，将相似的案例进行合并后，共梳理出40件感知善意事件。进行归类后，可分为如下几类：为顾客的需求着想（照顾就餐的老人和孩子、照看随身物品、预留停车券、协助路径规划、预留餐位等）、积极主动（出现失误时快速行动、态度端正、不拖延不回避等）、正面道歉和认责（真诚道歉、认真解释、请求原谅、承诺改正等）、不计得失（免单、赠送礼券、赠送服务、折扣等）。将各类事件进行汇总，如表4-3所示。

表4-3 “得面子”“失面子”与感知善意事件汇总情况

事件种类	事件数量	“失面子”（均值）	事件种类	事件数量	“得面子”（均值）	事件种类	事件数量	感知善意（均值）
态度轻蔑	20	4.21	敬重赞赏	12	4.08	为顾客需求着想	14	4.16
语言不恭	12	4.31	有影响力	14	4.42	积极主动	8	3.87
怠慢拖延	7	3.78	管理者出面	10	3.77	道歉愧疚	11	4.05
菜品失误	12	3.65	高质服务	12	3.97	不计得失	7	3.69
合计	51	4.19		48	4.16		40	4.05

从表4-3得知，面子事件是服务失误和补救过程中的频发事件。服务企业和企业员工的不当行为等确实会造成顾客“得面子”“失面子”的主观感受。同时，通过表4-3还可以发现，人际互动中的态度问题、语言不恭等是造成顾客面子损失的主要原因，补救过程中的赞赏、殷勤、管理者介入及提供额外惊喜服务等会给顾客带来“找回面子”的主观感受，这正是本书要重点关注的一个问题。

在感知善意方面，本书发现中国消费者由于受到“得饶人处且饶人”和“以和为贵”等传统仁恕思想的影响，很多被试均有悲悯和同情之心，能从企业的积极努力及正确态度中感受到企业的善意和诚意，从而能削减对企业的负面评价，能较为客观地评价企业的补救行为。

在对被试情绪的整理中，发现正面情绪较多地集中于“高兴”“兴奋”“被尊重”“舒畅”这几项，负面情绪较多的集中于“心烦”“恼怒”“沮丧”“不快”这几项，这为情绪量表的设计打下了基础。同时，在48份问卷中，有41份问卷认为“情绪受到了‘得面子’感的影响”，有37份问卷提出“企业表现出的诚意与尽心行为会使情绪好些”，这些发现也为本书的后续研究提供了初步支持。

五、研究小结

本节是前期的探索性研究，包括两轮焦点访谈和一轮问卷测试。

前期探索性研究的目的是有两个：一是对本书的几个关键变量——感知面子、感知善意、补救情绪及消费者行为意向在现实补救实践中的存在方式和表现方式进行初步的确认和挖掘；二是对企业实际经营中的补救策略和失败情境做了充分的讨论和挖掘，为后续设计合理、合情的实验情境提供了有效支撑。

通过本节的探索性研究，发现在服务失败及补救的情境中，消费者会经历面子的得失、情绪变化等心理状态，服务失败确实会带来消费者面子的损失感知，尤其是在消费的过程中，消费者身边伴随着同事或朋友，其面子的损失感会更强，这是中国面子价值观的有力反应，也说明“有面子”“赢得面子”是服务补救中无法回避的重要问题。此外，感知善意也是从访谈中发现的重要变量，被访者的一些直观的表述和小范围问卷的结果充分说明，消费者能感受到企业的补救诚意和努力，当顾客内心感受到企业的善意时，消费者的负面情绪就会缓解，进一步促使消费者谅解犯错企业。此外，消费者情绪在补救过程中亦会发生一些变化，当“得面子”或者感知善意出现时，消费者会涌现出满足、舒畅、得意及愉悦等情绪。从问卷中本书也发现了这些正面情绪与“得面子”和感知善意之间存在一定关联。最后，本节通过访谈酒店的经营管理人员及文献研究，总结出了经济型酒店较为集中和典型的结果失败、程序失败和互动失败等情境，并对过程补救和结果补救在经济型酒店的主要表现方式进行了探讨，这都为后续正式实验中的情境设计打下了基础。

第二节 变量测量

本书中涉及主要变量的测量问项大多来自服务补救领域的权威和成熟文献，从而保证了问卷的内容效度。

（1）分配公平。从文献回顾部分可知，分配公平是顾客对企业有形补偿的一种主观感知，衡量了服务企业是否弥补了顾客的实际经济损失，即是否有效地解决了服务失败的经济部分。

分配公平量表的测项取自服务补救领域 Smith（1999）和 Maxham（2003）的 2 篇核心文献，各测项见表 4－4。

表 4－4 分配公平的测量量表

代码	测　项	测项来源
DISJ1	虽然这件事给我带来了麻烦，但该酒店还是给了我一个积极的处理结果	Netemeyer（2003）；Smith（1999）
DISJ2	虽然耗时又周折，该酒店给我的处理结果是公平的	
DISJ3	我并没有得到我想要得到的	
DISJ4	与给造成的损失相较，最后的补偿还是充分的	

（2）程序公平。程序公平旨在权衡消费者对服务企业处理问题时使用的应对流程、相应政策等处理方式是否公平的感知，这种公平感知的高和低会影响顾客对企业的处理问题综合能力的判断。本部分量表参考了服务补救领域和 Maxham（2003）及 Maxham（2002）的 2 篇核心文献，如表 4－5 所示。

表4－5 程序公平的测量量表

代码	测项	测项来源
PREJ1	尽管投诉带来一些争论，但该酒店的反应公平而快速	Maxham（2003）；Maxham（2002）
PREJ2	对于我的问题，我感到该酒店的反应是及时的	
PREJ3	我认为该酒店有公正的政策和流程来处理失误	

（3）互动公平。互动公平旨在衡量消费者感受到的被服务企业如何对待的一种人际互动感知，如企业对顾客是否谦虚、尊重以及重视等，互动公平主要是对人际交互质量的衡量。本部分量表参考了 Blodgett（1997），Maxham（2003）及 Weun（2004）篇核心文献，如表4－6所示。

表4－6 互动公平的测量量表

代码	测项	测项来源
INTJ1	在处理问题的过程中，酒店人员对我是温和有礼的	Blodgett（1997）；Maxham（2003）；Weun（2004）
INTJ2	在处理问题的过程中，酒店人员考虑到了我的难处和意见	
INTJ3	在处理问题的过程中，酒店人员与我的沟通方式是适当的	
INTJ4	在整个过程中，酒店人员的表现是体现职业道德的	
INTJ5	我觉得酒店人员对我的态度不怎么样	

（4）补救满意。补救满意是交易满意的概念，对消费者对本次服务补救的满意程度，而非对服务企业的整体满意度，非累积满意的概念。消费者对服务企业的整体满意度并非本书的研究范围，本书重点测量补救满意度，采用 Chiu（2013）的量表，如表4－7所示。

表4－7 补救满意的测量量表

代码	测项	测项来源
SAT1	整体来看，我觉得入驻该酒店还是一个不错的选择	Chiu（2013）
SAT2	这次的入驻经历还是比较愉悦的	
SAT3	酒店对我遇到的问题提供了一个让我满意的解决方案	

（5）重购意愿、正面口碑和负面口碑。这三个代表消费者行为意向变量的量表均来自国外服务营销领域的权威文献 Chiu（2013）、Maxham（2002）和 Wirtz（2004），如表4－8所示。

表 4－8　重购意愿、正面口碑和负面口碑的测量量表

代码	测　项	测项来源
重购意愿		
REV1	下次我再出来旅行时，我还会选择入驻这家酒店	Chiu（2013）
REV2	我会将这家酒店作为我的首选酒店	
REV3	未来一段时间内，我很可能继续选择这家酒店的服务	
正面口碑		
PWO1	如果我朋友询问我酒店的意见，我会推荐到他到这家酒店试试	Maxham（2002）
PWO2	我会主动向其他人推荐这家酒店	
PWO3	我会向我的朋友讲述此次经历并赞赏该酒店	
负面口碑		
NOW1	如果我的亲友外出旅行，我会奉劝他不要入驻这家酒店	Wirtz（2004）
NOW2	我会建议我的朋友不要入驻这家酒店	
NOW3	我会向我的朋友和亲戚们讲述我在这家酒店的不愉快经历	

（6）感知“得面子”。对消费者感知“得面子”的测量，国内外研究成果中鲜有涉及。国内学者汪涛（2011）以社会心理学对面子的定义及面子结构的相关理论为基础，探索了消费过程中的面子及面子感知机制。他参照杜建刚、范秀成（2007）的研究成果，开发了在消费情境下的感知面子量表，有效地刻画了消费者对“得面子”的主观感知程度，本书采用了汪涛的量表，量表的具体测项见表 4－9。

表 4－9　感知“得面子”的测量量表

代码	测　项	测项来源
FAC1	该酒店的补救措施使我在朋友们面前拥有良好的形象	汪涛（2011）
FAC2	该酒店的补救措施使我在朋友们面前脸面有光	
FAC3	该酒店的补救措施使我获得了朋友们的认可	
FAC4	该酒店的补救措施使我感到在朋友们面前很荣耀	
FAC5	该酒店的补救措施与我的身份相符	

（7）感知善意。根据 Colquitt（2007）对善意的界定，善意是一方出于非营利的动机，站在对方的角度，做出对对方有利的举动。善意应该包含开放、关怀、支持以及忠诚四个要素。Colquitt 还指出，善意与正直是不同的概念，由于

善意有关怀和支持的因素存在，因而更多的是让双方产生情感的联结，正直是以认知为基础的变量。Colquitt 还设计了 5 个有关善意的题项。Lee（2007）强调了善意的重点是要通过帮助行为来体现人际关怀，并在供销关系下设计了善意的一些题项。Vázquez-Casielles（2010）将善意作为信任的一个维度纳入了服务补救的框架下，并提出了 4 个与善意有关的题项。

就目前来看，学术界尚没有权威的感知善意量表，本书基于上述研究，以 Colquitt 的研究为基础，融入 Lee 和 Vázquez-Casielles 的研究成果，设计了感知善意的量表，详见表 4－10。

表 4－10　　感知善意的测量量表

代码	测　项	测项来源
BEN1	我的利益和需求对该酒店来说是很重要的	Colquitt（2007）；Vázquez-Casielles（2010）；Lee（2007）
BEN2	我觉得该酒店是尽其所能的在弥补失误和解决问题	
BEN3	我觉得该酒店对与我有关的重要事情非常关注	
BEN4	该酒店不会故意做损害我利益的事情	
BEN5	当问题发生时，该是从我的利益出发去解决问题	
BEN6	该酒店能够遵循它的承诺	
BEN7	该酒店对我是真诚的	
BEN8	该酒店对我的利益很关注并在必要时帮助我	

（8）正面情绪：正面情绪的测量借鉴了服务补救领域 DeWitt（2008）和 Schoefer（2005）这两篇文献。同时，基于前期探索性研究中关于情绪的访谈和问卷测试的初步结果，甄选了在补救领域经常出现的几种正面情绪，分别是“高兴”“兴奋”“被尊重”“舒畅”，正面情绪的测量见表 4－11。

表 4－11　　正面情绪的测量量表

代码	测　项	测项来源
EMO1	这次的补救经历让我觉得挺高兴	DeWitt（2008）；Schoefer（2005）；前期访谈结果
EMO2	这次的补救经历让我觉得被尊重	
EMO3	这次的补救经历让我觉得心情舒畅	
EMO4	这次的补救经历让我觉得很愉快	

（9）宽恕倾向。Berry 等（2001）和 Brown（2003）分别对宽恕倾向进行了

细致的研究并开发了宽恕倾向量表。Berry 开发了基于情境的 TNTF 量表，TNTF 设计了 5 个被冒犯的情境，请被试分别对这几种情境进行打分。通过具体的分析发现，Berry 的量表有两个问题：一是被试对情境的打分不能完全体现其宽恕倾向，个体对假设情境的反应还可能体现出报复倾向与顺从倾向等，测试的目的不明确；二是被试根据冒犯情境而引发的情绪状态会影响宽恕倾向的测度。基于此，本书采取了 Brown（2003）的量表对宽恕倾向进行测量，这个量表不是关注宽恕过程以及宽恕原因，只是从结果的差异去发掘消费者个体宽恕倾向的差异，量表的具体测项表述见表 4－12。

表 4－12　宽恕倾向的测量量表

代码	测　　项	测项来源
FOR1	别人伤我心了，我能很快就没事人一样	Brown（2003）
FOR2	如果有人错怪我了，我事后会经常想很多	
FOR3	我经常有产生抱怨的倾向	
FOR4	当别人错怪我时，我倾向于原谅并忘记这件事	

（10）面子意识。中国消费者的个性特质、心理活动状态及文化倾向与西方消费者存在很多差异。为了开发出能体现中国消费者特点的完整个性评价体系，20 世纪 90 年代初，由香港中文大学张妙清教授发起，香港中文大学心理学系与中国科学院心理研究所，合作推出了一套人格测量工具——跨文化个性测量表（CPAI）。后来经过多次更新，CPAI2 包含 28 个一般人格分量表、12 个临床分量表，3 个效度量表。面子意识这个变量归属进入了人格量表，成为人格量表的一个重要的子量表。后来经过诸多学者的不断研究和使用后，发现这个子量表具有很强的效度，稳定性也非常好。起初面子量表有 11 道自述性题目（Cheung et al.，1996），Cheung（2001）将面子量表又进行了精简，挑选了 4 项集中体现面子意识的问项，本书就选取了 Cheung（2001）的量表，如表 4－13 所示。

表 4 – 13 面子意识的测量量表

代码	测项	测项来源
FAN1	我通常衣着得体和讲究，以免被别人轻视	Cheung（2001）
FAN2	若别人拒绝我的好意或不领我的情，我会觉得挺丢脸的	
FAN3	宁愿平时节省甚至借钱，给朋友的礼物一定要拿得出手才行	
FAN4	我不在乎其他人如何看我	

第三节 实验设计

一、失败情境设计

基于本章的前期探索研究以及 Lewis（2004）针对酒店业的研究，发现预订问题、卫生问题是较为集中的结果失败情境；服务延迟、让消费者等待及人际怠慢等是经常发生的过程失败。不论是结果失败还是过程失败，均会涉及失败严重程度的问题。

有的服务失败较轻微，企业只须对消费者进行道歉和适当的解释即可。有的服务失败较严重，企业则需要投入较高的经济成本和人际互动来挽回顾客的信心。现有研究普遍指出，在服务失败严重程度高的情境下进行服务补救比在低的情境下更困难（Smith & Bolton，1998；Levesque & McDougall，2000）。失败越严重，消费者的不满程度和补救期望均会更高（Hess，2008），失败严重程度对感知公平和情绪等均有十分显著的影响（Smith & Bolton，1999），杜建刚（2008）、Hess（2008）以及 Kim（2012）等就服务失败的严重程度对补救效果的影响也做出了一些研究，提出过类似的研究结论。因此，设计服务失败情境时，失败的严重程度这个因素不可忽视。

对于服务失败的类型，现有研究将服务失败分为结果失败和过程失败，也有研究将失败类型分为结果成败、程序失败和互动失败，后一种分类方法是将过程失败又细化为互动失败和程序失败。基于社会交换理论，服务失败的类型很大程度上决定了补救策略的类型，若服务失败类型仅为互动失败（态度怠慢）或程序失败（等待时间长），补救策略多以道歉和解释等过程补救为主，一般不涉及结果补救。如果服务失败的类型为结果失败，如熨坏衣服、菜中有虫等，则须使用结果补救，或者将结果补救和过程补救结合使用。本书拟将失败程度和失败类型均纳入情境的设计中，一方面与现实情况更为接近，另一方面可更为全面、多角度地观测在不同的失败情境下，消费者面对不同的补救策略时所展现出来的感知和情绪的变化情况。

基于本章中访谈的结论，本部分先是发放了60份问卷（回收58份），旨在对服务失败的情境进行再次分析和确认。问卷中包含下述问题：首先，请被试就"预订的房间没有了""卫生条件差""房间位置不佳""房间隔音效果差""对设施（床、淋浴、窗户）不满""入驻办理的时间长""呼叫时反应慢""员工态度生硬不友好""咨询问题时态度漠然"等问项进行严重程度的打分（李科特量表1～5分）；其次，为更好地对程序失败进行描述和设计，请被试回答"入驻办理业务的等待时间多长是可接受的"，旨在提高程序失败情境的精度；最后，请被试就"一线员工沟通"和"管理者沟通"两个过程补救策略的满意度进行打分。

问卷结果显示，"预订的房间没有了"（M=4.43）、"卫生条件差"（M=4.22）的严重程度高于其他结果失败的选项。为了加强对比性，选择"预订房间没有了"和"房间位置不满"这两种情况作为结果失败情境，这两种失败的严重性存显著的差异（$p<0.01$）。

"态度生硬、爱答不理"（M=3.76）的失败程度也较高，本书将其作为互动失败的典型情境。

"办理业务时间长（M=3.22）"和"呼叫时无及时服务"（M=3.12）是典型的程序失败情境，办理时间长的严重性较高一些。在等待时间的测度方面，接近85%的被试认为一旦等待时间超过30分钟，则无法接受。

为了使服务失败的情境设计更全面，本书综合考虑了失败类型和严重程度两个因素。在具体做法上，在每个失败情境中均纳入了结果失败，并与过程失败和程序失败分别进行了结合，同时每种情境的失败程度也有所差异。

在表4－14中，序号为（1）～（3）的失败情境分别为（高结果失败情境)、(高结果失败+程序失败情境)、(高结果失败情境+互动失败情境)；序号为（4）～（6）的失败情境分别为（低结果失败情境)、(低结果失败+程序失败情境)、(低结果失败情境+互动失败情境)。这样较为复杂的设计能充分调动被试的感知公平、感知面子及情绪等变量的波动。

表4-14　服务失败情境描述

(1) 您和您的几个好友结伴去西安旅行，经过精心的前期组织，您终于可以和朋友们一览兵马俑、古城墙、大雁塔等名胜古迹。到达西安后，您来到网上预订好的一家经济型连锁酒店（之前您未有入经历），要求酒店提供3间房间，然而办理入驻时，酒店的前台人员却告诉您，酒店的预订系统没有收到您的预订信息，没有为您和您的朋友们预留出房间
(2) 您和您的几个好友结伴去西安旅行，经过精心的前期组织，您终于可以和朋友们一览兵马俑、古城墙、大雁塔等名胜古迹。到达西安后，您来到网上预订好的一家经济型连锁酒店（之前您未有入经历），要求酒店提供3间房间，然而办理入驻时，前台工作人员说系统很慢，让您和您的朋友等了近20分钟，后来竟然告知您，酒店预订系统没有收到您的预订信息，没有保留您和您朋友们的房间
(3) 您和您的几个好友结伴去西安旅行，经过精心的前期组织，您终于可以和朋友们一览兵马俑、古城墙、大雁塔等名胜古迹。到达西安后，您来到网上预订好的一家经济型连锁酒店（之前您未有入经历），要求酒店提供3间房间，然而办理入驻时，前台人员不仅没有跟你主动打招呼，在索要身份证件时还表现得十分傲慢和不耐烦。后来前台人员告诉您他们的酒店预订系统没有收到您的预订信息，没有保留您和您朋友们的房间
(4) 您和您几个好友结伴去西安旅行，经过精心的前期组织，您终于可以和朋友们一览兵马俑、古城墙、大雁塔等名胜古迹。到达西安后，您来到网上预订好的一家经济型连锁酒店（之前您未有入经历），要求提供3间预订的非吸烟区房间。然而办理入驻时，酒店的前台人员却告诉您，为您预留的3间房间均位于吸烟区，没有为您保留事先要求的非吸烟区房间
(5) 您和您的几个好友结伴去西安旅行，经过精心的前期组织，您终于可以和朋友们一览兵马俑、古城墙、大雁塔等名胜古迹。到达西安后，您来到网上预订好的一家经济型连锁酒店（之前您未有入经历），要求提供预订的3间非吸烟区房间。然而办理入驻时，前台工作人员说系统很慢，让您和您的朋友等了近20分钟，后来告知您，为您预留的3间房间均位于吸烟区，没有为您预留非吸烟区房间
(6) 朋友们一览兵马俑、古城墙、大雁塔等名胜古迹。到达西安后，您来到网上预订好的一家经济型连锁酒店（之前您未有入经历），要求提供3间非吸烟区房间。然而办理入驻时，前台人员不仅没有跟您主动打招呼，在索要身份证件时还表现得十分傲慢和不耐烦。后来告知您，为您预留的3间房间均位于吸烟区，没有为您预留非吸烟区房间

二、补救策略设计

结合探索性研究中对YZJY酒店的各位店长及顾客的访谈，本书发现了经济型酒店行业目前常用的补偿措施包括打折、赠优惠券及积分、赠送服务（干洗等）、提供餐饮等。根据消费者和经济型酒店管理人员的一致反馈，房价折扣的补救效果更为理想。一线管理人员表示，现实情况下一般10%的房价折扣较为普遍，若服务失败的程度严重，则可提供20%～40%的房价折扣。从文献研究情况看，目前多数补救领域的研究均延续了Smith和Bolton（1999）的研究方法，也将补救程度以“折扣程度”来衡量，界定为高（如折扣100%）、中（如折扣50%）、低（如折扣10%）。Seiders（1998）根据实验情境，将结果补救设定为“全额免单加后续折扣”和“部分免单”两个层次。张圣亮（2009）将补救分为象征性补救、等值补救和超值补救三个层次。结合企业的现实经营实践及文献的研究，本书在情境设计中将结果补救划分为高（折扣20%）、低（折扣10%）两个水平。

在过程补救的方面，已有研究仅提出了道歉、解释、移情、纠正等策略，但未对各过程补救策略的效果进行对比。通过访谈发现，“道歉解释”“理解和关注顾客处境”“管理层介入”“认责”“承诺改正”“快速响应”是常见的过程补偿措施。企业的一线管理人员认为，道歉解释、认责、快速响应均是目前较普遍、多被采用的过程补救方式，管理层介入则需要视具体情境和顾客需要而定，管理层介入通常会带来较高的补救满意度。Lee（2011）和Cranage（2004）提及了管理者介入和向员工授权的重要性，但后续文献没有深入挖掘管理者、员工在执行过程补救时的角色差异及补救效果差异。在访谈中，具有丰富实战经验的一线管理者普遍承认，如果由他们亲自出面解决争端，补救效果更理想。管理者在过程补救中起到了重要作用。同时，通过在前期探索研究中设置“一线员工沟通”和“管理者沟通”两个过程补救策略的满意度打分，发现“管理层沟通”的满意度高于“一线员工沟通”（$p<0.01$）。综合文献研究、访谈和问卷分析，将过程补救分为“一线员工沟通”和“管理者沟通”两个层次，每个层次均涵盖道歉、解释和认责的内容。

为了考察补救策略对感知公平三个维度的影响，本书设计的每一种补救策略均体现了结果补救和过程补救两个要素，这样也可以观察到结果补救策略和过程补救策略的综合作用效果。具体做法上，考虑了结果补偿（20%房价折扣

Vs10%房价折扣）、过程补偿（由管理人员出面道歉解释 Vs 由一般员工进行道歉解释），同时，又加入了及时和延迟这一补救策略，因而构成了 2×2×2 的策略组合。在表 4－15 中，序号为（1）～（8）的补救策略分别涵盖了如下要素：

策略 1：高结果补救高过程补救；

策略 2：低结果补救高过程补救；

策略 3：高结果补救低过程补救；

策略 4：低结果补救低过程补救；

策略 5：高结果补救高过程补救（延迟）；

策略 6：低结果补救高过程补救（延迟）；

策略 7：高结果补救低过程补救（延迟）；

策略 8：为低结果补救低过程补救（延迟）。

这样复杂的设计旨在充分激发被试在分配公平、程序公平和互动公平上的感知波动性，进而观察感知公平对服务补救效果的影响机制。

表 4－15　　　　服务补救策略

（1）您向酒店进行交涉，不一会酒店经理赶到了现场，了解情况后，他亲自向您道歉，并向您解释说失误的原因是酒店的系统与各大预订网站的对接环节出现了问题，是酒店的失误却给您和您的朋友们造成了不便，一定会解决您的问题。他吩咐前台员工立刻提供 3 个满足您要求的房间，并为了再次表达歉意，每间房均减免了 20% 的房费
（2）您向酒店进行交涉，不一会酒店经理赶到了现场，了解情况后，他亲自向您道歉，并向您解释说失误的原因是酒店的系统与各大预订网站的对接环节出现了问题，是酒店的失误却给您和您的朋友们造成了不便，一定会解决您的问题。他吩咐前台员工立刻提供 3 个满足您要求的房间，并为了再次表达酒店的歉意，每间房均减免了 10% 的房费
（3）您向酒店进行交涉，前台员工向您表示了歉意，并解释失误的原因是他们的系统与各大预订网站的对接环节出现了问题。随后，前台员工查看系统后，提供了 3 个您要求的房间，并表示为弥补失误尽量给您申请点折扣，在征得酒店同意后，每间房均减免了 20% 的房费
（4）您向酒店进行交涉，前台员工向您表示了歉意，并解释失误的原因是他们的系统与各大预订网站的对接环节出现了问题。随后，前台员工查看系统后，提供了 3 个您要求的房间，并表示为弥补失误尽量给您申请点折扣，在征得酒店同意后，每间房均减免了 10% 的房费
（5）您向酒店进行交涉，20 分钟后酒店经理赶到了现场，他了解情况后，亲自向您道了歉，并向您解释说失误的原因是酒店的系统与各大预订网站的对接环节出现了问题，是酒店的失误却给您和您的朋友们造成了不便，一定会解决您的问题。他吩咐前台员工立刻提供 3 个满足您要求的房间，并为了再次表达歉意，每间房均减免了 20% 的房费

续表

(6) 您向酒店进行交涉，20 分钟后酒店经理赶到了现场，他了解情况后，亲自向您道了歉，并向您解释说失误的原因是酒店的系统与各大预订网站的对接环节出现了问题，是酒店的失误却给您和您的朋友们造成了不便，一定会解决您的问题。他吩咐前台员工立刻提供 3 个满足您要求的房间，并为了再次表达酒店的歉意，每间房均减免了 10% 的房费
(7) 您向酒店进行交涉，前台员工向您表示了歉意，并解释失误的原因是他们的系统与各大预订网站的对接环节出现了问题。前台员工让您稍作等待，他们去查看系统。等待了 20 分钟后，前台员工给您提供了 3 个房间，并表示为弥补失误尽量给您申请点折扣，在征得酒店同意后，每间房均减免了 20% 的房费
(8) 您向酒店进行交涉，前台员工向您表示了歉意，并解释失误的原因是他们的系统与各大预订网站的对接环节出现了问题。前台员工让您稍作等待，他们去查看系统。等待了 20 分钟后，前台员工提供了 3 个房间，并表示为弥补失误尽量给您申请点折扣，在征得酒店同意后，每间房均减免了 10% 的房费

三、控制变量的处理

在情境设计中，为了摒除消费者归因的影响，将服务失败均设计为由企业方的失误所致。Tax（1998），McColl-Kennedy 和 Smith（2006）的研究也表明服务补救中的情绪和顾客期望等变量会受到之前消费经历及消费者与企业关系的影响，消费者与服务企业的熟悉程度或者关系质量等会影响到个体对补救效果的判断。因此，在情境设计上做出指定，让被试去感受一个未曾消费过的经济型酒店作为实验背景。本书通过统计方法，对样本结构的影响进行控制，即性别、年龄等变量。

四、实验方法及流程

情境模拟法是服务失败和补救研究中常使用的方法，也被称为准实验设计，这种研究方法的可行程度高，内部效度也较高，但缺陷在于被试不可能身临其境地去体会服务失败及补救的真实场景，因而会导致实验测试的精度有所下降，外部效度也不能完全保证。尽管如此，情境模拟法仍是补救领域研究的主流方法，在实验过程中，通过生动的情境设计、外部干扰的控制以及对被试的恰当引导，一定程度上能保证实验研究的可操作性及可信性。

由于本书的目的是挖掘服务补救后顾客感知的变化路径，因此将服务失败和服务补救策略纳入实验设计中的情境部分，即引导被试阅读服务失败和补救策略的背景材料，然后被试对自身的各类主观感知变量和情绪变量进行打分。本书在失败情境上有多种水平，在补救策略上也有多种水平，因而是典型的多因子实验设计。

多因子情境实验常用的设计方法有完全随机设计、随机区组设计、分割区重复设计等方法（张厚粲，2008）。为了保证本实验的有效性并避免共同方法偏差的影响，本书采取了完全随机的实验设计。本书有 6 种失败情境，8 种补救策略，共同组成了 6（失败情境）×8（补救策略）个实验单元。具体实验方法是邀请一个被试只参与 48 个单元中的 1 个单元，即邀请被试随机参与一种失败情境下一种补救策略的情境，对这种情境下的感知公平、感知善意、感知“得面子”、情绪及满意等变量进行打分。因此，有序、高效的分组是本书的难点，同时还要邀请到足够数量的被试分别进入 48 组之中的一组，这也提高了实验的难度。完全随机分组是按照表 4－16 的思路进行，本书依据完全随机的原则，严格控制一个被试仅参与到 48 个单元中的 1 个单元，不再接受其他的实验单元。

表 4－16　实验模式的例示表

	策略 1	策略 2	策略 3	……
失败情境 1	被试 1	被试 2	被试 3	……
失败情境 2	被试 5	被试 6	被试 7	……
失败情境 3	被试 9	被试 10	被试 11	……
⋮	⋮	⋮	⋮	⋮
⋮	⋮	⋮	⋮	⋮
⋮	⋮	⋮	⋮	⋮

在被试的选择上，本书以山东省企事业单位员工为主要样本。商务出差、旅游以及探亲等活动使大多数被试均有入驻经济型酒店的经历，因而所选样本对模拟情境中的行业和服务情境均是较为熟悉的，容易融入模拟情境之中。

正式实验分为两部分，前一轮是预测试，预测的目的是：（1）对实验情境的编撰（语言、情节、逻辑、真实性）进行验证，不当之处要进一步修改；（2）部分量表都是以英文撰写的，为确保各量表正确地应用在以中国为背景的研究中，本书邀请了英文专业的学生将条目翻译成中文，并邀请一个英文较好的管理系博士生学生再翻译成英文，因此预测试主要是对量表表达的修正。预测试在山东一家大型国有企业集团的三个下属公司进行，分别邀请了 20 名、23 名和 18 名被试参与，共回收有效问卷58 份。根据在现场的反馈意见及问卷打分情况，对问卷的表述、逻辑及情境的合理性进行了修正。

由于本实验的设计较为复杂，需要较大样本数据，因此正式实施中覆盖的人员是十分广泛的。在被试的选择上，一是邀请了山东省内四所大学的 8 个 MBA 班的学员参与实验；二是利用山东五家国有企业组织培训、内部讨论以及员工动员会等会的各类机会，在议间隙，邀请企业的员工参与实验；三是在山东的六家事业单位员工中开展实验，在各单位内部均组织了多场实验，邀请了多组工作人员于会议室内参与实验。同时，作者还邀请了 2 名企业管理专业的硕士研究生作为助手，并对这两位协助人员进行了知识和技能相关培训。本次的大范围实验持续了 4 个月的时间，从 2014 年 5 月至 2014 年 9 月，共发放了 850 份问卷，回收了 780 份问卷，回收率为 91.7%。在回收的 780 份问卷中，剔除了多项漏填、答案趋同等无效问卷时，最终有效问卷为 764 份。在实验过程中，保持周围环境安静，并保证一份问卷只能发放一人。作者及研究助手一直在旁，随时准备解答问题，以保证问卷的质量。

具体问卷的结构分为如下几个部分：

第一部分是卷首语，包括调研目的和调研结果的用途等常规陈述。

第二部分被试状态测试问题。一是测试被试融入状态的测项，包含“这是在经济型酒店发生的一个小故事，您能把自己想象成故事的主人公吗？”此外，还考察了被试对经济型酒店的熟悉程度，问项是“您是否入驻过经济型酒店？”。

第三部分是宽恕倾向与面子意识的量表。

第四部分是遭遇的服务失败场景以及酒店采取的服务补救策略。

第五部分是模型中各变量的测试（包括感知公平、感知“得面子”、感知善意、补救正面情绪、补救满意、重购意愿、正面口碑、负面口碑）。

第六部分是被试人口特征，包括性别、年龄、学历、工作单位、月均可支配收入等。

问卷的测项均采用李科特 7 分量表进行检测。

本书涉及的调查问卷共 48 种，除了第四部分外，每种问卷其他部分均是相同的，即都要对被试的宽恕倾向、面子意识及各变量进行测量，只是每个被试看到的实验情境（酒店失败情境和酒店补救策略）不同而已。这样保证了 48 组被试从实验情境中感受到的公平、善意等均是不同的，从而可以更全面地验证本书的影响路径。

第四节

本章小结

本章是承前启后的重要一章。在文献回顾的基础上，本书旨在进行正式实验前的前期探索研究，对本书的理论模型的合理性进行初步检验。本章共涵盖两轮访谈调研和一轮小范围的问卷测试。通过这些前期研究，初步确认了消费者在服务失败和补救环节中存在面子“失”和“得”的感受，在服务补救环节中，消费者也能体会到犯错企业积极努力补救的善意，从而滋生感知善意的体会。同时，通过这些前期探索研究，也确认了补救后的正面情绪确实也会存在，当消费者对企业的补救措施感到满意时，会产生重购和口碑意向。

除此之外，本章还通过对一线经营管理人员的访谈、问卷测试，并结合文献研究，对消费者认可的经济型酒店的补救策略进行了深入的探讨，确定了正式实验情境中使用的补救策略。

再者，本章对变量测量和实验设计（失败情境设计、补救策略设计、控制变量处理及实验流程和方法）均做出了详细阐释。各变量的测量量表均来自国内外的权威文献，并结合了这两轮访谈、问卷等前期研究的一些发现。为了使实验情境（失败情境和策略情境）更为具体和贴近现实情况，本章在综合考量现有文献成果的基础上，更深入咨询了一线的管理人员和一些消费者的意见，并采用小范围的问卷测试加以了验证，因此正式实验中的补救策略具有较强的代表性。

本章的重点之一是详细阐释实验设计。正式实验历经近5个多月，深入了山东多家学校、企业和事业单位，利用会议、培训、活动等各类机会，实地取得调查的样本，作者并在实验现场进行引导和控制，保证了实验的效度。同时，本书采取完全随机实验的方法取样，设计了48个实验情境（6种失败情境×8种补救策略），被试将随机进入其中一个情境进行做答，共获得48组不同情境下的问卷。被试将在阅读了某种失败情景下的某种补救策略后，依次针对感知公平、感知“得面子”、感知善意、情绪、补救满意、行为意向等变量进行回答。这样设计的目的在于最大限度地保证能多层次、多角度观察模型中各变量之间的波动情况，从而全面验证变量与变量之间的关系，使本书的结论具有更高的普适性。

第五章

顾客感知公平对补救效果的实证分析

第一节 数据质量分析

一、数据正态性分析

本书以实验进行大样本取样，使用结构方程和回归等手段处理数据。使用结构方程的前提是样本数据分布符合正态分布。在通常情况下，使用结构方程以前，要使用 SPSS 统计软件计算一下样本数据的峰度和偏度情况。当样本数据的偏度系数绝对值小于 3，同时峰度系数绝对值情况小于 8 时，可以认为研究使用的样本数据是符合正态分布的，若不满足上述条件，数据则要做进一步的处理。本书使用 SPSS 版本中较高的 22.0 版本，对理论模型中涉及的变量都进行了偏度和峰度检验，结果表明偏度的绝对值范围是在 3 以内的，峰度系数的绝对值范围也是在 8 以内的，因此通过此类计算可以得出结论，即每一个变量偏度和峰度系数是符合正态分布的，取样的数据可以做进一步的分析，见表 5－1。

表 5－1　　题项的描述性统计

题项	极小值	极大值	均值	标准差	偏度	峰度
DISJ1	1.00	7.00	5.756	1.302	－0.912	1.324
DISJ2	1.00	7.00	5.514	1.387	－0.960	1.046
DISJ3	1.00	7.00	5.087	1.595	－0.817	－0.184

续表

题项	极小值	极大值	均值	标准差	偏度	峰度
DISJ4	1.00	7.00	5.268	1.412	-0.825	0.049
PREJ1	1.00	7.00	5.206	1.399	-0.647	-0.124
PREJ2	1.00	7.00	5.0235	1.370	-0.539	-0.170
PREJ3	1.00	7.00	4.821	1.495	-0.413	-0.454
INTJ1	1.00	7.00	5.126	1.391	-0.712	-0.007
INTJ2	1.00	7.00	5.086	1.354	-0.409	-0.633
INTJ3	1.00	7.00	5.042	1.293	-0.524	-0.348
INTJ4	1.00	7.00	4.908	1.355	-0.334	-0.485
INTJ5	1.00	7.00	4.791	1.417	-0.532	-0.489
BEN1	1.00	7.00	4.967	1.405	-0.478	-0.318
BEN2	1.00	7.00	5.267	1.275	-0.724	0.039
BEN3	1.00	7.00	4.753	1.403	-0.309	-0.440
BEN4	1.00	7.00	5.194	1.285	-0.635	-0.031
BEN5	1.00	7.00	4.880	1.327	-0.422	-0.228
BEN6	1.00	7.00	4.997	1.339	-0.591	0.072
BEN7	1.00	7.00	4.978	1.258	-0.523	0.153
BEN8	1.00	7.00	4.936	1.176	-0.555	0.254
FAC1	1.00	7.00	4.671	1.356	-0.468	-0.059
FAC2	1.00	7.00	4.331	1.368	-0.182	-0.460
FAC3	1.00	7.00	4.368	1.308	-0.186	-0.194
FAC4	1.00	7.00	3.892	1.447	-0.035	-0.416
FAC5	1.00	7.00	4.194	1.355	-0.181	-0.316
EMO1	1.00	7.00	4.406	1.486	-0.283	-0.545
EMO2	1.00	7.00	4.748	1.440	-0.545	-0.342
EMO3	1.00	7.00	4.443	1.495	-0.300	-0.500
EMO4	1.00	7.00	4.382	1.528	-0.178	-0.540
SAT1	1.00	7.00	3.446	1.572	0.319	-0.772
SAT2	1.00	7.00	3.178	1.500	0.496	-0.542
SAT3	1.00	7.00	3.098	1.498	0.531	-0.495
REV1	1.00	7.00	3.314	1.536	0.435	-0.598
REV2	1.00	7.00	4.589	1.401	-0.416	-0.368

续表

题项	极小值	极大值	均值	标准差	偏度	峰度
REV3	1.00	7.00	4.354	1.413	-0.234	-0.467
PWO1	1.00	7.00	5.007	1.307	-0.691	0.219
PWO2	1.00	7.00	4.347	1.449	-0.183	-0.609
PWO3	1.00	7.00	3.894	1.453	0.060	-0.367
NWO1	1.00	7.00	3.368	1.491	0.194	-0.808
NWO2	1.00	7.00	3.396	1.246	0.231	-0.698
NWO3	1.00	7.00	3.901	1.296	-0.071	-0.624
FOR1	1.00	7.00	3.842	1.295	-0.025	-1.102
FOR2	1.00	7.00	3.779	1.115	0.135	-0.881
FOR3	1.00	7.00	4.800	1.201	-0.493	-0.551
FOR4	1.00	7.00	3.539	1.582	0.236	-0.683
FAN1	1.00	7.00	4.640	1.377	-0.355	-0.742
FAN2	1.00	7.00	4.150	1.252	-0.015	-0.802
FAN3	1.00	7.00	4.392	1.341	-0.24	-0.748
FAN4	1.00	7.00	4.561	1.223	-0.447	-0.389

注：在题项代码中，DISJ 表示分配公平，PREJ 表示程序公平，INTJ 表示互动公平，BEN 表示感知善意，FAC 表示感知“得面子”，EMO 表示正面情绪，SAT 表示补救满意，REV 表示重购意愿，PWO 表示正面口碑，NWO 表示负面口碑，FOR 表示宽恕倾向，FAN 表示面子意识。表是 SPSS 输出结果。

二、数据描述性统计分析

（1）样本成员的性别分布。

本书共收到有效样本 764 份，男性样本 398 份，女性样本 366 份，性别比例基本上持平，如表 5-2 所示。

表 5-2　　性别分布

	频率	百分比	累计百分比
男性	398	52.1%	52.1%
女性	366	47.9%	100.0%
总计	764	100.0%	

（2）样本成员的年龄分布。

从年龄分布来看，21～30岁人群占据多数，其次是31～40岁这个年龄阶段，40岁以上的人有166人。整体来看，40岁以下的人群是入驻经济型酒店的“主力军”，因公出差或个人旅游成为选择经济型酒店的主要原因。40岁以上人群多步入事业的上升期，对于酒店的选择范围则更为宽泛，占据比例也较小，因此本书样本的年龄结构较为合理，如表5－3所示。

表5－3　　年龄分布

	频率	百分比	累计百分比
21～30岁	366	47.9%	47.9%
31～40岁	232	30.3%	78.2%
>40岁	166	21.7%	100.0%
总计	764	100.0%	100.0%

（3）受教育情况统计。

从样本在教育各个阶段的分布看，大专学历及以下的有102人，样本占据比重最多的是本科学历，比例达到57.8%，硕士学历有212人，博士学历的有8人，如表5－4所示。

表5－4　　受教育程度的分布

	频率	百分比	累计百分比
大专以下	102	13.3%	13.3%
本科	442	57.8%	71.1%
硕士	212	27.7%	98.8%
博士	8	1.0%	100.0%
总计	764	100.0%	100.0%

（4）样本成员的职业分布。

从样本成员的职业分布上看，集中于公司员工、公务员及事业单位人员，比例分别为58.4%和41.6%，均有实际工作经验，如表5－5所示。

表5－5　职业分布

	频率	百分比	累计百分比
公司职员	446	58.4%	58.4%
公务员及事业单位	318	41.6%	100.0%
总计	764	100.0%	100.0%

（5）可支配收入情况统计。

纳入实验范围的被试其月可支配收入分布较为清晰，2000～5000元的被试人群占据了近70%的比重，20%的人群收入高于5000元，收入小于2000元的被试占据比例较少。

表5－6　可支配收入分布

	频率	百分比	累计百分比
≤2000元	78	10.2%	10.2%
2000～3000元	288	37.7%	47.9%
3001～5000元	244	32.0%	79.9%
≥5000元	154	20.1%	100.0%
总计	764	100.0%	100.0%

（6）样本成员入驻经济型酒店经历。

在样本中被试的反馈中，本书发现92.0%的消费者有过入驻经济型酒店的经历；因“旅行或出差经常入驻经济型酒店”的被试比例为36.9%，偶尔入驻的比例为55.1%。样本成员绝大部分有实际的入驻经历，因此较容易融入本书的设计场景。

此外，90%以上的被试对融入情境问项（这是在经济型酒店发生的一个小故事，您能把自己想象成故事的主人公吗），选择了能融入这个选项，说明了被试对经济型酒店的熟悉程度很高，对问卷测试这种调查形式较为熟悉。

三、探索性因子分析

探索性因子分析测项的合理性和分布，主要是通过极大旋转抽取出主成分，使用SPSS22.0对测项进行探索分析。分析之前，分别进行KMO和Bartlett检验。

（1）对分配公平、程序公平和互动公平进行探索性因子分析，KMO 和 Bartlett 球形检验结果见表 5－7。

表 5－7　　KMO 和 Bartlett 检验

取样足够度的 Kaiser-Meyer-Olkin 度量	0.941
Bartlett 的球形度检验　近似卡方	2623.545
df	66
Sig.	0.000

从表 5－7 中可以看出，KMO 值为 0.941，显著性概率为 $p=0.000<0.001$，适合做因子分析。

解释总方差如表 5－8 所示。

表 5－8　　解释总方差

成分	初始特征值			提取平方和载入			旋转平方和载入		
	合计	方差的%	累积%	合计	方差的%	累积%	合计	方差的%	累积%
1	6.281	52.339	52.339	6.281	52.339	52.339	3.810	31.746	31.746
2	0.975	8.122	60.461	0.975	8.122	60.461	3.165	26.371	58.117
3	0.817	6.810	67.271	0.817	6.810	67.271	1.098	9.154	67.271

对感知公平这个变量的数据用主成分分析法进行提取，以特征根的值大于 1 作为因子作为主因子，同时使用方差最大正交旋转，一共提取了 3 个因子，如表 5－9 所示。

表 5－9　　感知公平旋转的成分矩阵

	因　子		
	1	2	3
DIST1	0.400	0.722	0.131
DIST2	0.387	0.776	0.117
DIST3	0.408	0.728	0.140
DIST4	0.212	0.822	0.033
PREJ1	0.621	0.373	－0.002
PREJ2	0.665	0.404	0.004

续表

	因子		
	1	2	3
PREJ3	0.762	0.226	0.095
INTJ1	-0.152	0.451	0.652
INTJ2	0.122	0.254	0.750
INTJ3	0.188	0.298	0.704
INTJ4	0.241	0.335	0.727
INTJ5	0.145	0.107	0.952

（2）对感知善意和感知“得面子”进行探索性因子分析，KMO 和 Bartlett 球形检验结果及因子分析结果见表 5-10。

表 5-10　　KMO 和 Bartlett 检验

取样足够度的 Kaiser-Meyer-Olkin 度量	0.919
Bartlett 的球形度检验　近似卡方	4366.522
df	78
Sig.	0.000

从表 5-10 中可以看出，KMO 值为 0.919，显著性概率为 $p=0.000<0.001$，适合进行因子分析。

解释总方差如表 5-11 所示。

表 5-11　　解释总方差

成分	初始特征值			提取平方和载入			旋转平方和载入		
	合计	方差的%	累积%	合计	方差的%	累积%	合计	方差的%	累积%
1	7.282	56.015	56.015	7.282	56.015	56.015	4.887	37.595	37.595
2	1.716	13.200	69.215	1.716	13.200	69.215	4.111	31.620	69.215

对感知“得面子”与感知善意的数据用主成分分析法进行提取，以特征根的值大于 1 的作为因子，同时使用方差最大正交旋转，一共提取了 2 个因子，如表 5-12 所示。

表 5 - 12　　旋转成分矩阵

	因子	
	1	2
BEN1	0.705	-0.266
BEN2	0.792	-0.239
BEN3	0.795	-0.187
BEN4	0.787	-0.130
BEN5	0.761	-0.120
BEN6	0.696	-0.382
BEN7	0.604	-0.475
BEN8	0.650	-0.510
FAC1	-0.480	0.752
FAC2	-0.268	0.842
FAC3	-0.229	0.898
FAC4	-0.191	0.895
FAC5	-0.277	0.860

（3）对补救满意和补救正面情绪进行探索性的因子分析，KMO 和 Bartlett 球形检验结果及因子分析结果如表 5 - 13 所示。

表 5 - 13　　KMO 和 Bartlett 检验

取样足够度的 Kaiser-Meyer-Olkin 度量	0.860
Bartlett 的球形度检验　近似卡方	1845.602
df	0.21
Sig.	0.000

从表 5 - 13 中可以看出，KMO 值为 0.860，显著性概率为 $p = 0.000 < 0.001$，适合做因子分析。

解释总方差如表 5 - 14 所示。

表 5 - 14　　解释总方差

成分	初始特征值			提取平方和载入			旋转平方和载入		
	合计	方差的%	累积%	合计	方差的%	累积%	合计	方差的%	累积%
1	4.366	62.368	62.368	4.366	62.368	62.368	3.248	46.394	46.394
2	0.939	13.419	75.786	0.939	13.419	75.786	2.057	29.392	75.786

对收集到的数据用主成分分析法进行提取，以特征根的值大于1作为因子，同时使用方差最大正交旋转，一共提取了2个因子，如表5－15所示。

表5－15 旋转成分矩阵

	因子	
	1	2
EMO1	0.791	－0.332
EMO2	0.833	－0.215
EMO3	0.796	－0.193
EMO4	0.762	－0.380
SAT1	－0.254	0.734
SAT2	－0.266	0.922
SAT3	－0.322	0.897

（4）对消费者行为意向变量进行探索性因子分析，KMO和Bartlett球形检验结果及因子分析结果如表5－16所示。

表5－16 KMO和Bartlett检验

取样足够度的Kaiser-Meyer-Olkin度量		0.691
Bartlett的球形度检验	近似卡方	394.384
	df	36
	Sig.	0.000

从表5－16中可以发现，KMO值为0.691，显著性概率为 $p = 0.000 < 0.001$，适合做因子分析。

解释总方差如表5－17所示。

表5－17 解释总方差

成分	初始特征值			提取平方和载入			旋转平方和载入		
	合计	方差的%	累积%	合计	方差的%	累积%	合计	方差的%	累积%
1	2.248	34.974	34.974	2.248	34.974	34.974	1.904	31.150	31.150
2	1.458	26.202	61.176	1.458	26.202	61.176	1.605	27.829	58.979
3	1.029	14.435	75.611	1.029	14.435	75.611	1.227	16.633	75.612

对消费者行为意向变量的数据采用主成分分析法，以特征根的值大于 1 作为因子，并运用了方差最大正交旋转，提取了 3 个因子，如表 5－18 所示。

表 5－18　旋转成分矩阵

	因　子		
	1	2	3
REV1	0. 711	0. 022	0. 221
REV2	0. 753	0. 059	－0. 093
REV3	0. 578	－0. 256	－0. 361
PWO1	0. 004	0. 110	719
PWO2	－0. 348	－0. 034	0. 586
PWO3	0. 020	－0. 085	0. 684
NWO1	－0. 255	0. 623	0. 238
NWO2	0. 155	0. 691	0. 005
NWO3	－0. 514	0. 433	－0. 080

通过探索性因子分析可以看出，各个题项的因子载荷值均大于 0. 5，且分割比较合理，也表明通过采用成熟文献的量表所得的调查问卷结构较为合理。

四、数据的信度检验

信度是测验分数的特性或测量的结果，是验证测项分数可信度的有效手段。信度可分为内在信度和外在信度，外在信度是在不同时间测量量表时，量表的一致性程度。内在信度是衡量每一个量表是否测量同一概念。本书并没有进行多时间点的复测，因此主要考察内部信度，Cronbach's α 系数是主要的考察手段。

用 SPSS22. 0 软件对各个变量信度进行了计算，除正面口碑和面子意识稍低外，所有变量的 Cronbach's α 值均超过 0. 7，各变量的信度情况良好，详见表 5－19。

表 5－19　变量信度检验

变　量	测项数	Cronbach's α
分配公平（DISJ）	4	0. 872
程序公平（PREJ）	3	0. 778

续表

变　　量	测项数	Cronbach's α
互动公平（INTJ）	5	0.750
感知“得面子”（FAC）	5	0.742
感知善意（BEN）	8	0.909
正面情绪（EMO）	4	0.878
补救满意（SAT）	3	0.715
重购意愿（REV）	3	0.756
正面口碑（PWO）	3	0.686
负面口碑（NOW）	3	0.738
宽恕倾向（FOR）	4	0.787
面子意识（FAN）	4	0.675

五、数据的效度检验

1. 内容效度的检验

内容效度的目的是检测量表中的各测项是否有效、真实地反映变量含义。做法上一是可以采用逻辑分析，二是请这个研究领域的专家进行分析和解读，看看测项是否真实地反映变量。本书中各变量的测项均来自服务补救领域的经典文献，且均是这些经典文献的成熟量表，从而保证了量表的测项具有较好的内容效度。

2. 结构效度的检验

结构效度一般通过收敛效度和区别效度来进行测量，本书用 Pearson 相关系数来进行检验。各变量的测项是否既能有效的收敛，同时又保证一定的区分效度，可通过每个潜变量的平均变异数据抽取值，即（average variance extracted，AVE）来衡量（Fornell，1981）。具体衡量标准是：AVE 的绝对值大于 0.5，同时 AVE 的平方根要大于表 5－20 中各个变量之间的 Pearson 相关系数。如果满足这个条件，则可认定收到的问卷中的测项具有良好的收敛效度和区别效度。反之，则无法进行此项判定。

表 5－20　　变量间相关系数与 AVE Pearson 相关性检验

变　量	1	2	3	4	5	6	7	8	9	10
分配公平	0.677									
程序公平	0.586**	0.667								
互动公平	0.591**	0.637**	0.774							
感知善意	0.563**	0.571**	0.734**	0.684						
感知“得面子”	0.399**	0.398**	0.494**	0.521**	0.683					
正面情绪	0.489**	0.473**	0.604**	0.586**	0.681**	0.844				
补救满意	0.568**	0.516**	0.658**	0.613**	0.555**	0.538**	0.633			
重购意愿	0.371**	0.391**	0.533**	0.563**	0.535**	0.664**	0.532**	0.774		
正面口碑	0.351**	0.378**	0.538**	0.565**	0.546**	0.648**	0.623**	0.716**	0.744	
负面口碑	-0.308**	-0.315**	-0.452**	-0.410**	-0.338**	-0.428**	-0.490**	-0.551**	-0.502**	0.654

注：** 表示（双测）置信度在 $p<0.01$ 的水平上显著。表格的对角线上数字以及下方的数字均是各变量的 AVE 值，对角线下方为相关系数矩阵。

从表 5－20 中发现，位于对角线位置（下方划线）的数字均大于其下方 Pearson 相关系数的值，这充分说明本书问卷中涉及的各测项收敛效度和区别效度较好。

第二节

模型分析

本书使用的 LISREL 模型为 8.70 版本，用这个版本来构建结构方程模型。同时，利用最大似然估计对本书中的模型，即理论模型的主体部分（去除调节效应部分）进行相应的运算，从而发现变量间的影响方向和模型中的标准化路径系数，如表 5－21 所示。

表 5－21　　结构方程模型的拟合指数

CMNI	df	CMNI/df	P	NFI	IFI	GFI	AGFI	CFI	RMSEA
457.21	153	2.95	0.000	0.98	0.98	0.90	0.86	0.98	0.072

根据LISREL8.7输出的结果，将模型中各个变量之间的标准化估值（β）和T值做出如下整理，具体见表5－22。

表5－22 标准化系数估计值

影响关系	标准化估计值（β）	T值
分配公平——→感知善意	0.15*	2.08
程序公平——→感知善意	0.18	0.55
互动公平——→感知善意	0.04***	10.86
分配公平——→感知“得面子”	-0.00*	1.97
程序公平——→感知“得面子”	0.78	-0.04
互动公平——→感知“得面子”	0.50***	5.76
感知善意——→正面情绪	0.14***	6.14
感知善意——→补救满意	0.33***	6.45
感知“得面子”——→正面情绪	0.59***	9.95
感知“得面子”——→补救满意	0.03	0.44
正面情绪——→补救满意	0.57***	7.78
补救满意——→重购意愿	0.95***	23.29
补救满意——→正面口碑	0.91***	22.44
补救满意——→负面口碑	-0.69***	-14.83

注：*、**、***分别表示在0.05、0.01、0.001水平上显著性。

在具体操作方式上，本书对各个变量的测项进行了处理。根据国内外学者的一些研究思路，如果一个概念的计量尺度分为若干个维度，每个维度又有较多测项来衡量，可以把每个维度的测项值之和或是均值作为这个维度的计量手段。汪纯孝等（2003）提出，为提高指标的信度和效度，同时为减少结构方程模型中待估计参数的数量，不建议直接用各个题项的评分做变量指标，可以使用一定的计量尺度来计算。因而，本书将主要路径中设计的10个变量、45个测项打包成20了个计量尺度。每个维度的测项打包和减少为两个计量指标（如果有三个测项，第1个测项独立，后两个取均值；如果有四个测项，两两合并取均值，以此类推）。

根据LISREL 8.7输出的结果，得到了非常有趣的结论。从标准化估值（β）和T值中发现，感知公平三个维度中的程序公平对感知善意和感知“得面子”的影响都没有通过显著性检验，也就是说，补救流程的及时性未对消费者面子感和善意感造成影响。同时，感知“得面子”与补救满意之间的影响作用也未通过检验，说明感知“得面子”无法直接带来补救满意。除此之外，本书的其他研究假设均得到了通过。

同时，进一步比较T值可发现（见表5－22），互动公平对消费者感知善意（β＝0.04***，T＝10.86）与感知“得面子”（β＝0.50***，T＝5.76）的影响作用比其他两个维度（程序公平和分配公平）更为显著，也就是说，亲切真挚的人际互动是激发面子感知和善意感知的最有效手段。此外，感知善意对消费者补救情绪和补救满意均有显著影响，说明当消费者感受到企业的补救诚意和积极补救努力时，会对企业产生较为正面的认识，从而产生积极情绪和补救满意。面子的影响机制与感知善意却不同，感知“得面子”会激发消费者补救正面情绪（β＝0.59***，T＝9.95）的产生，但却无法直接带来补救满意的提升（β＝0.03，T＝0.44）。在补救效果方面，补救满意对消费者行为意向，如重购意愿（β＝0.95***，T＝23.29）和正面口碑（β＝0.91***，T＝22.44）均有强烈的影响作用，对负面口碑也有显著的负作用（β＝－0.69***，T＝－14.83），可见补救满意是影响补救行为意向的重要变量。本书将上述结论绘制成模型的拟合结果，如图5－1所示。

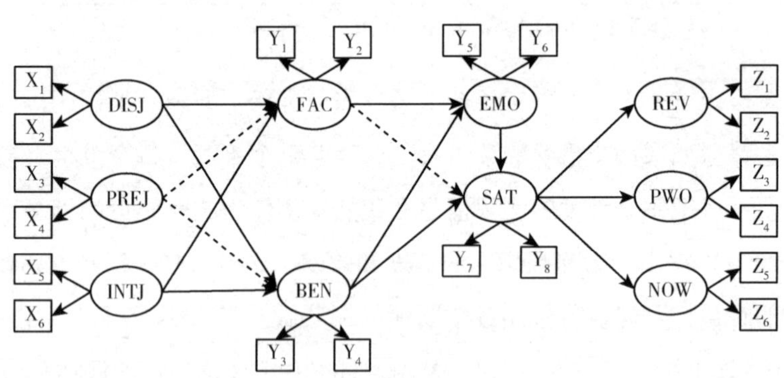

图5－1　研究模型的拟合结果

注：DIST＝分配公平，PREJ＝程序公平，INTJ＝互动公平，FAC＝感知“得面子”，BEN＝感知善意，EMO＝正面情绪，SAT＝补救满意，REV＝重购意愿，PWO＝正面口碑，NOW＝负面口碑

——→通过检验　－－→未通过检验

通过LISREL 8.7的计算，对本书的研究假设进行了验证。除少数假设外，

大部分的假设均通过了检验。为更全面、严谨地验证本书的假设，同时也为了对各影响机制的作用方式进行深入地挖掘，更好地观察模型的拟合情况，本书进一步比较了变量间的间接效应和总效应（见表5－23和表5－24）。

表5－23　　总效应表

	上：标准化估计值/下：T值						
	分配公平	程序公平	互动公平	感知善意	感知“得面子”	正面情绪	补救满意
感知善意	0.15 2.08	0.04 0.55	0.78 10.86				
感知“得面子”	0.18 1.97	0.00 －0.04	0.51 5.76				
正面情绪	0.15 2.48	0.01 0.18	0.55 8.63	0.33 6.14	0.59 9.95		
补救满意	0.14 2.69	0.02 0.37	0.59 9.84	0.52 9.10	0.37 6.48	0.57 7.78	
重购意愿	0.13 2.70	0.02 0.37	0.55 10.02	0.49 9.24	0.34 6.53	0.53 7.87	0.94 23.29
正面口碑	0.13 2.69	0.02 0.37	0.54 9.94	0.47 9.18	0.33 6.51	0.52 7.83	0.91 22.44
负面口碑	－0.10 －2.67	－0.01 －0.37	－0.40 －8.87	－0.35 －8.32	－0.25 －6.18	－0.39 －7.27	－0.68 －14.83

表5－24　　间接效应表

	上：标准化估计值/下：T值						
	分配公平	程序公平	互动公平	感知善意	感知“得面子”	正面情绪	补救满意
感知善意	—	—	—				
感知“得面子”	—	—	—				
正面情绪	0.15 2.48	0.01 0.18	0.55 8.63	—	—		
补救满意	0.14 2.69	0.02 0.37	0.59 9.84	0.19 5.03	0.34 6.08	—	

续表

	上：标准化估计值/下：T值						
	分配公平	程序公平	互动公平	感知善意	感知“得面子”	正面情绪	补救满意
重购意愿	0.13 2.70	0.02 0.37	0.55 10.02	0.49 9.24	0.34 6.53	0.53 7.87	—
正面口碑	0.13 2.69	0.02 0.37	0.54 9.94	0.47 9.18	0.33 6.51	0.52 7.83	—
负面口碑	-0.10 -2.67	-0.01 -0.37	-0.40 -8.87	-0.35 -8.32	-0.25 -6.18	-0.39 -7.27	—

通过上述两个表中直接效应和间接效应的比较，可以清晰地得到几个发现：

一是当感知善意和感知“得面子”纳入模型时，感知公平（分配公平、程序公平和互动公平）与补救情绪、与补救满意及与消费者行为意向变量（重购意愿、正面口碑、负面口碑）之间不存在直接效应，而主要是间接效应。这说明感知公平通过影响感知善意与感知“得面子”，进而影响补救情绪、满意及后续行为意向变量，也就是说，感知善意和感知“得面子”是感知公平（分配公平、程序公平和互动公平）与后续变量的中介变量。

二是感知“得面子”的影响机理与感知善意的影响机理不同。感知善意与补救满意间既存在间接效应，又存在直接效应，说明感知善意既可以直接影响补救满意，又可以通过情绪的变化影响补救满意。感知“得面子”与补救满意间也存在着间接效应和直接效应，但直接效应十分微弱，总效应主要是间接效应，这说明感知“得面子”与补救满意之间没有直接影响，是通过情绪这个中介变量来实现。

三是补救正面情绪与消费者行为意向变量（重购意愿、正面口碑、负面口碑）间主要是间接效应。补救情绪通过影响补救满意进而影响消费者行为意向，也就是说，补救满意是补救情绪与消费者行为意向间的中介变量。

四是补救满意是影响消费者补救后行为意向的最直接变量。

第三节 竞争模型分析

一、竞争模型一

Schoefer 和 Ennew（2005）依据情绪的认知评价理论，认为情绪来自公平范式的认知评价，Schoefer 证实感知公平是消费者情绪变化的重要认知因素，能解释消费者在感受到企业补救后的情绪变化。Chebat 和 Slusarczyk 基于公平理论和情感控制理论，在 2005 年的研究中重点探讨了感知公平与情绪间的影响机制，发现由结果补救激发的分配公平及人际接触激发的交互公平会对情绪产生直接影响，程序公平对正面情绪的产生没有影响。Chebat 还提到公平感知可以通过消费者情绪的变化，进而能影响到顾客忠诚。Del Rio-Lanza 等在 2009 年提出程序公平对消费者在补救过程中产生的负面情绪有显著影响的。张初兵（2014）的研究提出，正面情绪的强度与分配公平和程序公平的感知程度是息息相关的，同时，分配公平和程序公平通过影响情绪，间接地影响消费者的行为意向。Kuo 和 Wu（2012）的研究提出，互动公平对补救情绪的产生不发挥显著作用。总起来看，感知公平越高，消费者在补救中体会到的积极情绪，如愉悦、舒畅等就会越高，负面情绪也会降低。然而以往研究对感知公平的三个构面对补救情绪的影响尚未有定论。此外，Clemmer 和 Sehneider 在 1996 年对消费者补救满意与分配公平、程序公平、互动公平之间的影响机制进行了探讨，他们发现这三个维度均对顾客的总体满意有影响。Tax 和 Brown（1998）的研究发现，分配公平、程序公平、互动公平与补救满意度均呈正相关，且分配公平、程序公平与互动公平之间的交互效应与补救满意度呈正相关。

已有文献虽然对感知公平与情绪和补救满意的影响机理做了相关研究，但却无法达成共识。本书认同感知公平与补救情绪及补救满意是有关系的，但本书认为它们之间不是以直接影响的关系存在，也就是说，消费者产生感知公平后，不一定必然产生补救满意和相应的积极情绪。为了更全面、科学地验证本书模型的结论，在其他变量间关系不变的前提下，增加“感知公平—补救后正面情绪”以及“感知公平—补救满意”这两条路径，构成了竞争模型一（见图5-2）。

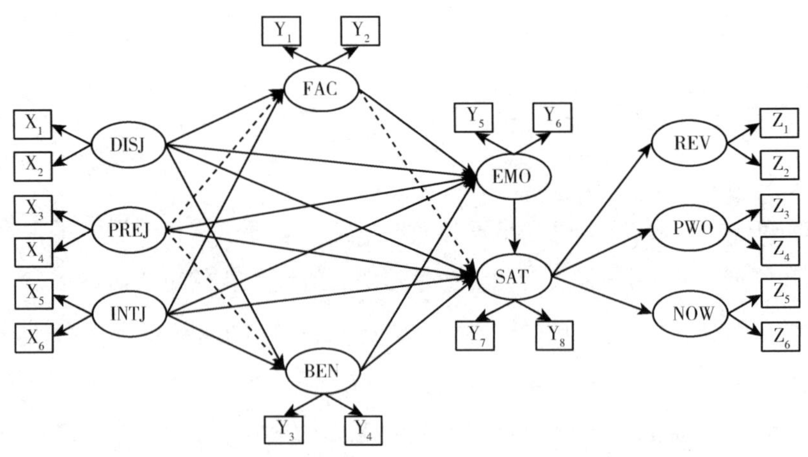

图5-2　竞争模型一

二、竞争模型二

已有研究指出，消费者满意是消费者对具体交易或者服务进行主观判断的“反应器”，但已有研究却对消费者满意是否是导致消费者行为变化的唯一前提条件达成一致意见。为了发掘对消费者行为意向带来影响的其他变量，部分学者做了一些相关研究。李东进（2009）提出，面子是一个独特变量，它独立于个体的态度变量，也独立于判断的主观规范，面子能对行为意向，尤其是中国消费者的行为意向带来直接的影响。宋晓兵（2012）在中、美两国消费者的跨文化背景下，检验了感知面子对行为意向的影响机理。他指出，中国消费者的感知面子对行为意向能产生直接影响，美国消费者的感知面子则不同，美国消费者感知面子对行为意向的影响要通过主观规范这个变量来实现。感知善意与消费者行为意向之间的影响关系研究几乎是空白，但本书基于中国消费者个性特质的分析及前期探索研究中的普遍反馈，有理由相信，当消费者感受到企业的补救善意时，会激发消费者产生正向口碑传播意愿和重购等意愿。因此，考虑到感知面子的现有研究成果以及进一步挖掘感知善意对行为意向的影响，在不改变原有模型中路径的前提下，增添“感知‘得面子’—消费者行为意向”与“感知善意—消费者行为意向”的路径，视为竞争模型二（见图5-3）。

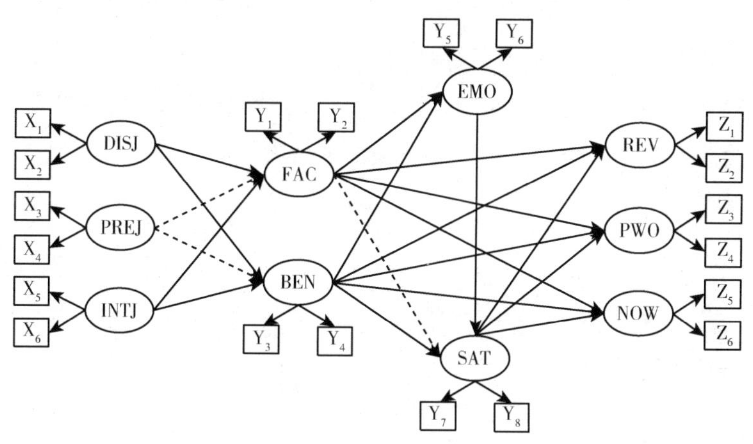

图5-3　竞争模型二

三、竞争模型三

认知、情感两种个体的心理成分均会导致顾客行为的改变，个体行为会受到复杂情绪的影响，消费行为亦是如此。Oliver（1997）发现了消费情绪与重购意向之间的关系。Nyer（2000）的研究指出，正面的消费情绪对消费者重购意愿和口碑意愿有显著的正向影响。Grace 和 O'Cass（2004）以零售业为研究对象，提出重购意向会受到顾客满意及顾客在消费过程中情绪因素的影响。呈现积极情绪的消费者会倾向于与企业保持合作关系并向他的朋友和熟人进行推荐（Reichheld，2003），表现出较高的忠诚度。Schoefer 和 Ennew（2005）专门针对服务补救的情境，提出了消费者经历的情绪变化会对其行为意向有一定影响。Keeffe 和 Russell-Bennett（2007）将补救领域中的正面情绪和负面情绪分别进行了量化，并揭示了消费者情绪与满意、后续行为意向的关系。张圣亮等在2009年和2011年分别就补救情绪与行为意向的关系进行了一些研究，他们的研究结论指出，消费者的积极情绪会正向影响口碑传播及重复购买意向，消极情绪则会带来负向影响。此外，他们还发现服务补救方式的差异会导致情绪的变化，主动补救和被动补救可以激发不同种类的情绪。

不可否认，消费者情绪作为一种强烈的情感体验，会引发感知的波动，从而对消费者行为，如重购意向、口碑意向等带来影响。然而，现有研究对消费情绪是否直接导致了消费者补救后行为意向的变化，一直未有结论。鉴于现有研究对情绪与消费者行为意向之间的关注，本书建立了竞争模型三，即在不改变原有模型中路径的前提下，增添“正面情绪—消费者行为意向”路径（见图5－4）。

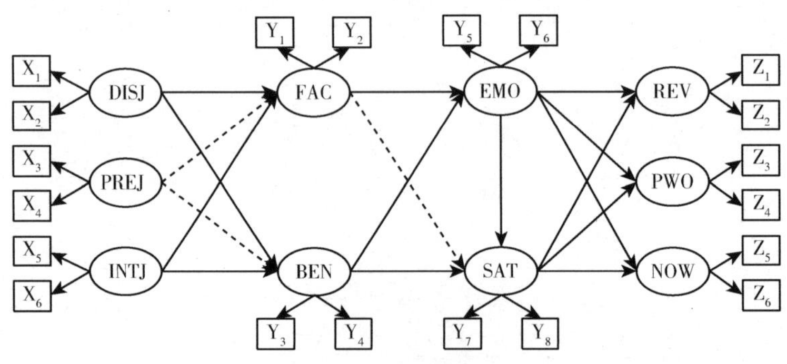

图5－4　竞争模型三

本书将三个竞争模型与原模型分别进行了结构方程的运算，在X2/df、GFI、NFI、IFI、CFI和RMSEA等关键指标方面进行了系统比较，如表5－25所示。

表5－25　原模型与竞争模型拟合程度指标

拟合程度指标	原模型	竞争模型一	竞争模型二	竞争模型三	可接受区间
X^2/df	2.95	3.26	3.36	3.24	≤5
GFI	0.90	0.91	0.83	0.84	≥0.90
NFI	0.98	0.96	0.83	0.85	≥0.90
IFI	0.98	0.96	0.97	0.91	≥0.90
CFI	0.98	0.97	0.97	0.91	≥0.90
RMSEA	0.072	0.073	0.075	0.079	≤0.08

通过比较发现，原模型在卡方与自由度之比（X2/df）这个重要指标上不仅低于3，而且也低于其他三个竞争模型。此外，其他三个竞争模型在规范拟合指数、增加拟合指数和比较拟合指数等重要指标中未呈现出较好的态势，与原模型

相较，并没有显著提升。通过比较可以发现，即原模型的拟合程度优于其他三个竞争模型。同时，原模型在路径上更为精简。出于与竞争模型的比较结果以及模型精简原则的综合考虑，本书以原模型为本书的最终接受模型。

通过结构方程的运算及与竞争模型的比较分析，本书的主要假设检验结果如表5－26所示。

表5－26　研究假设检验结果

编号	研究假设	验证结果
决定因素		
H1a	顾客感知分配公平对顾客感知“得面子”有显著的正向影响	支持
H1b	顾客感知程序公平对顾客感知“得面子”有显著的正向影响	不支持
H1c	顾客感知互动公平对顾客感知“得面子”有显著的正向影响	支持
H2	顾客感知“得面子”对补救后正面情绪有显著的正向影响	支持
H3	顾客感知“得面子”对补救满意有显著的正向影响	不支持
H4a	顾客感知分配公平对顾客感知善意有显著的正向影响	支持
H4b	顾客感知程序公平对顾客感知善意有显著的正向影响	不支持
H4c	顾客感知互动公平对顾客感知善意有显著的正向影响	支持
H5	顾客感知善意对补救后正面情绪有显著的正向影响	支持
H6	顾客感知善意对补救满意有显著的正向影响	支持
H7	补救后正面情绪对补救满意有显著的正向影响	支持
H8a	补救满意对重购意愿呈有显著的正向影响	支持
H8b	补救满意对正面口碑呈有显著的正向影响	支持
H8c	补救满意对负面口碑呈有显著的负向影响	支持

第四节

调节效应分析

本书借鉴大部分学者检验调节效应方面的方法，采用分层回归分析的方法验证面子意识和宽恕意识的调节机制。分层回归分析不仅可以做到无关变量的控制，还可以被用来估计自变量参数以及自变量对因变量的解释程度。在用SPSS软件做分层回归处理时（如表5－27所示），第一步骤是将本书的控制变量，如性别、年龄、学历、职业和月可支配收入输入方程之中；第二步则要输入本书的自变量，即感知公平；第三步输入调节变量，即宽恕倾向和面子意识；第四个步骤是输入感知公平与宽恕倾向、感知公平与面子意识的交互项。为了更好地避免多重共线性的问题，在本书涉及的所有量都进行了标准化的处理。

表 5－27　　　　宽恕倾向分层回归检验结果

第一步	标准化估计值	T 值	VIF 值
性别	0.041	0.831	1.031
年龄	0.004	0.080	1.446
学历	0.009	0.178	1.396
职业	0.015	0.288	1.693
入驻历史	－0.003	－0.065	1.349
可支配收入	0.118*	2.098	1.638
第二步	标准化估计值	T 值	VIF 值
分配公平（DISJ）	0.159***	3.783	1.755
程序公平（PREJ）	0.130**	2.921	1.946
互动公平（INTJ）	0.563***	12.636	1.960
第三步	标准化估计值	T 值	VIF 值
宽恕意识（FOR）	0.015	－0.012	1.026
第四步	标准化估计值	T 值	VIF 值
DISJ * FOR	0.062	1.456	1.777
PREJ * FOR	0.096*	2.132	1.807
INTJ * FOR	0.118*	2.482	1.989
R^2	0.611		
调整后 R^2	0.585		
Durbin-Watson	2.025		

注：因变量为感知善意。

方差膨胀因子 VIF 值位于 0～10 之间，这是个重要指示器，说明变量之间不存在共线性关系。Durbin-Watson 值为 2.205，在 1.5～2.5 之间，说明数据之间不存在序列自相关问题。在第一步中，除了收入外，其他控制变量在对感知善意的影响方面无显著差异，可支配收入的差异会影响感知善意的变化，这在一定程度上说明不同收入水平的个体在感知善意方面表现出差异（T＝2.098）。在第二步中，分配公平、程序公平和互动公平对感知善意均有显著的正向影响（T=3.783，T=2.921，T=12.636）。在第三步中，引入宽恕倾向后，宽恕意识的主效应不明显。在第四步中，宽恕倾向与程序公平和互动公平的交互效应显著(T=2.132，T=2.482)。通过上述回归分析，发现宽恕倾向与互动公平、程序公平的交互效应显著，但是与分配公平的交互效应却不显著，如表5-28所示。

表5-28　面子意识分层回归检验结果

第一步	标准化估计值	T值	VIF值
性别	-0.018	-0.362	1.022
年龄	0.007	0.122	1.256
学历	-0.036	-0.729	1.023
职业	0.060	1.128	1.193
入驻历史	-0.004	-0.082	1.042
可支配收入	0.079	1.399	1.335
第二步	标准化估计值	T值	VIF值
分配公平（DISJ）	0.128*	2.292	1.755
程序公平（PREJ）	0.094	1.603	1.946
互动公平（INTJ）	0.358***	6.084	1.960
第三步	标准化估计值	T值	VIF值
面子意识（FAN）	0.028	0.664	1.024
第四步	标准化估计值	T值	VIF值
DISJ*FAN	0.053	0.869	2.135
PREJ*FAN	-0.092	-1.540	2.045
INTJ*FAN	0.107**	2.627	2.215
R^2	0.314		
调整后R^2	0.279		
Durbin-Watson	1.826		

注：因变量为感知“得面子”。

方差膨胀因子VIF值位于0~10之间，这是个重要指示器，说明变量之间不存在共线性关系。Durbin-Watson值为1.826，说明数据之间不存在序列自相关问题。在第一步中，所有控制变量对感知面子的影响无显著差异；在第二步中，分配公平、互动公平对感知“得面子”有显著的正向影响（T = 2.292，T = 6.084）；在第三步中，引入面子意识后，面子意识的主效应不明显；在第四步中，面子意识仅仅与互动公平的交互效应显著（T = 2.627）。通过上述回归分析发现，面子意识与互动公平交互效应显著，与程序公平和分配公平交互效应不显著。

通过上述回归分析，部分调节效应假设得到了一些验证，如表5－29所示。

表5－29　　研究假设检验结果

编号	研究假设	验证结果
调节因素		
H9a	面子意识在分配公平与感知“得面子”之间起调节作用	不支持
H9b	面子意识在程序公平与感知“得面子”之间起调节作用	不支持
H9c	面子意识在互动公平与感知“得面子”之间起调节作用	支持
H10a	宽恕倾向在分配公平与感知善意之间起调节作用	不支持
H10b	宽恕倾向在程序公平与感知善意之间起调节作用	支持
H10c	宽恕倾向在互动公平与感知善意之间起调节作用	支持

为进一步验证和丰富面子意识和宽恕倾向的调节作用，本书对调研样本依据服务失败情境差异、补救策略差异进行分组及均值分析。首先，将被试依据失败情境的不同（结果失败、结果失败＋程序失败、结果失败＋互动失败）进行分组。其次，各种补救策略的构成和含义在4.3.2节中做了详细说明，考虑到双高补救策略（高结果补救高过程补救）与双低策略（低结果补救低过程补救）在激发感知“得面子”和感知善意的影响作用较为明确（双高策略的影响作用最好，双低策略影响效果最差），本书着力考察结果补救策略和过程补救策略的高低水平有差异的实验组，同时将补救策略依据及时/延迟进行区分。最后，在各实验组中，依据被试在面子意识和宽恕倾向量表中的打分情况，用均值将各组中被试分为面子意识高/低、宽恕情况高/低不同的小组，用方差进行分析，在此将各组的均值差异和显著性标出（见表5－30）。

表 5-30 及时补救情境下感知面子和感知善意均值比较

失败情境	补救策略	感知"得面子"（均值差异）	面子意识	感知"得面子"（均值差异）	补救策略	感知善意（均值差异）	宽恕倾向	感知善意（均值差异）
结果失败情境	高结果低过程补救 n=37	0.723	高	0.433	高结果低过程补救 n=37	0.429	高	0.516
			低				低	
	低结果高过程补救 n=40		高	0.716	低结果高过程补救 n=40		高	0.446
			低				低	
结果失败+程序失败	高结果低过程补救 n=39	0.619	高	0.345	高结果低过程补救 n=39	0.301	高	0.543
			低				低	
	低结果高过程补救 n=39		高	0.647*	低结果高过程补救 n=39		高	0.732*
			低				低	
结果失败+互动失败	高结果低过程补救 n=44	0.375	高	0.255	高结果低过程补救 n=44	0.475	高	0.873
			低				低	
	低结果高过程补救 n=43		高	0.946**	低结果高过程补救 n=43		高	1.110**
			低				低	

注明：*、** 分别表示在5%和1%水平上显著。

在及时补救情境下，当结果失败与程序失败同时存在时，高过程低结果的补救策略能更好地激发好面子被试的面子感知。当结果失败与互动失败同时存在时，高过程低结果的补救策略在提升两类消费者感知面子差异上的效果更显著，即好面子消费者能从高过程为主的补救策略中感受到更高的"得面子"感。这说明当企业出现服务态度不佳、人际怠慢等互动失败时，管理者出面为代表的高过程补救策略对提升好面子消费者的面子感知具有重要作用。当企业出现程序失败时，以高过程补救为主的策略也能显现较好的补救效果。同时我们也发现，在仅有结果失败的情境下，补救策略对不同消费者面子感知的影响并未出现显著差异，这侧面说明了人际怠慢和程序失败是折损消费者面子的主要事件。

从感知善意的数据中得到如下发现：一是当结果失败与程序失败同时存在时，高宽恕倾向的被试与低宽恕倾向的被试相较，能从高过程补救策略中体会到更高的补救善意；二是当结果失败与互动失败同时存在时，以高过程补救为主的补救策略在两类消费者中造成的感知善意差异更为显著。也就是说，消费者的宽恕倾向越高，越能从企业的高过程补救中感受到企业的补救善意。从表5－30中可以发现，以管理者出面为代表的高过程补救在激发被试的感知善意方面更为有效。

表5－31　　延迟补救情境下感知面子和感知善意均值比较

<table>
<tr><th>失败情境</th><th>补救策略</th><th>感知“得面子”（均值差异）</th><th>面子意识</th><th>感知“得面子”（均值差异）</th><th>补救策略</th><th>感知善意（均值差异）</th><th>宽恕倾向</th><th>感知善意（均值差异）</th></tr>
<tr><td rowspan="4">结果失败情境</td><td rowspan="2">高结果低过程补救 n＝40</td><td rowspan="4">0.295</td><td>高</td><td rowspan="2">－0.209</td><td rowspan="2">高结果低过程补救 n＝40</td><td rowspan="4">0.178</td><td>高</td><td rowspan="2">0.197</td></tr>
<tr><td>低</td><td>低</td></tr>
<tr><td rowspan="2">低结果高过程补救 n＝45</td><td>高</td><td rowspan="2">0.437*</td><td rowspan="2">低结果高过程补救 n＝45</td><td>高</td><td rowspan="2">0.616*</td></tr>
<tr><td>低</td><td>低</td></tr>
<tr><td rowspan="4">结果失败＋程序失败</td><td rowspan="2">高结果低过程补救 n＝44</td><td rowspan="4">－0.733</td><td>高</td><td rowspan="2">－0.399</td><td rowspan="2">高结果低过程补救 n＝44</td><td rowspan="4">0.312</td><td>高</td><td rowspan="2">0.779*</td></tr>
<tr><td>低</td><td>低</td></tr>
<tr><td rowspan="2">低结果高过程补救 n＝43</td><td>高</td><td rowspan="2">0.778*</td><td rowspan="2">低结果高过程补救 n＝43</td><td>高</td><td rowspan="2">0.833</td></tr>
<tr><td>低</td><td>低</td></tr>
<tr><td rowspan="4">结果失败＋互动失败</td><td rowspan="2">高结果低过程补救 n＝42</td><td rowspan="4">－0.842</td><td>高</td><td rowspan="2">－1.201</td><td rowspan="2">高结果低过程补救 n＝42</td><td rowspan="4">－0.591</td><td>高</td><td rowspan="2">0.496</td></tr>
<tr><td>低</td><td>低</td></tr>
<tr><td rowspan="2">低结果高过程补救 n＝39</td><td>高</td><td rowspan="2">0.553*</td><td rowspan="2">低结果高过程补救 n＝39</td><td>高</td><td rowspan="2">1.190**</td></tr>
<tr><td>低</td><td>低</td></tr>
</table>

注明：*、** 分别表示在5%和1%水平上显著。

当企业出现延迟补救时，在三种失败情境下，高面子意识的被试面对以高过程为主的补救策略，均表现出了更高的“得面子”感。也就是说，当企业出现了服务失败，同时又没有及时反应时，高力度的物质补偿并不是最佳的补救策略，尤其对好面子的消费者来说更是如此。此时应提升企业过程补救的力度，如由管理者出面化解矛盾、对消费者的处境加强理解和移情、承认错误和勇于承担责任等。从感知善意的数据看，高宽恕倾向的被试与低宽恕倾向的被试相较，也从以高过程为主的补救策略中感受到了更高的企业善意。也就是说，当补救策略出现延迟时，以管理者出面为代表的高过程补救能更好地激发高宽恕倾向被试的感知善意。

第五节

本章小结

本章是全书的第五部分，运用 SPSS22. 0 和 LISREL 等软件对变量之间的决定关系、调节关系进行了分析。对回收的 764 份有效问卷数据进行了数据可靠性检验和描述性统计分析，重点用结构方程和回归分析对模型中的一系列假设进行了验证。

在路径检验方面，本章用结构方程考察了感知公平三个维度对感知“得面子”、感知善意的影响，考察了感知善意、感知“得面子”对正面情绪的影响，考察了补救情绪对补救满意的影响以及补救满意对消费者行为变量的影响。同时，为了更全面地研究变量之间的关系，本章进行了变量间的直接效应和间接效应比较。研究发现，在感知公平的三个维度中，程序公平对感知善意与感知“得面子”的影响没有通过检验，即程序公平对消费者的感知善意、感知“得面子”无显著影响，程序公平是通过善意以及面子以外的其他路径来影响补救满意等变量。第二个较为重要的发现是，感知面子对补救满意的显著影响也未通过检验，也就是说，感知“得面子”的提升不会直接带来服务补救满意。通过直接效应和间接效应的比较，本书发现感知善意和感知“得面子”对补救满意的影响机理是不同的。即感知善意与补救满意之间既存在直接效应，又存在间接效应；感知“得面子”无法直接影响补救满意，只能通过正面情绪的中介作用来实现对补救满意的影响。第三个重要发现是补救满意是补救情绪与消费者行为意向间的中介变量，补救情绪通过影响补救满意，进而影响消费者行为意向（重购意愿、正面口碑、负面口碑）。

为了对模型的影响路径进行更为严谨的验证，本章设计了三个竞争模型。将三个竞争模型与原模型间的各拟合指数进行比较后，发现本书原模型的拟合程度较好。当在原模型的基础上再引入感知公平与正面情绪、感知公平与补救满意的直接关系，模型的拟合度变差，这说明感知善意与感知“得面子”是感知公平与补救情绪及补救满意间的中介变量。当在原模型的基础上再引入“感知面子—消费者行为意向”、“感知善意—消费者行为意向”、“补救情绪—消费者行为意向”的直接影响时，各模型的拟合程度均下降，这说明了补救满意是引起消费者行为意向变化的重要前置变量，补救满意的重要性具有不可替代性。

本章对感知善意与感知“得面子”的驱动因素，即宽恕倾向与面子意识的调节作用进行了验证。从实证结果来看，宽恕倾向与分配公平的交互效应并不显著，即分配公平与感知善意间的关系不受宽恕倾向的调节。宽恕倾向与互动公平和程序公平的交互效应却显著，这说明宽恕倾向高的消费者更容易从互动公平和程序公平中感受到企业的善意。面子意识与感知公平三个维度的交互效应也不尽相同，面子意识仅仅与互动公平的交互效应显著，面子意识与程序公平和分配公平的交互效应也不显著。此外，本章还对依据宽恕倾向和面子意识的差异，对不同失败情境及补救策略组中的被试做了进一步分析。主要发现是当企业出现服务态度差、人际怠慢及让消费者等待等服务失败时，管理者出面等以高过程补救为主的补救措施对提升好面子者的面子感知更为有效，尤其是当企业的补救策略未能及时跟上时，高过程补救的策略对提升消费者的面子感知就更为重要。高宽恕倾向的消费者对管理者出面等高过程补救为主补救措施也非常青睐。与低宽恕倾向的被试相较，不论是及时补救情境还是延迟补救情境，高宽恕倾向的被试从以高过程为主的补救策略中能感受到更高的企业善意。

第六章

结论与启示

第一节

主要结论与讨论

学术界围绕服务补救策略、服务补救效果进行了丰富的研究，如服务补救策略的类型、内容、影响因素以及补救策略与补救满意和补救后行为意向之间的关系等均进行了深入研究。然而本书亦发现，站在消费者的角度，从中国消费者感知的角度去剖析消费者补救过程中的心理变化过程及补救满意形成过程的相关研究仍然较少。从这个研究视角出发，本书立足于服务补救后顾客感知和情绪的变化过程，基于理性行为理论、态度三元理论以及公平理论等理论，以经济型酒店这种高交互、失误频繁且高受众的服务行业为背景，基于对以往研究文献的深入研究和梳理，提出了补救情境下消费者感知公平对补救效果的影响模型。

本书首先对模型中的各影响机理进行了充分论证，并在正式实验前展开了前期探索研究。前期探索研究包含两轮的访谈和一轮问卷测试，两轮访谈分别邀请了有经济型酒店住宿经历的消费者以及从事经济型酒店管理工作的门店店长。前期访谈不仅对本书的几个关键变量——感知面子、感知善意、补救情绪及消费者行为意向在现实补救实践中的存在方式、表现方式进行了挖掘，也对经济型酒店目前较为集中的服务失败情境（结果失败、程序失败和互动失败）以及可行的补救策略进行了充分研究，这都为后续情境模拟中的实验设计打下了基础。在正式测试环节，本书根据服务失败情境和补救策略的不同，设计了 48 个实验单元，并以完全随机分组的方法取样，共收集了764份有效问卷，获取了被试对于感知公平、感知善意、感知“得面子”、正面情绪、补救满意、补救后行为意向、宽恕倾向和面子意识的数据，利用结构方式和回归等统计方法对数据进行了分析，以实证角度验证了顾客感知公平对补救效果的影响模型。

一、感知公平的三个维度对感知“得面子”与感知善意的影响存在差异

本书的实证结论是分配公平与互动公平对补救情境下消费者感知“得面子”存在显著的正向影响，但程序公平对感知“得面子”并不存在显著影响。同时，研究还发现互动公平对感知“得面子”的正向影响（$\beta=0.50^{***}$，T=5.76）比分配公平对感知“得面子”的影响更为显著（$\beta=0.15^{*}$，T=2.08）。前期探索研究和正式实验结果发现，服务失败和服务补救情境必定伴随着消费者面子得、失的心理感受。服务失败本身会给消费者带来“丢面子”的感知，补救中的互动公平和分配公平则能给消费带来“得面子”的感知。中国人传统的面子观念和行为反映出中国的传统性格是以“社会取向”为主的，团体或他人的评价构成了自我评价的基础。服务过程既是消费过程，也是自我展示过程，企业的高经济补偿和由企业管理者亲自沟通等措施会增强消费者在服务过程中获得的社会认同感和“得面子”感。尤其当代表企业形象的经营管理者亲自向消费者道歉、解释和做出补救承诺时，他们会明显地感受到企业顾及自己面子的诚意，消费者的内在价值认同和外在评价感知均会提升。

同时，本书验证了感知公平对感知善意的影响。分配公平与互动公平对感知善意存在显著的正向影响。本书将感知善意引入模型，既是基于对中国消费者文化特质，也是基于消费行为的情感驱动性。当消费者的分配公平感知较高时，这意味着消费者认为企业愿意不计成本的弥补自身失误；当消费者的互动公平较高时，这意味着消费者对由管理者进行沟通所体现出来的补救诚意和补救态度较为欣赏。从数据中还可以出看，互动公平对感知善意的影响（$\beta=0.04^{***}$，T=10.86）比分配公平（$\beta=0.15^{*}$，T=2.08）更为显著。高力度的物质补偿和由

管理者出面体现出的补救诚意会体现出企业不仅仅是追求利润的机器，也会在经营中感受和照顾到消费者的利益和诉求，能站在消费者的角度去处理争端。当消费者感受到企业是在实实在在地挽回失误且补救行为真诚可信时，这些感知会激发消费者心中对服务失败的释怀和谅解。同时，中国消费者长期受到儒家“仁”“恕”“中庸”等文化的影响，具备推己及人的情怀和减少争端的内在倾向，因此更容易体会到企业的补救诚意和努力，进而产生感知善意。

此外，本书也发现程序公平对感知“得面子”和感知善意的影响并不显著。这在一定意义上说明消费者视快速性为补救的一个基本条件，即消费者认为企业理所应当要做到对服务问题的快速反馈。如要激发消费者的感知善意和“得面子”，则更多地要从补偿力度、补救态度和谁来补救这几个方面进行研究。

二、感知“得面子”、感知善意对补救满意的影响机制存在差异

本书通过实证检验发现，感知善意对补救情绪、补救满意的直接效应是明显存在的，但感知“得面子”被证实对补救满意不存在直接影响，仅对补救情绪存在直接影响。这充分展示了感知“得面子”和感知善意这两个核心变量对补救满意的影响路径是不同的：感知善意可以直接影响补救满意，也可以通过影响正面情绪进而影响补救满意，但感知“得面子”无法直接影响补救满意，要通过情绪这个变量进而影响补救满意。从中介效应的角度理解，补救情绪是感知善意与补救满意间的部分中介，而补救情绪是感知“得面子”与补救满意间的完全中介。从上述比较可以发现，虽然感知“得面子”和感知善意均是补救过程中诠释消费者心理变化的重要变量，但其影响机制是有差异的。当消费者在补救环节中感受到企业善意时，不仅会激发他们舒畅、宽慰的情绪感受，更能直接带来补救满意度的提升。这在一定程度上说明，中国消费者尤为重视企业在补救过程中体现出来的积极态度和主观能动性，即企业补救的渴望和主动意愿往往比提供的实际措施更为重要，更能打动消费者，使消费者体会到企业的不易和迫切修正错误的态度。

在前期探索访谈中，我们也从很多受访者的表述和问卷回复中发现了他们被

企业的补救诚意及努力打动的事件，从而谅解了企业的服务失败，如“这个员工已经尽力了，大家都不容易”“他们还是为我们着想的，这就挺不错了”“态度挺积极的，看着是像解决问题的样子”等描述。当企业的善意被消费者感知时，不仅可以激发消费者的积极情绪，更能激发他们的共感心和同理心，可以站在企业立场去看待问题，将问题以大化小，带来补救满意度的提升。

面子的影响机制却和感知善意的影响机制不同。当消费者在补救环节中感受到找回面子时，面子感的提升却无法直接带来补救满意。这在一定程度上说明，仅凭面子感的提升不能实现消费者对企业补救努力的积极评价。补救环节中的“得面子”感可以在一定程度上缓解消费者的负面情绪，使消费者暂时摆脱服务失败带来的窘迫和不安等，但感知“得面子”需要通过影响补救后正面情绪，进而影响消费者补救满意。也就是说，只有当“有面子”的消费者对企业的补救措施产生如开心、愉悦、舒畅等积极情绪时，才能激发消费者的补救满意感。这个有趣的结论让我们发现，当消费者感受到企业的补救善意以及对消费者自身利益的关注时，正面情绪和补救满意度均会直接提高，说明企业的补救努力打动了消费者，这种感知触动了消费者内心中的同理心，从而对企业补救措施做出积极评价。“得面子”感无法直接实现对消费者内心情感的触动，往往是缓解了负面情绪和压力，“有面子”并不一定会带来对企业补救的满意评价，感知面子必须要通过激发消费者正面情绪来影响补救满意。

三、感知变量和情绪变量需通过补救满意来影响消费者行为意向

现有研究对补救满意对补救后行为意向的影响较为充分，证明了补救满意是影响补救后行为意向的重要前置变量。在此基础上，本书的实证研究进一步提出了如下结论：首先，当在原模型的基础上，在竞争模型中再加入情绪与消费者行为意向的直接影响时，模型的拟合结果变差，这意味着补救情绪对补救行为意向的影响是间接影响，补救满意在其中发挥中介作用。补救情绪要通过影响补救满意，进而激发消费者重购意愿或口碑意愿。其次，当在原模型的基础上，在竞争模型中再加入感知“得面子”与感知善意对消费者行为意向的直接影响时，模

型的拟合结果也变差，这说明感知善意对消费者行为意向的影响也是间接影响，感知“得面子”对消费者行为意向的影响路径则更为复杂，补救满意是其中不可忽视的重要中介变量。上述发现均充分说明了补救满意不仅是影响补救后重购和口碑意愿的重要变量，而且是与补救情绪、感知善意和感知“得面子”等相较，影响补救后行为意向的最直接变量。

补救情绪是补救过程中的瞬间状态变量，企业的补救善意可以激发消费者的积极情感，如感激、高兴和恩惠，“得面子感”也可以激发积极情绪，但本书通过研究发现，仅依靠瞬间的积极情绪无法实现补救后行为意向的变化，必须需要通过补救满意来实现。从这个意义上说，补救满意可以看作是消费者对整个补救策略及过程的一个综合理性评价。这个研究结论与理性行为理论（theory of reasoned action）中行为意向的影响模式是相符的，即补救满意作为消费者在补救过程中的重要态度变量，才是直接影响消费者补救后行为意向的直接因素。补救满意是正面情绪与补救后行为意向、感知善意与补救后行为意向的重要中介变量。企业要想激发消费者的重购意愿和正面口碑，必须通过补救满意这个重要变量来实现。也就是说，企业要想重建消费者信心，促使消费者再次消费或进行正向口碑传播，必须使消费者的感知善意、感知面子与正面情绪过渡为对补救措施的理性认可，实现较高的心理认同和满意，才能带来补救后行为的改变。

四、面子意识和宽恕倾向在感知公平三维度与后续变量间的调节作用存在差异

本书通过实证检验发现，面子意识能调节互动公平和感知“得面子”之间的关系，即个体的面子意识越高，越能从补救中的人际互动中，尤其是从管理者出面这类的高过程补救中获得较高的面子感知。然而，面子意识在分配公平与感知“得面子”、程序公平与感知“得面子”间的调节效应却不显著。

从面子意识的本质来看，个体面子意识强，意味着个体对社会赞许的需要较高。面子意识高的消费者会在社会交往中多注意保护自我，对因面子丢失而产生的窘迫和尴尬等外部刺激具有较差的忍耐力，同时更加迫切地渴望在他人面前获

得面子等优越感，以凸显个人能力和社会地位。结合本书的实证结果发现，在服务补救的情境下，面子意识高、低的消费者对自身从互动公平中获得的面子感知是存在差异的。也就是说，管理者出面对于高面子意识的消费者来说，是提升“得面子”感的有效手段，是十分有效的补救策略。管理者代表着企业的形象和企业态度，由他们出面沟通不仅传递出了企业对消费者利益的关注，也表达出企业对顾客本人的尊重。面子意识高的消费者会从这项举措中感受到自身获得了较高的社会赞许和认可，内在价值感随之提升。对于面子意识低的消费者来说，由于其内在的面子意识弱，管理者出面沟通这样的过程补救策略对这类顾客的面子感知没有带来显著提升。

同时本书也发现，面子意识在分配公平与感知“得面子”、程序公平与感知“得面子”之间的调节效应并不显著，这说明物质补偿的高低及补救快速与否，对这两类消费者的“得面子”感没有造成显著的差异。也就是说，好面子的消费者没有从这两种补救策略中获得比不好面子的消费者更高的“得面子”感。此外，通过对比不同实验组的感知“得面子”均值发现，当企业出现服务态度差、人际怠慢及让消费者等待等失败类型时，以管理者出面等高过程补救为主的补救措施对提升好面子者的面子感知更为有效，尤其是当企业的补救策略未能及时跟上时，高过程补救的策略对提升消费者的面子感知更为重要。这充分说明了“由谁出面解决问题”以及人际接触方式是引发不同面子意识消费者的面子感差异的主要原因。

宽恕倾向在感知公平的三维度与感知善意间的调节作用也是存在差异的。宽恕倾向调节程序公平与感知善意、互动公平与感知善意间的关系，但无法调节分配公平与感知善意间的关系。这说明消费者的宽恕倾向越高，越能从以管理者出面为代表的高人际互动中感受到企业的善意性，越能从企业的快速补救中感受到强烈的补救善意。儒家伦理推崇人性本善，每个个体生下来便自然具备“善端”和善念，再加上以“仁”和“恕”为代表核心的传统文化教化，中国消费者具备“推己及人”“得饶人处且饶人”的伦理思想和处事信条。通过数据分析发现，由管理者亲自出面向消费者道歉、解释以及企业迅速、主动的解决问题，这些举措触动了消费者内心的同理心，使消费者感受到了企业认真解决问题的诚意。从访谈中也发现，消费者的宽恕意识越强，对管理者出面这样的高过程补救越认可，越能从企业的迅速行动中受到触动，从而释怀负面情绪和苛责意图。宽恕倾向无法显著调节分配公平与感知善意这个发现也丰富了我们的结论，这在一定程度上说明宽恕倾向高的消费者没有从分配公平中获得比宽恕倾向低的消费者更强烈的善意感知，即由分配公平造成的感知善意在这两类消费者中没有产生差异。此外，通过对比不同实验组的感知善意均值发现，高宽恕倾向的消费者对管理者出面等高过程补救为主补救措施非常青睐。与低宽恕倾向的消费者相较，不论是及时补救情境还是延迟补救情境，高宽恕倾向的消费者能从以高过程为主的补救策略中感受到更高的企业善意。

第二节　管理启示

我国处于转方式、调结构的关键时期，消费作为经济“三驾马车”之一将逐步成为支撑经济增长的主要力量。服务业作为带动消费行业整体提速的重要引擎，其快速发展的态势将持续保持。由于市场的逐渐饱和，顾客争夺越来越激烈，企业发生服务失误较难避免，服务企业如何及时、有效地提供有针对性的补救策略对重建顾客信心具有十分重要的意义。企业若想实施有效的服务补救，本书认为前提之一是企业充分了解自身的补救策略如何被消费者解读和感知，消费者的心理感知过程在企业的补救策略影响下如何发生变化是至关重要的。本书的结论对服务企业的补救实践具有如下几方面的指导意义。

（1）让消费者在服务补救过程中感受到“有面子”是重建企业—消费者关系的重要举措。

面子得失是补救中不可回避的关键问题，中国消费者在群体取向的文化氛围中成长，大部分消费者素来注重自身能力和价值在社会交往中被认可和赞许的程度，“得面子”“做面子”“撑面子”等文化倾向会显著影响消费者的行为方式。去高档餐厅吃饭、入驻星级酒店、乘飞机旅行甚至去银行办理业务等均是消费者向外界，尤其是向身边的交往群体展示自身形象和能力的舞台。企业若在这个舞台上出现了失误环节，除了给消费者带来了经济损失外，造成的精神损失更为严重，其中最典型的精神损失就是“失面子”。本书的研究说明，服务企业要时刻重视对消费者的面子补偿，让消费者在补救环节感受到“赢回面子”，这对激发消费者积极情绪和补救满意具有重要的意义。

具体做法可以从提高消费者的分配公平感知和互动公平感知入手。提高分配公平感知意味着企业需提供与消费者的经济损失相匹配的物质补偿，必要时可适当提高物质补偿的力度。若消费者在餐厅吃饭的过程中发现了菜肴中的异物，服务企业不仅应免费替换该菜肴，也可同时考虑赠送果盘或礼券、其他附加服务或给予整餐打折的措施来挽回消费者的面子。提高互动公平意味着企业不仅要谦恭、礼貌地向消费者解释服务失败的原因及真诚道歉，还要想办法推出其他触动消费者内心的各类过程补救措施，如对消费者的处境表示关注和感同身受、勇于承担责任，适当时候由企业管理者亲自出面沟通，可较好地安抚消费者负面情绪。管理者出面沟通等过程补救举措能彰显出企业解决问题的信心和对消费者利益的重视，使遭受失败的消费者感到自己具有较强的影响力，潜意识中认为自己受到企业的敬重，从而提升消费者的面子感知，以及由面子感的强化带来正面的情绪和对企业的客观评价。

（2）始终站在消费者立场考虑问题，传达出企业的补救善意性。

本书的结论揭示了当消费者感受到企业的补救善意时，不仅会激发消费者的正面情绪，更能直接影响补救满意。这反映出消费者十分看重企业以何种态度、何种方式处理与消费者之间的争端，而不仅仅只看重补救的结果。犯错企业应在补救过程中表现出真挚、真实且迫切的补救意图。具体做法上除了要以顾客需求为导向，提供达到消费者需求的物质补偿外，更为重要的是在人际沟通过程中，不逃避责任，不推诿指责，要用谦恭的态度、真诚的语言、温暖的微笑、得体的动作与消费者进行耐心沟通，体现出负责到底和勇于纠错改错的积极态度。同时，管理者可适时亲自出面道歉、解释和认责，由代表企业形象的管理者介入补救环节可以有效地激发消费者内心的恻隐之心和“善端”，使消费者感受到企业认真解决问题的积极态度。当消费者感受到企业勇于承担责任、全力解决问题的补救诚意和良好态度时，便会在不经意间与企业建立一定程度的情感交流，从而客观地评价企业的补救努力。

（3）注重消费者的情绪管理，提升过程补救的力度。

企业在补救过程中要十分重视消费者的情绪反应过程，注重激发和引导消费者的正面情绪。消费者经历服务失败后难免会产生窘迫、难过和不安的负面情绪，企业要通过道歉、认错、诚恳解释及第一时间提供物质补偿来疏导消费者的负面情绪，避免争辩、辩解等带来的情绪激化。本书证实，让消费者感到“有面子”，会激发他们的正面情绪，同时也发现，“有面子”的感知固然重要，但要想实现补救满意，必须通过激发顾客的正面情绪来实现。这意味着企业要围绕如何让消费者“得面子”这一主线，尽可能地激发他们的积极情绪，如表达对消费者的敬重、重视和赞赏、满足消费者用餐和旅行时的附加需求、寻求和尊重消费者的宝贵意见、赠送惊喜和特色服务等。只有当消费者涌现出满足、舒畅、得意及愉悦等情绪时，才能实现补救满意。除了面子机制外，本书还发现感知善意对积极情绪的影响作用。因此，建议企业要强化“以客为尊”的补救原则，培训员工时刻秉持消费者至上的服务理念，在面临与顾客的争端时，把握好顾客的情绪变化，提高移情力，换位思考，不激发负面情绪，以和善、忍耐和理念的态度引导顾客正面情绪，提高解决服务争端的技能。除做到在第一时间提供针对性的物质补偿外，还要时刻秉持同理心和关怀心，着重提高人际交互的质量，使消费者摆脱损失的忧虑，产生安心、愉悦等情绪，感受到自身权益会得到企业的有力保障，从而对补救措施感到满意。

（4）依据消费者特质的差异，提供适合消费者的有针对性的补救策略组合。

本书将宽恕倾向和面子意识纳入模型，这两个变量有效刻画了不同特质的消费者对感知“得面子”和感知善意的差异化感知，对企业实践具有较强的指导意义。具体来说，对于在传统文化背景下长大的消费者，对面子的渴求较强，越好面子，越容易从热情、主动和贴心的人际互动中感受到被尊重和“得面子”，尤其是从管理者亲自沟通等类似的高过程补救中感受到外界对自身能力和价值的认可，从而对企业产生好感，仅仅是物质补偿与快速反应对好面子消费者的净面子量提升的影响并不显著。也就是说，面子感越强的消费者越需要代表企业高层形象的人员与自己沟通，“谁来进行沟通”对消费者的面子具有重要意义。从宽恕倾向来看，高质量的人际互动以及管理者亲自介入等举措对激发消费者内心的感知善意也非常重要，尤其是具有仁恕情怀的高宽恕倾向消费者，他们具备推己及人的处事方式，对企业的补救诚意更为敏感。

企业要从消费者的语言、表情和身体动作等行为表现中观察其个性特质，尤其要从面子意识和宽恕倾向的角度对顾客进行甄别。对于好面子的消费者，要侧重以管理者出面或加强授权的方式强化这类消费者的面子感，进一步提高互动公平的感知。对于宽恕倾向强的消费者，在强化互动公平感知的同时，也要在提高反应速度和主动性上多下工夫。对于面子意识弱或宽恕倾向弱的消费者，可在礼貌的人际交流基础上，根据服务失败的情境适当提升结果补偿措施的力度。

（5）实现补救满意是激发消费者补救后积极行为意向的关键。

本书证实了感知公平、感知善意、感知“得面子”、正面情绪、补救满意与后续行为意向之间的关系是层层递进。感知善意、感知“得面子”与补救情绪是通过影响补救满意，进而影响重购意愿和正负面口碑。补救满意是影响消费者行为意向的最直接变量，也是消费者在经历了面子感知、善意感知和情绪变化后的理性认知评价，代表了消费者的态度。当消费者的面子感、善意感和愉快的情绪最终过渡到补救满意时，重购和正面口碑才可以被激发出来。激发顾客的重购意向和正面口碑才是进行服务补救的最终目的。因此，企业的补救实践将是一个系统工程，不仅要就问题解决问题，综合使用经济补偿、人际互动和快速反应等策略，还要通过提供其他附加的特色服务和服务关怀、对不满的顾客进行后续追踪和服务、诚意邀约顾客再次消费等手段逐渐重塑消费者信心，提升消费者对企业补救的满意度。

第三节 研究局限性

本书就分析消费者服务补救后感知和情绪的变化过程提出了比较新颖的视角，且采用科学的方法进行了验证。同时，本书仍存在以下局限：

（1）以经济型酒店业作为本书的背景行业，主要是考虑到经济型酒店行业对被试来说熟悉程度高，且实验情境易于描述和操作。这项基于经济型酒店行业的研究是否适用于其他服务行业，尤其是向纯无形的服务行业或低人际交互的服务行业进行延伸，值得进一步探讨。

（2）本书的样本数量可进一步扩充。虽然本书已经获得了近 800 份有效问卷，但由于涉及顾客的多项个性特质测量及多样化的实验情境设计，因而有效样本的数量可进一步提升，以强化结论的普适性。

（3）消费者的面子机制和感知善意机制是非常复杂的社会互动过程，这两个核心变量的层次较复杂，涉及的影响因素也较多。本书仅纳入了宽恕倾向和面子意识这两个有调节效应的变量，肯定会有其他涉及价值取向、人格特征的变量也能影响到消费者在服务补救中的感知面子程度和感知善意程度。此外，本书采用的与面子和善意有关的量表均为最近几年开发的新量表，其信度和效度需要在后续研究中进一步加以检验。

（4）本书延续了大部分服务补救研究的方法，采用了情境模拟实验的方法进行研究。此种方法可操作性强，但在激发消费者真实情绪变化和感知变化方面不如观看视频、真实场景模拟更为有效，因而本书的效度会受到一定的影响，后续研究可尝试以真实情境模拟的方法开展相关研究。

（5）由于时间和费用等因素的制约，本书以截面数据来研究补救情境下感知公平对补救效果的影响机理，在一定程度上能推断模型之间各潜变量间的关系，但无法对各变量间的关系做出因果判定，只能确定变量间的显著相关关系，后续研究可采取多时点数据对本书的相关结论进行验证。

第四节

未来的研究方向

针对上述中提出的研究局限性，未来研究可围绕以下几方面进行深化。

（1）中国人的面子机制和善意机制在营销领域的研究仍较少，后续研究可进一步围绕这两个链条开展深入研究。一是结合服务补救的情境，对面子和感知善意的本质和层次做进一步的挖掘。二是可以扩展研究范围，可尝试在其他行业探讨这两个机制的作用强弱、作用方式等问题。三是加入更多的文化变量和个体特质变量，如中西文化差异、个体应对倾向、自我威胁感知等诠释消费者差异化的面子感知和善意感知。

（2）本书只关注了服务补救情境下的正面情绪研究，后续研究可考虑再加入补救负面情绪，考察在这两种情绪在补救情境下的强度变化、影响因素和对比分析等等。

（3）在实验方法和数据采集上，后续研究可尝试使用真实场景来激发消费者的主观感知和情绪变化，同时使用跨时间点的数据进行验证，进一步丰富和完善研究结论。

（4）本书为了控制一些非核心因素，没有将消费者与企业的关系纳入模型。在实际生活中，消费者往往愿意去与自身关系质量好的服务企业消费。因而，当考虑到企业与消费者之间的既有关系时，本书提出的研究路径会发生何种变化是将来研究中可以深入探讨和挖掘的。

（5）本书基于相关理论和中国消费者的个性特质，提出了面子和感知善意等在感知公平与补救效果之间产生影响的路径，后续研究可进一步探讨是否还有其他重要的影响路径。

附录　调查问卷

尊敬的女士/先生：

您好！这是一份学术研究问卷，主要是为了研究服务补救对消费者感知的影响，非常感谢您能从百忙之中抽出时间回答此问卷！所有问题没有对错之分，您的回答仅代表您个人的观点。本问卷调查结果仅用于学术研究，不会被用于任何商业用途。

本调查完全采用匿名的方式，您的个人回答将会受到严格保密，敬请放心根据自己的真实想法作答。

感谢您的参与和支持！

山东大学管理学院

第一部分

在正式开始问卷之前，请您根据您自己的第一反应，跟下面描述在何种程度上相似，简单回答如下几个问题。1 为“完全不像我”，7 为“完全像我”。

编号	测量内容	完全不像←→我完全像我
1	当别人伤我心了，我能很快就跟没事人一样	□1 □2 □3 □4 □5 □6 □7
2	如果有人错怪我了，我事后会经常想很多	□1 □2 □3 □4 □5 □6 □7
3	对于别人误解我的事情，我倾向于原谅并忘记	□1 □2 □3 □4 □5 □6 □7
4	我通常衣着得体和讲究，以免被别人轻视	□1 □2 □3 □4 □5 □6 □7
5	若别人拒绝我的好意或不领我的情，我会觉得挺丢脸的	□1 □2 □3 □4 □5 □6 □7

续表

编号	测量内容	完全不像←——→我完全像我
6	我宁愿平时节省甚至借钱，给朋友的礼物一定要拿得出手才行	□1 □2 □3 □4 □5 □6 □7
7	我根本不在乎其他人如何看我	□1 □2 □3 □4 □5 □6 □7
8	我经常产生抱怨的倾向	□1 □2 □3 □4 □5 □6 □7

第二部分：情景

您外出旅行时，是否经历过与下面类似的情景？如果您经历过，请按照您的真实感受回答即可，如您没有经历过与下面类似的情景，请您将自己模拟成情景中的当事人，并按照您的理解和体会回答问题。

情景：您和您的几个好朋友结伴去西安旅行，经过精心的前期组织，您终于可以一偿游览兵马俑、古城墙、大雁塔等名胜的心愿。到达西安后，您来到网上预订好的一家经济型连锁酒店（之前您未有入经历），要求酒店提供预订的3间房间，然而办理入驻时，酒店的前台人员却告诉您，酒店的预订系统没有收到您的预订信息，没有为您和您的朋友们预留出房间。

您与酒店进行交涉，不一会儿酒店的经理赶到了现场，了解情况后，酒店经理亲自向您道歉，并解释说失误原因是酒店的系统与各大预订网站的对接环节出现了问题，是酒店的失误，一定会解决您的问题。他吩咐前台员工立刻提供3个满足您要求的房间，并表示为了再次表达歉意，每间房均减免20%的房费。

这是在经济型酒店发生的一个小故事，您能把自己想象成故事的主人公吗？

□是　□否

请您就该酒店的补救行动给您的感受、情绪及后续意向的影响在下表里打分（1 = 完全不同意 2 = 不同意 3 = 有些不同意 4 = 不确定 5 = 有些同意 6 = 同意 7 = 完全同意）。

编号	测量内容	完全不同意←→完全同意
A1	虽这件事给我带来了麻烦，但该酒店还是给了我一个积极的处理结果	□1 □2 □3 □4 □5 □6 □7
A2	虽然耗时又周折，该酒店给我的处理结果是公平的	□1 □2 □3 □4 □5 □6 □7
A3	我并没有得到我想要得到的	□1 □2 □3 □4 □5 □6 □7
A4	与给我造成的损失相较，最后的补偿还是充分的	□1 □2 □3 □4 □5 □6 □7
A5	虽然投诉会带来一些争论，但该酒店的反应公平而快速	□1 □2 □3 □4 □5 □6 □7
A6	对于我的问题，我感到该酒店的反应是及时的	□1 □2 □3 □4 □5 □6 □7
A7	我认为该酒店有公正的流程和政策来处理失误	□1 □2 □3 □4 □5 □6 □7
A8	在处理问题的过程中，酒店人员对我是温和有礼的	□1 □2 □3 □4 □5 □6 □7
A9	在处理问题的过程中，酒店人员考虑到了我的难处和意见	□1 □2 □3 □4 □5 □6 □7
A10	在处理问题的过程中，酒店人员与我的沟通方式是适当的	□1 □2 □3 □4 □5 □6 □7
A11	在整个过程中，酒店人员的表现是体现职业道德的	□1 □2 □3 □4 □5 □6 □7
A12	我觉得酒店人员对我的态度不怎么样	□1 □2 □3 □4 □5 □6 □7
B1	酒店的做法让我觉得我的利益和需求对他们来说很重要	□1 □2 □3 □4 □5 □6 □7
B2	我觉得酒店是尽其所能的在弥补失误和解决问题	□1 □2 □3 □4 □5 □6 □7
B3	该酒店对与我有关的重要事情非常关注	□1 □2 □3 □4 □5 □6 □7
B4	该酒店应该不会故意做损害我利益的事情	□1 □2 □3 □4 □5 □6 □7
B5	当问题发生时，该酒店是从我的利益出发去解决问题	□1 □2 □3 □4 □5 □6 □7
B6	该酒店能够遵循它的承诺	□1 □2 □3 □4 □5 □6 □7
B7	该酒店对我是真诚的	□1 □2 □3 □4 □5 □6 □7
B8	我认为该酒店能够在必要时帮助我	□1 □2 □3 □4 □5 □6 □7
C1	该酒店的补救措施使我在朋友们面前拥有良好的形象	□1 □2 □3 □4 □5 □6 □7

续表

编号	测量内容	完全不同意⟵⟶完全同意
C2	该酒店的补救措施使我在朋友们面前脸面有光	□1 □2 □3 □4 □5 □6 □7
C3	该酒店的补救措施使我获得了朋友们的认可	□1 □2 □3 □4 □5 □6 □7
C4	该酒店的补救措施使我感到在朋友们面前很荣耀	□1 □2 □3 □4 □5 □6 □7
C5	该酒店的补救措施与我的身份相符	□1 □2 □3 □4 □5 □6 □7
D1	这次补救经历让我觉得挺高兴	□1 □2 □3 □4 □5 □6 □7
D2	这次补救经历让我觉得被尊重	□1 □2 □3 □4 □5 □6 □7
D3	这次补救经历让我觉得心情舒畅	□1 □2 □3 □4 □5 □6 □7
D4	这次补救经历让我觉得很愉快	□1 □2 □3 □4 □5 □6 □7
E1	虽然酒店采取了措施，我还是觉得很心烦	□1 □2 □3 □4 □5 □6 □7
E2	虽然酒店采取了措施，我还是觉得很恼怒	□1 □2 □3 □4 □5 □6 □7
E3	虽然酒店采取了措施，我还是觉得很沮丧	□1 □2 □3 □4 □5 □6 □7
E4	虽然酒店采取了措施，我还是觉得很不快	□1 □2 □3 □4 □5 □6 □7
F1	整体来看，我觉得入驻这个酒店是一个不错的选择	□1 □2 □3 □4 □5 □6 □7
F2	这次经历还是比较愉悦的	□1 □2 □3 □4 □5 □6 □7
F3	对我遇到的问题，酒店提供了一个令我满意的解决方案	□1 □2 □3 □4 □5 □6 □7
F4	下次再出来旅行时，我还是会选择这家酒店	□1 □2 □3 □4 □5 □6 □7
F5	我会将这家酒店作为我的首选酒店	□1 □2 □3 □4 □5 □6 □7
F6	未来一段时间内，我很可能继续选择这家酒店的服务	□1 □2 □3 □4 □5 □6 □7
F7	如果朋友询问我关于酒店的意见，我会推荐这家酒店	□1 □2 □3 □4 □5 □6 □7
F8	我会主动向其他人推荐这家酒店	□1 □2 □3 □4 □5 □6 □7
F9	我会向朋友讲述此次的经历并赞赏该酒店	□1 □2 □3 □4 □5 □6 □7
F10	如果我的亲友外出旅行，我会奉劝他们不要入驻这家酒店	□1 □2 □3 □4 □5 □6 □7
F11	我会建议我朋友不要入驻这家酒店	□1 □2 □3 □4 □5 □6 □7
F12	我会向我的朋友和亲戚们讲述我在这家酒店的不愉快经历	□1 □2 □3 □4 □5 □6 □7

第三部分：背景资料

➢ 您的性别：

□A. 男　□B. 女

➢ 您的年龄：

□A. 20 岁以下　□B. 20 ~ 30 岁　□C. 30 ~ 40 岁　□D. 40 岁以上

➢ 您的学历：

□A. 大专及以下　□B. 本科　□C. 硕士　□D. 博士

➢ 您的职业：

□A. 学生　□B. 公司职员　□C. 公务员及事业单位　□D. 自己创业

□E. 教师　□F. 其他

➢ 您是否入驻过经济型酒店：

□A. 从未有　□B. 偶尔入驻　□C. 因旅行和出差经常入驻

➢ 您每月可支配收入：

□A. 2000 元以下　□B. 2000 ~ 3000 元　□C. 3001 ~ 5000 元　□D. 5000 元以上

注：本书共有 48 种调查问卷，每种问卷的全部测项皆是相同的，唯一的差异是故事情景的描述部分。在此仅列举（问卷一）作为示例。

参考文献

[1] Aaker J L and Williams P. Empathy versus pride: the influence of emotional appeals cross culture [J]. Journal of Consumer Research, 1998, 25 (3): 241 -261.

[2] Adams J S. Towards an understanding of inequity [J]. The Journal of Abnormal and Social Psychology, 1963, 67 (5): 422 -3436.

[3] Adams J S. Inequity in social exchange [J]. Advances in experimental social psychology, 1965, 2: 267 -299.

[4] Ahluwalia R, Burnkrant R E, Unnava H R. Consumer response to negative publicity: the moderating role of commitment [J]. Journal of marketing research, 2000, 37 (2): 203 -214.

[5] Ajzen I, Fishbein M. Understanding attitudes and predicting social behaviour [J]. 1980.

[6] Ajzen I, Fishbein M. Belief, Attitude, Intention and Behavior: AnIntroduction to Theory and Research, 1975, MA: Addisonc-Wesley.

[7] Andreassen T W. Antecedents to satisfaction with service recovery [J]. European Journal of Marketing, 2000, 34 (1/2): 156 -175.

[8] Andreassen W T. Antecedents to satisfaction with service recovery [J]. European Journal of Marketing, 2000, 34 (1): 156 -175.

[9] Atuahene-Gima K, Li H. When does trust matter? Antecedents and contingent effects of supervisee trust on performance in selling new products in China and the United States [J]. Journal of Marketing, 2002, 66 (3): 61 -81.

[10] Babin B J, Chebat J C, Michon R. Perceived appropriateness and its effect

on quality, affect and behavior [J]. Journal of Retailing and Consumer services, 2004, 11 (5): 287 -298.

[11] Bagozzi R P, Gopinath M, Nyer P U. The role of emotions in marketing [J]. Journal of the academy of marketing science, 1999, 27 (2): 184 -206.

[12] Baker J, Cameron M. The effects of the service environment on affect and consumer perception of waiting time: an integrative review and research propositions [J]. Journal of the Academy of Marketing Science, 1996, 24 (4): 338 -349.

[13] Bansal H S, Irving P G, Taylor S F. A three-component model of customer to service providers [J]. Journal of the Academy of marketing Science, 2004, 32 (3): 234 -250.

[14] Bao Y, Zhou K Z, Su C. Face consciousness and risk aversion: Do they affect consumer decision-making? [J]. Psychology & Marketing, 2003, 20 (8): 733 -755.

[15] Berry J W, Worthington E L, Parrott L, et al. Dispositional forgivingness: Development and construct validity of the Transgression Narrative Test of Forgivingness (TNTF) [J]. Personality and Social Psychology Bulletin, 2001, 27 (10): 1277 -1290.

[16] Bies R J, Shapiro D L. Interactional fairness judgments: The influence of causal accounts [J]. Social Justice Research, 1987, 1 (2): 199 -218.

[17] Birditt K S, Fingerman K L. Age and gender differences in adults' descriptions of emotional reactions to interpersonal problems [J]. The Journals of Gerontology Series B: Psychological Sciences and Social Sciences, 2003, 58 (4): 237 -245.

[18] Bitner M J, Booms B H, Mohr L A. Critical service encounters: the employee's viewpoint [J]. The Journal of Marketing, 1994, 58 (4): 95 -106.

[19] Bitner M J, Booms B H, Tetreault M S. The service encounter: diagnosing favorable and unfavorable incidents [J]. The Journal of Marketing, 1990, 2 (52): 71 -84.

[20] Bitner M J. Evaluating service encounters: the effects of physical surroundings and employee responses [J]. the Journal of Marketing, 1990, 54 (4): 69 -82.

[21] Blodgett J G, Granbois D H, Walters R G. The effects of perceived justice

on complainants' negative word-of-mouth behavior and repatronage intentions [J]. Journal of Retailing, 1994, 69 (4): 399 –428.

[22] Blodgett J G, Hill D J, Tax S S. The effects of distributive, procedural, and interactional justice on postcomplaint behavior [J]. Journal of Retailing, 1997, 73 (2): 185 –210.

[23] Blodgett J G, Wakefield K L, Barnes J H. The effects of customer service on consumer complaining behavior [J]. Journal of Services Marketing, 1995, 9 (4): 31 –42.

[24] Bonifield C, Cole C. Affective responses to service failure: Anger, regret, and retaliatory versus conciliatory responses [J]. Marketing Letters, 2007, 18 (1): 85 –99.

[25] Boshoff C, Leong J. Empowerment, attribution and apologizing as dimensions of service recovery: an experimental study [J]. International Journal of Service Industry Management, 1998, 9 (1): 24 –47.

[26] Boshoff C. An experimental study of service recovery options [J]. International Journal of service industry management, 1997, 8 (2): 110 –130.

[27] Boshoff C. An Instrument to Measure Satisfaction with Transaction-Specific Service Recovery [J]. Journal of Service Research, 1999, 1 (3): 236 –249.

[28] Boshoff C, Staude G. Satisfaction with service recovery: Its measurement and its outcomes [J]. S. Afr. J. Bus. Manage, 2003, 34 (3): 9 –16.

[29] Bradburn N M. The structure of psychological well-being [J]. Oxford, England: Aldine. xvi. 1969: 318.

[30] Breckler S J. Empirical validation of affect, behavior, and cognition as distinct components of attitude [J]. Journal of personality and social psychology, 1984, 47 (6): 1191.

[31] Brown P, Levinson S C. Universals in language usage: Politeness phenomena [M]. Questions and politeness: Strategies in social interaction. Cambridge University Press, 1978: 56 –311.

[32] Brown R P. Measuring individual differences in the tendency to forgive: Construct validity and links with depression [J]. Personality and Social Psychology Bulletin, 2003, 29 (6): 759 – 771.

[33] Brown R P, Phillips A. Letting bygones be bygones: Further evidence for the validity of the Tendency to Forgive Scale [J]. Personality and Individual Differences, 2005, 38 (3): 627 – 638.

[34] Buttle F, Burton J. Does service failure influence customer loyalty? [J]. Journal of Consumer Behavior, 2002, 1 (3): 217 – 227.

[35] Cardon P W. A qualitative study of the role of face in Chinese business culture: Implications for American Businesspersons [D]. Utah State University, 2005.

[36] Cash Jr J. British air gets on course [N]. Information Week, 1995, 1st. May: 140.

[37] Cash Jr J. Learn from your failures: use defections may yield more useful information than success stories [N]. Information Week, 1996, 22nd. April: 17.

[38] Chan H, Wan L C, Sin L Y M. The contrasting effects of culture on consumer tolerance: interpersonal face and impersonal fate [J]. Journal of Consumer Research, 2009, 36 (2): 292 – 304.

[39] Chaudhuri A. Product class effects on perceived risk: The role of emotion [J]. International Journal of Research in Marketing, 1998, 15 (2): 157 – 168.

[40] Chebat J C, Slusarczyk W. How emotions mediate the effects of perceived justice on loyalty in service recovery situations: an empirical study [J]. Journal of Business Research, 2005, 58 (5): 664 – 673.

[41] Cheng C Y. The concept of face and its Confucian roots [J]. Journal of Chinese Philosophy, 1986, 13 (3): 329 – 348.

[42] Cheung F M, Leung K, Fan R M, et al. Development of the Chinese personality assessment inventory [J]. Journal of Cross-cultural psychology, 1996, 27 (2): 181 – 199.

[43] Cheung F M, Leung K, Zhang J X, et al. Indigenous Chinese Personality

Constructs Is the Five-Factor Model Complete? [J]. Journal of Cross-Cultural Psychology, 2001, 32 (4): 407 –433.

[44] Chiu C M, Fang Y H, Cheng H L, et al. On online repurchase intentions: Antecedents and the moderating role of switching cost [J]. Human Systems Management, 2013, 32 (4): 283 –296.

[45] Clemmer E C, Schneider B. Fair service [J]. Advances in services marketing and management, 1996, 5: 109 –126.

[46] Clemmer E C. An investigation into the relationship of fairness and customer satisfaction with services [J]. Justice in the workplace: Approaching fairness in human resource management, 1993: 193 –207.

[47] Clemmer E C. The role of fairness in customer satisfaction with services [D]. ProQuest Information & Learning, 1988.

[48] Colquitt J A, Scott B A, LePine J A. Trust, trustworthiness, and trust propensity: a meta-analytic test of their unique relationships with risk taking and job performance [J]. Journal of applied psychology, 2007, 92 (4): 909 –927.

[49] Conlon D E, Murray N M. Customer perceptions of corporate responses to product complaints: The role of explanations [J]. Academy of Management Journal, 1996, 39 (4): 1040 –1056.

[50] Cranage D. Plan to do it right: and plan for recovery [J]. International Journal of Contemporary Hospitality Management, 2004, 16 (4): 210 –219.

[51] Davidow M. Organizational responses to customer complaints: What works and what doesn't [J]. Journal of service research, 2003, 5 (3): 225 –250.

[52] Davidow M. The bottom line impact of organizational responses to customer complaints [J]. Journal of Hospitality & Tourism Research, 2000, 24 (4): 473 –490.

[53] Davis L, Wang S, Lindridge A. Culture influences on emotional responses to on-line store atmospheric cues [J]. Journal of Business Research, 2008, 61 (8): 806 –812.

[54] De Ruyter K, Wetzels M. Customer equity considerations in service recover-

y: a cross-industry perspective [J]. International Journal of Service Industry Management, 2000, 11 (1): 91 -108.

[55] Del Río-Lanza A B, Vázquez-Casielles R, Díaz-Martín A M. Satisfaction with service recovery: Perceived justice and emotional responses [J]. Journal of Business Research, 2009, 62 (8): 775 -781.

[56] Deutsch M. Distributive justice: A social-psychological perspective [M]. New Haven, CT: Yale University Press, 1985.

[57] DeWitt T, Nguyen D T, Marshall R. Exploring Customer Loyalty Following Service Recovery The Mediating Effects of Trust and Emotions [J]. Journal of Service Research, 2008, 10 (3): 269 -281.

[58] Dolen W V, Lemmink J, Mattsson J, et al. Affective consumer responses in service encounters: the emotional content in narratives of critical incidents [J]. Journal of Economic Psychology, 2001, 22 (3): 359 -376.

[59] Dubé L, Morgan M S. Capturing the dynamics of in-process consumption emotions and satisfaction in extended service transactions [J]. International Journal of Research in Marketing, 1998, 15 (4): 309 -320.

[60] El-Sheikh M, Buckhalt J A, Reiter S L. Gender-related effects in emotional responding to resolved and unresolved interpersonal conflict [J]. Sex Roles, 2000, 43 (9 -10): 719 -734.

[61] Engel J F, Blackwell R D, Miniard P W. Consumer behavior, 8th [J]. New York: Dryder, 1995.

[62] Enright, R. D, Oh Park, Y. The development of forgiveness in the context of Adolescent conflict in Korea [J]. Jadolesc, 1997, 20 (4): 393 -402.

[63] Erevelles S. The role of affect in marketing [J]. Journal of Business Research, 1998, 42 (3): 199 -215.

[64] Estelami H. Sources, characteristics, and dynamics of postpurchase price complaints [J]. Journal of Business Research, 2003, 56 (5): 411 -419.

[65] Fishbein M, Ajzen I. Belief, attitude, intention and behavior: An introduc-

tion to theory and research [M]. 1975.

[66] Fornell C, Larcker D F. Evaluating structural equation models with unobservable variables and measurement error [J]. Journal of marketing research, 1981: 39 -50.

[67] Gao G. An initial analysis of the effects of face and concern for other in Chinese interpersonal communication [J]. International Journal of Intercultural Relations, 1998, 22 (4): 467 -482.

[68] Gao T, Brown J R. Relational citizenship behavior and opportunism in marketing channels: A governance perspective [J]. Marketing Theory and Applications, 1997, 8 (1): 258 -266.

[69] Goffman E. On face-work: An analysis of ritual elements in social interaction [J]. Psychiatry, 1955, 18 (3): 213 -231.

[70] Goodwin C, Ross, Ivan. Consumer responses to service failures: influence of procedural and interactional fairness perceptions [J]. Journal of Business Research, 1992, 25 (2): 149 -163.

[71] Grace D, O'Cass A. Examining service experiences and post-consumption evaluations [J]. Journal of Services Marketing, 2004, 18 (6): 450 -461.

[72] Greenberg J. Organizational justice: Yesterday, today, and tomorrow [J]. Journal of management, 1990, 16 (2): 399 -432.

[73] Grégoire Y, Tripp T M, Legoux R. When customer love turns into lasting hate: the effects of relationship strength and time on customer revenge and avoidance [J]. Journal of Marketing, 2009, 73 (6): 18 -32.

[74] Grönroos C. A service quality model and its marketing implications [J]. European Journal of marketing, 1984, 18 (4): 36 -44.

[75] Grönroos C. Marketing services: the case of a missing product [J]. Journal of business & industrial marketing, 1998, 13 (4/5): 322 -338.

[76] Grönroos C. Service management and marketing: managing the moments of truth in service competition [M]. Jossey-Bass, 1990.

[77] Grönroos C. Service quality: The six criteria of good perceived service quality [J]. Review of Business, 1988, 9 (3): 10-13.

[78] Gross J J, Levenson R W. Emotional suppression: physiology, self-report, and expressive behavior [J]. Journal of personality and social psychology, 1993, 64 (6): 970-986.

[79] Gross J J, Levenson R W. Hiding feelings: the acute effects of inhibiting negative and positive emotion [J]. Journal of abnormal psychology, 1997, 106 (1): 95-103.

[80] Gross J J. Emotion regulation: Past, present, future [J]. Cognition & Emotion, 1999, 13 (5): 551-573.

[81] Gross J J. The emerging field of emotion regulation: an integrative review [J]. Review of general psychology, 1998, 2 (3): 271-299.

[82] GrossJ J. Antecedent-and response-focused emotion regulation: divergent consequences for experience, expression, and physiology [J]. Journal of personality and social psychology, 1998, 74 (1): 224.

[83] Ha J, Jang S C S. Perceived justice in service recovery and behavioral intentions: The role of relationship quality [J]. International Journal of Hospitality Management, 2009, 28 (3): 319-327.

[84] Haeckel S H, Carbone L P, Berry L L. How to lead the customer experience to create a total brand experience, firms must provide the right directions [J]. Marketing Management, 2003, 12 (1): 18-23.

[85] Harris K E, Grewal D, Mohr L A, et al. Consumer responses to service recovery strategies: the moderating role of online versus offline environment [J]. Journal of Business Research, 2006, 59 (4): 425-431.

[86] Hart C W, Heskett J L, Sasser Jr W E. The profitable art of service recovery [J]. Harvard business review, 1990, 68 (4): 148-156.

[87] Hasan S F, Lings I, Neale L, et al. The role of customer gratitude in making relationship marketing investments successful [J]. Journal of Retailing and Consumer

Services, 2014, 21 (5): 788 -796.

[88] Hazan C, Shaver P. Romantic love conceptualized as an attachment process [J]. Journal of personality and social psychology, 1987, 52 (3): 511.

[89] Hennig-Thurau T, Groth M, Paul M, et al. Are all smiles created equal? How emotional contagion and emotional labor affect service relationships [J]. Journal of Marketing, 2006, 70 (3): 58 -73.

[90] Hess Jr R L. The impact of firm reputation and failure severity on customers' responses to service failures [J]. Journal of Services Marketing, 2008, 22 (5): 385 -398.

[91] Hocutt M A, Bowers M R, Todd Donavan D. The art of service recovery: fact or fiction? [J]. Journal of Services Marketing, 2006, 20 (3): 199 -207.

[92] Hodgins H S, Liebeskind E. Apology versus defense: antecedents and consequences [J]. Journal of Experimenal Social Psychology, 2003 (39): 297 -316.

[93] Hoffman K D, Kelley S W, Rotalsky H M. Tracking service failures and employee recovery efforts [J]. Journal of Services Marketing, 1995, 9 (2): 49 -61.

[94] Homburg C, Giering A. Personal characteristics as moderators of the relationship between customer satisfaction and loyalty-an empirical analysis [J]. Psychology & Marketing, 2001, 18 (1): 43 -66.

[95] Homburg C, Koschate N, Hoyer W D. Do satisfied customers really pay more? A study of the relationship between customer satisfaction and willingness to pay [J]. Journal of Marketing, 2005, 69 (2): 84 -96.

[96] Howard D J. Charles G. Emotional contagion effects on product attitudes [J]. Journal of Consumer Research, 2002 (28): 189 -201.

[97] Huppertz J W, Arenson S J, Evans R H. An application of equity theory to buyer-seller exchange situations [J]. Journal of marketing research, 1978: 250 -260.

[98] Hwang K. Face and favor: The Chinese power game [J]. American journal of Sociology, 1987, 92 (4): 944 -974.

[99] Hwang A, Ang S, Francesco A M. The silent Chinese: The Influence of face

and kiasuism on student feedback-seeking behaviors [J]. Journal of Management Education, 26 (1): 70 -98.

[100] Izard C E. Emotions and facial expressions: A perspective from Differential Emotions Theory [J]. The psychology of facial expression, 1997: 57 -77.

[101] Izard C E. Human emotions [M]. New York: Plenum Press, 1977.

[102] Johnston R. Service failure and recovery: impact, attributes and process [J]. Advances in services marketing and management, 1995, 4 (1995): 211 -288.

[103] Johnston T C, Hewa M A. Fixing service failures [J]. Industrial marketing management, 1997, 26 (5): 467 -473.

[104] Johnson M D, Nader G, Fornell C. Expectations, perceived performance, and customer satisfaction for a complex service: The case of bank loans [J]. Journal of Economic Psychology, 1996, 17 (2): 163 -182.

[105] Jones M A, Jaebeom S. Transaction-specific satisfaction and overall satisfaction: an empirical analysis [J]. The Journal of Services Marketing, 2000, 14 (2): 147 -159.

[106] Kahneman D. Maps of bounded rationality: A perspective on intuitive judgment and choice [J]. Nobel prize lecture, 2002, 8: 351 -401.

[107] Karatepe O M, Ekiz E H. The effects of organizational responses to complaints on satisfaction and loyalty: a study of hotel guests in Northern Cyprus [J]. Managing Service Quality, 2004, 14 (6): 476 -486.

[108] Katz K L, Larson B M, Larson R C. Prescription for the waiting-in-line blues: Entertain, enlighten, and engage [J]. Sloan Management Review, 1991, 32 (2): 44 -53.

[109] Keaveney S M. Customer switching behavior in service industries: An exploratory study [J]. The Journal of Marketing, 1995: 71 -82.

[110] Keeffe D A, Russell-Bennett R, Tombs A. The intentional use of service recovery strategies to influence consumer emotion, cognition and behaviour [J]. Research on Emotions in Organizations: Functionality, Intentionality and Morality,

2007, 3: 141 - 175.

[111] Kelley S W, Davis M A. Antecedents to customer expectations for service recovery [J]. Journal of the Academy of Marketing Science, 1994, 22 (1): 52 - 61.

[112] Kelley S W, Hoffman K D, Davis M A. A typology of retail failures and recoveries [J]. Journal of retailing, 1994, 69 (4): 429 - 452.

[113] Kenny D T. Common themes, different perspectives: A systemic analysis of employer-employee experiences of occupational rehabilitation [J]. Rehabilitation Counseling Bulletin, 1995, 39: 54 - 54.

[114] Kim J Y, Nam S H. The concept and dynamics of face: implications for organizational behavior in Asia [J]. Organization Science, 1998, 9 (4): 522 - 534.

[115] Kim, Y S K, Smith A K. Crime and Punishment Examining Customers' Responses to Service Organizations' Penalties [J]. Journal of Service Research, 2005, 8 (2): 162 - 180.

[116] Kim N, Ulgado F M. The effect of on-the-spot versus delayed compensation: the moderating role of failure severity [J]. Journal of Services Marketing, 2012, 26 (3): 158 - 167.

[117] Kotler P. Marketing Management [M]. Pearson Education Canada, 2001.

[118] Kuo Y F, Wu C M. Satisfaction and post-purchase intentions with service recovery of online shopping websites: Perspectives on perceived justice and emotions [J]. International Journal of Information Management, 2012, 32 (2): 127 - 138.

[119] Lazarus R S. On the primacy of cognition [J]. American Psychologist, 1984, 39 (2): 124 - 129.

[120] Lazarus R S. Progress on a cognitive-motivational-relational theory of emotion [J]. American psychologist, 1991, 46 (8): 819 - 834.

[121] Lee D J, Lee M, Suh J. Benevolence in the importer-exporter relationship: Moderating role of value similarity and cultural familiarity [J]. International Marketing Review, 2007, 24 (6): 657 - 677.

[122] Lee A Y, Aaker J and Gardner W. The pleasures and pains of distinct self-

construals: the role of interdependence in regulatory focus [J]. Journal of Personality and Social Psychology, 2000, 78 (6): 1122 – 1134.

[123] Lee M J, Singh N, Chan E S W. Service failures and recovery actions in the hotel industry: A text-mining approach [J]. Journal of Vacation Marketing, 2011, 17 (3): 197 – 207.

[124] Levesque T J, McDougall G H G. Service problems and recovery strategies: an experiment [J]. Canadian Journal of Administrative Sciences/Revue Canadienne des Sciences de l'Administration, 2000, 17 (1): 20 – 37.

[125] Lewis B R, McCann P. Service failure and recovery: evidence from the hotel industry [J]. International Journal of Contemporary Hospitality Management, 2004, 16 (1): 6 – 17.

[126] Li J J, Su C. How face influences consumption: a comparative study of American and Chinese consumers [J]. International Journal of Market Research, 2007, 49 (2): 237.

[127] Liao J, Wang L. Face as a mediator of the relationship between material value and brand consciousness [J]. Psychology & Marketing, 2009, 26 (11): 987 – 1001.

[128] Lim T S. Facework and interpersonal relationships [J]. The challenge of facework: Cross-cultural and interpersonal issues [M]. Suny Press, 1994. 209 – 229.

[129] Lin L, Xi D and Lueptow R M. Public face and private thrift in Chinese consumer behaviour [J]. International Journal of Consumer Studies, 2013, 37 (5): 538 – 545.

[130] Markus H R and Kitayama S. Culture and the self: implication for cognition, emotion and motivation [J]. Psychological Review, 1991, 98 (2): 224 – 253.

[131] Mano H, Oliver R L. Assessing the dimensionality and structure of the consumption experience: evaluation, feeling, and satisfaction [J]. Journal of Consumer research, 1993, 20 (3): 451 – 466.

[132] Mattila A S, Enz C A. The role of emotions in service encounters [J]. Journal of Service Research, 2002, 4 (4): 268 – 277.

[133] Mattila A S. The effectiveness of service recovery in a multi-industry setting [J]. Journal of Services Marketing, 2001, 15 (7): 583 -596.

[134] Mattila A S, Patterson P G. Service recovery and fairness perceptions in collectivist and individualist contexts [J]. Journal of Service Research, 2004, 6 (4): 336 -346.

[135] Maxham J G, Netemeyer R G. A longitudinal study of complaining customers' evaluations of multiple service failures and recovery efforts [J]. Journal of Marketing, 2002, 66 (4): 57 -71.

[136] Maxham J G, Netemeyer R G. Firms reap what they sow: the effects of shared values and perceived organizational justice on customers' evaluations of complaint handling [J]. Journal of Marketing, 2003, 67 (1): 46 -62.

[137] Maxham J G, Netemeyer R G. Modeling customer perceptions of complaint handling over time: the effects of perceived justice on satisfaction and intent [J]. Journal of retailing, 2002, 78 (4): 239 -252.

[138] Maxham J G. Service recovery's influence on consumer satisfaction, positive word-of-mouth, and purchase intentions [J]. Journal of Business Research, 2001, 54 (1): 11 -24.

[139] Mayer R C, Davis J H, Schoorman F D. An integrative model of organizational trust [J]. Academy of management review, 1995, 20 (3): 709 -734.

[140] McCole P. Dealing with complaints in services [J]. International journal of contemporary hospitality management, 2004, 16 (6): 345 -354.

[141] McCole P. Towards a Re-Conceptualisation of Service Failure and Service Recovery: A Consumer-Business Perspective [J]. Irish Journal of Management, 2003, 24: 11 -19.

[142] McColl-Kennedy J R, Smith A K. Customer emotions in service failure and recovery encounters [J]. 2006.

[143] McColl-Kennedy J R, Sparks B A. Application of fairness theory to service failures and service recovery [J]. Journal of Service Research, 2003, 5 (3):

251 –266.

[144] McCollough M A, Berry L L, Yadav M S. An empirical investigation of customer satisfaction after service failure and recovery [J]. Journal of service research, 2000, 3 (2): 121 –137.

[145] McCullough ME, Rahal KC, Sandage SJ, et al. Interpersonal forgiving in close relationship: Theoretical elaboration and measurement [J]. Journal of Personality and Social Psycholog, 1998, 76: 1586 –1603.

[146] McCullough, M. E. Transgression-related motivational dispositions: personality substrates of forgiveness and their links to the Big Five [J]. Personality and Social Bulletin, 2002, 28 (11): 1556 –1573.

[147] McCullough M E, Fincham F D, Tsang J A. Forgiveness, forbearance, and time: the temporal unfolding of transgression-related interpersonal motivations [J]. Journal of personality and social psychology, 2003, 84 (3): 540.

[148] Mehrabian A, Russell J A. An approach to environmental psychology [M]. The MIT Press, 1974.

[149] Menon K, Dubé L. Ensuring greater satisfaction by engineering salesperson response to customer emotions [J]. Journal of Retailing, 2000, 76 (3): 285 –307.

[150] Michel S, Bowen D, Johnston R. Why service recovery fails: Tensions among customer, employee, and process perspectives [J]. Journal of Service Management, 2009, 20 (3): 253 –273.

[151] Mischel W, Shoda Y. Integrating dispositions and processing dynamics within a unified theory of personality: The cognitive-affective personality system [J]. Handbook of personality: Theory and research, 1999, 2: 197 –218.

[152] Morales A C. Giving Firms an "E" for Effort: Consumer Responses to High-Effort Firms [J]. Journal of Consumer Research, 2005, 31 (4): 806 –812.

[153] Nelson C. Appreciating gratitude: Can gratitude be used as a psychological intervention to improve individual well-being [J]. Counselling Psychology Review, 2009, 24 (3 –4): 38 –50.

[154] Neto F. Forgiveness, personality and gratitude [J]. Personality and Individual Differences, 2007, 43 (8): 2313 -2323.

[155] Noone B M. Overcompensating for severe service failure: perceived fairness and effect on negative word-of-mouth intent [J]. Journal of Services Marketing, 2012, 26 (5): 342 -351.

[156] Nyer P U. An investigation into whether complaining can cause increased consumer satisfaction [J]. Journal of consumer marketing, 2000, 17 (1): 9 -19.

[157] Oatley K, Johnson-Laird P N. Towards a cognitive theory of emotions [J]. Cognition and emotion, 1987, 1 (1): 29 -50.

[158] Oliver R L. A cognitive model of the antecedents and consequences of satisfaction decisions [J]. Journal of marketing research, 1980, 17 (4): 460 -469.

[159] Oliver R L. Cognitive, affective, and attribute bases of the satisfaction response [J]. Journal of consumer research, 1993, 20 (3): 418 -430.

[160] Oliver R L. New directions in the study of the consumer satisfaction response: anticipated evaluation, internal cognitive-affective processes, and trust influences on loyalty [J]. 1998.

[161] Oliver R L. Satisfaction: A behavioral perspective on the consumer [J]. New York'NY: Irwin-McGraw-Hill, 1997.

[162] Olsen L L, Johnson M D. Service equity, satisfaction, and loyalty: from transaction-specific to cumulative evaluations [J]. Journal of Service Research, 2003, 5 (3): 184 -195.

[163] Oyserman D and Lee W S. Does culture influence what and how we think? Effect of priming individualism and collectivism [J]. Psychological Bulletin, 2008, 134 (2): 311 -342.

[164] Parasuraman A, Zeithaml V A, Berry L L. A conceptual model of service quality and its implications for future research [J]. The Journal of Marketing, 1985: 41 -50.

[165] Parasuraman A, Zeithaml V A, Berry L L. Reassessment of expectations as

a comparison standard in measuring service quality: implications for further research [J]. Journal of Marketing, 1994: 111 -124.

[166] Phillips D M, Baumgartner H. The role of consumption emotions in the satisfaction response [J]. Journal of Consumer Psychology, 2002, 12 (3): 243 -252.

[167] Porat T, Liss R, Tractinsky N. E-stores design: the influence of E-store design and product type on consumers' emotions and attitudes [M]. Human-Computer Interaction. HCI Applications and Services. Springer Berlin Heidelberg, 2007: 712 -721.

[168] Power, C., D. Woodruff, L, Zinn, W, Konrad. Smart Selling: How Companies are Winning over Today's Tough [N]. Business Week, 1992, 3277: 46 -48.

[169] Qian W, Razzaque M A, Keng K A. Chinese cultural values and gift-giving behavior [J]. Journal of Consumer Marketing, 2007, 24 (4): 214 -228.

[170] Reichheld F F. The one number you need to grow [J]. Harvard business review, 2003, 81 (12): 46 -55.

[171] Richins L. Measuring emotions in the consumption experience [J]. Journal of consumer research, 1997, 24 (2): 127 -146.

[172] Richins L. Negative word of mouth by dissatisfied consumer: a pilot study [J]. Journal of Marketing, 1983, 47: 68 -78.

[173] Roos I. Switching processes in customer relationships [J]. Journal of Service Research, 1999, 2 (1): 68 -85.

[174] Rye M S, Loiacono D M, Folck C D, et al. Evaluation of the psychometric properties of two forgiveness scales [J]. Current Psychology, 2001, 20 (3): 260 -277.

[175] Sarason I G, Sarason B R, Brock D M, et al. Social support: Current status, current issues [J]. Stress and emotion: Anxiety, anger, and curiosity, 1996, 16: 3 -27.

[176] Schoefer K, Diamantopoulos A. A Typology of Consumers' Emotional Response Styles during Service Recovery Encounters [J]. British Journal of Management, 2009, 20 (3): 292 -308.

[177] Schoefer K, Diamantopoulos A. Measuring experienced emotions during service recovery encounters: construction and assessment of the ESRE scale [J]. Service Business, 2008, 2 (1): 65 - 81.

[178] Schoefer K, Ennew C. Emotional responses to service complaint experiences: the role of perceived justice [J]. 2002.

[179] Schoefer K, Ennew C. The impact of perceived justice on consumers' emotional responses to service complaint experiences [J]. Journal of Services Marketing, 2005, 19 (5): 261 - 270.

[180] Schoefer K. Cultural moderation in the formation of recovery satisfaction judgments: A cognitive-affective perspective [J]. Journal of Service Research, 2010, 13 (1): 52 - 66.

[181] Schoefer K. The role of cognition and affect in the formation of customer satisfaction judgements concerning service recovery encounters [J]. Journal of Consumer Behaviour, 2008, 7 (3): 210 - 221.

[182] Seiders K, Berry L. Service fairness: What it is and why it matters [J]. The Academy of Management Executive, 1998, 12 (2): 8 - 20.

[183] Selnes F, Gønhaug K. Effects of supplier reliability and benevolence in business marketing [J]. Journal of Business Research, 2000, 49 (3): 259 - 271.

[184] Smith A K, Bolton R N, Wagner J. A model of customer satisfaction with service encounters involving failure and recovery [J]. Journal of marketing research, 1999: 356 - 372.

[185] Smith A K, Bolton R N. The effect of customers' emotional responses to service failures on their recovery effort evaluations and satisfaction judgments [J]. Journal of the Academy of Marketing Science, 2002, 30 (1): 5 - 23.

[186] Smith A. CRM and customer service: strategic asset or corporate overhead? [J]. Handbook of business strategy, 2006, 7 (1): 87 - 93.

[187] Spencer-Oatey H. Managing rapport in talk: Using rapport sensitive incidents to explore the motivational concerns underlying the management of relations [J].

Journal of Pragmatics, 2002, 34 (5): 529 -545.

[188] Spreng R A, Harrell G D, Mackoy R D. Service recovery: impact on satisfaction and intentions [J]. Journal of Services Marketing, 1995, 9 (1): 15 -23.

[189] Spreng R A, Olshavsky R W. A desires congruency model of consumer satisfaction [J]. Journal of the Academy of Marketing Science, 1993, 21 (3): 169 -177.

[190] Tangney, J. P. , & Fischer, K. W. Self-conscious emotions: The psychology of shame, guilt, embarrassment, and pride [M]. 1995, New York: Guilford Press.

[191] Tax S S, Brown S W, Chandrashekaran M. Customer evaluations of service complaint experiences: implications for relationship marketing [J]. The Journal of Marketing, 1998, 4 (62): 60 -76.

[192] Tax, Stephen S. , Brown, Stephen W. Recovering and Learning from Service Failure [J]. Sloan Management Review, 1998, 40 (1): 75 -88.

[193] Taylor S. The effects of filled waiting time and service provider control over the delay on evaluations of service [J]. Journal of the Academy of Marketing Science, 1995, 23 (1): 38 -48.

[194] Taylor S. Waiting for service: the relationship between delays and evaluations of service [J]. The Journal of Marketing, 1994: 56 -69.

[195] Ting-Toomey S, Kurogi A. Facework competence in intercultural conflict: An updated face-negotiation theory [J]. International journal of intercultural relations, 1998, 22 (2): 187 -225.

[196] Tsarenko Y, Tojib D R. A transactional model of forgiveness in the service failure context: a customer-driven approach [J]. Journal of Services Marketing, 2011, 25 (5): 381 -392.

[197] Tse D K, Wilton P C. Models of consumer satisfaction formation: An extension [J]. Journal of marketing research, 1988, 25 (2): 204 -212.

[198] Tse, D. K. Understanding Chinese people as consumers: Past findingsand

future propositions. In M. H. Bond (Eds.), The handbook of Chinese psychology. Hong Kong: Oxford University Press, 1996.

[199] Turley L W, Milliman R E. Atmospheric effects on shopping behavior: a review of the experimental evidence [J]. Journal of Business Research, 2000, 49 (2): 193 - 211.

[200] Vázquez-Casielles R, Suárez Álvarez L, Díaz Martín A M. Perceived justice of service recovery strategies: Impact on customer satisfaction and quality relationship [J]. Psychology & Marketing, 2010, 27 (5): 487 - 509.

[201] Wakefield K L, Blodgett J G. Customer response to intangible and tangible service factors [J]. Psychology and Marketing, 1999 (16): 51 - 68.

[202] Watson D, Clark L A, Tellegen A. Development and validation of brief measures of positive and negative affect: the PANAS scales [J]. Journal of Personality and Social Psychology, 1988, 54 (6): 1063 - 1070.

[203] Wang C L, Lin X. Migration of Chinese consumption values: traditions, modernization, and cultural renaissance [J]. Journal of business ethics, 2009, 88 (3): 399 - 409.

[204] Westbrook R A, Oliver R L. The dimensionality of consumption emotion patterns and consumer satisfaction [J]. Journal of consumer research, 1991, 18 (1): 84 - 91.

[205] Westbrook R A. Product consumption-based affective responses and post purchase processes [J]. Journal of marketing research, 1987, 24 (3): 258 - 270.

[206] Weun S, Beatty S E, Jones M A. The impact of service failure severity on service recovery evaluations and post-recovery relationships [J]. Journal of Services Marketing, 2004, 18 (2): 133 - 146.

[207] White T B. Consumer trust and advice acceptance: The moderating roles of benevolence, expertise, and negative emotions [J]. Journal of Consumer Psychology, 2005, 15 (2): 141 - 148.

[208] Wirtz J, Mattila A S. Consumer responses to compensation, speed of recov-

ery and apology after a service failure [J]. International Journal of Service Industry Management, 2004, 15 (2): 150-166.

[209] Xie Y, Peng S. How to repair customer trust after negative publicity: The roles of competence, integrity, benevolence, and forgiveness [J]. Psychology & Marketing, 2009, 26 (7): 572-589.

[210] Zeithaml V A, Berry L L, Parasuraman A. The nature and determinants of customer expectations of service [J]. Journal of the academy of Marketing Science, 1993, 21 (1): 1-12.

[211] Zeithaml V A. Consumer perceptions of price, quality, and value: A means-end model and synthesis of evidence [J]. The Journal of Marketing, 1988, 52 (3): 2-22.

[212] Zeithaml V. A., Parasuraman A., Arvind Malhotra. Service Quality Delivery through Web Sites: A Critical Review of Extant Knowledge [J]. Journal of Academy of Marketing Science, 2002, 30 (4): 362-375.

[213] Zeithaml V A, Berry L L, The behavioral consequences of service quality [J]. Journal of Marketing Research, 1996, 60 (2): 31-46.

[214] Z Shi, I Furukawa, C Jin, L Zhu. Chinese Face: MIANZI and LIAN: And Their Influence on Chinese Consumer Behavior [R]. 2010 2nd International Symposium on Information Engineering and Electronic Commerce, 2010: 252-256.

[215] 宝贡敏，赵卓嘉．面子需要概念的维度划分与测量——一项探索性研究 [J]. 浙江大学学报：人文社会科学版，2009，39 (2)：82-90.

[216] 才源源，何佳讯．整体型-分析型认知方式理论及其消费者行为学应用研究现状评价 [J]. 外国经济与管理，2012，34 (4)：39-46.

[217] 才源源．积极情绪对品牌来源国效应的影响作用研究 [D]，华东师范大学，2013.

[218] 常亚平，姚慧平，韩丹等．电子商务环境下服务补救对顾客忠诚的影响机制研究 [J]. 管理评论，2008 (11)：30-37.

[219] 陈可，涂荣庭．基于顾客自我调整导向的差异化服务补救策略研究

[J]. 南开管理评论, 2008 (4): 49 - 56.

[220] 陈可，涂荣庭. 服务补救效果的双期望理论：动态的视角 [J]. 管理评论，2009 (1): 53 - 58.

[221] 陈之昭，面子心理的理论分析与实际研究. 引自：翟学伟，中国社会心理学评论（第二辑）[M]. 北京：社会科学出版社，2006: 107 - 160.

[222] 陈昊，李立文，陈立荣. 组织控制与信息安全制度遵守：面子倾向的调节作用 [J]. 管理科学，2016 (3): 1 - 12.

[223] 陈明亮. 客户重复购买意向决定因素的实证因素 [J]. 科研管理，2003，24 (1): 110 - 115.

[224] 丛庆，阎洪，王玉梅. 服务补救后满意对顾客形成关系持续意愿的影响研究 [J]. 管理科学，2007，20 (6): 54 - 63.

[225] 常亚平，罗劲，阎俊. 服务补救悖论形成机理研究 [J]. 管理评论，2012 (3): 100 - 107.

[226] 常涛，刘智强，王艳子. 绩效薪酬对员工创造力的影响研究：面子压力的中介作用 [J]. 科学学与科学技术管理，2014 (9): 171 - 180.

[227] 杜建刚，范秀成. 补救后满意中的面子与情绪机制研究 [C]. JMS 中国营销科学学术年会论文集，2007.

[228] 杜建刚，范秀成. 服务补救中情绪对补救后顾客满意和行为的影响——基于情绪感染视角的研究 [J]. 管理世界，2007，8 (1): 85 - 95.

[229] 杜建刚，范秀成. 服务失败情境下顾客损失、情绪对补救预期和顾客抱怨倾向的影响 [J]. 南开管理评论，2008，10 (6): 4 - 10.

[230] 杜建刚. 服务消费中的面子建构研究 [J]. 山西财经大学学报，2011 (9): 57 - 64.

[231] 杜建刚，范秀成. 服务失败中群体消费者心理互动过程研究 [J]. 管理科学学报，2011 (12): 60 - 70.

[232] 杜建刚，范秀成. 服务失败情境下面子丢失对顾客抱怨倾向的影响 [J]. 管理评论，2012，24 (3): 91 - 99.

[233] 杜伟宇，许伟清. 中国情境下权力对炫耀性产品购买意愿的影响：面

子意识的中介效应［J］. 南开管理评论，2014（5）：83－90.

［234］范秀成，杜建刚. 服务质量五维度对服务满意及服务忠诚的影响［J］. 管理世界，2006，6：111－118.

［235］范秀成，郑秋莹，姚唐等. 顾客满意带来什么忠诚？［J］. 管理世界，2009（2）：83－91.

［236］冯浩菲. 关于孔子忠恕思想的界说问题［J］. 孔子研究，2003（4）：58－64.

［237］傅宏. 宽恕心理学：理论蕴涵与发展前瞻［J］. 南京师大学报：社会科学版，2003（6）：92－97.

［238］傅宏. 中国人宽恕性情的文化诠释［J］. 南京社会科学，2009（8）：57－62.

［239］傅宏. 基于中国大学生样本的宽恕及其相关人格因素分析［J］. 教育研究与实验，2006（1）：58－63.

［240］冯友兰. 新世训［M］. 北京：北京大学出版社，1996.

［241］冯友兰. 新世训：生活方法新论［M］. 三联书店，2007.

［242］傅慧，吴晨光，段艳红. "货币补偿"总是最优策略吗？［J］. 旅游学刊，2014，29（1）：101－110.

［243］耿黎辉. 产品消费情绪与购后行为关系的实证研究［J］. 数理统计与管理，2008，27（1）：1－9.

［244］郭新华，夏瑞洁. 情绪与消费者行为关系研究述评［J］. 北京工商大学学报：社会科学版，2010（1）：71－74.

［245］郭贤达，陈荣，谢毅. 如何在服务失败后仍然得到顾客的拥护？——感知公平、顾客满意、顾客承诺对行为意向的影响［C］. 中国市场学会2006年年会暨第四次全国会员代表大会论文集，2006.

［246］韩晓芸，汪纯孝. 服务性企业顾客满意感与忠诚感的关系. 北京：清华大学出版社，2003，147.

［247］郭晓琳，林德荣. 中国本土消费者的面子意识与消费行为研究述评［J］. 外国经济与管理，2015（11）：63－71.

[248] 何友晖．论面子．引自：翟学伟，中国社会心理学评论（第二辑）[M]．北京：社会科学出版社，2006：18－33.

[249] 何友晖．面子的动力：从概念化到测量．引自：翟学伟，中国社会心理学评论（第二辑）[M]．北京：社会科学出版社，2006：66－78.

[250] 何其帼，徐阳华．服务企业的失误补救策略——基于医疗行业顾客公平感知视角 [J]．经济管理，2008（7）：65－70.

[251] 胡士强，彭纪生，周路路．关系取向，面子需求与组织内知识共享——中国情境下知识共享意愿的探讨 [J]．上海管理科学，2010（4）：81－86.

[252] 胡先晋．中国人的脸面观．引自：翟学伟，中国社会心理学评论（第二辑）[M]．北京：社会科学出版社，2006：1－17.

[253] 黄光国，胡先晋．面子：中国人的权力游戏 [M]．中国人民大学出版社，2004.

[254] 黄静，姚琦，周南．品牌关系准则对再续品牌关系意愿的影响 [J]．经济管理，2010（3）：79－85.

[255] 姜彩芬．面子文化产生根源及社会功能 [J]．广西社会科学，2009（3）：116－120.

[256] 蒋建武，赵珊．劳务派遣员工组织认同动态发展研究：面子和身份的影响 [J]．管理学报，2014（4）：541－547.

[257] 金立印．顾客服务补救预期：形成因素及对顾客满意的影响 [J]．营销科学学报，2006，2（2）：1－15.

[258] 金立印．基于关键事件法的服务失败与补救研究 [J]．经济管理，2006（16）：44－51.

[259] 金耀基，杨国枢．人际关系中人情之分析 [J]．中国人的心理．台北：桂冠图书公司，1988，1－74.

[260] 金耀基．面、耻与中国人的行为之分析．引自：翟学伟，中国社会心理学评论（第二辑）[M]．北京：社会科学出版社，2006：48－78.

[261] 李东进，吴波，武瑞娟．中国消费者购买意向模型——对 Fishbein 合理行为模型的修正 [J]．管理世界，2009（1）：121－129.

[262] 李兆良. 国外关于宽恕的心理学研究述评 [J]. 医学与社会, 2009, 22 (3): 62 - 65.

[263] 李兆良. 宽恕内涵的本土心理学反思 [D]. 吉林大学, 2011.

[264] 黎玉兰, 付进. 大学生自尊与宽恕倾向的关系: 归因的中介作用 [J]. 中国临床心理学杂志, 2013, 21 (1): 129 - 132.

[265] 梁威. 服务失误补救: 从关系与归因角度分析 [D]. 武汉大学, 2004.

[266] 刘送英, 孙锐. 服务失败与服务补救后顾客口碑传播意愿研究——一个理论框架 [J]. 科技管理研究, 2011 (5): 145 - 148.

[267] 刘汝萍, 马钦海, 赵晓煜. 其他顾客不当行为对满意及行为倾向的影响——关系质量的调节效应 [J]. 营销科学学报, 2012 (2): 129 - 145.

[268] 卢泰宏. 中国消费者行为报告 [M]. 中国社会科学出版社, 2005.

[269] 罗春明, 黄希庭. 宽恕的心理学研究 [J]. 心理科学进展, 2004, 12 (6): 908 - 915.

[270] 马双, 王永贵, 张璟. 服务补救后顾客满意驱动机制的实证研究——基于电子商务背景下对感知风险和购物经验调节效应的剖析 [J]. 山西财经大学学报, 2011 (4): 82 - 92.

[271] 孟昭兰. 人类情绪 [M]. 上海: 上海人民出版社, 1989.

[272] 潘煜. 中国传统价值观与顾客感知价值对中国消费者消费行为的影响 [J]. 上海交通大学学报: 哲学社会科学版, 2009, 17 (3): 53 - 61.

[273] 潘煜, 高丽, 张星, 万岩. 中国文化背景下的消费者价值观研究——量表开发与比较 [J]. 管理世界, 2014 (4): 90 - 105.

[274] 彭军锋. 在服务补救过程中关系品质对顾客知觉公平及行为意向的影响 [D]. 武汉大学, 2004.

[275] 卜师霞. 孔子忠恕思想的内涵 [J]. 孔子研究, 2007 (5): 4 - 8.

[276] 戚海峰. 中国人消费行为中的面子问题探究 [J]. 湖北大学学报: 哲学社会科学版, 2009, 36 (1): 120 - 125.

[277] 钱穆. 中国文化史导论 [M], 上海三联书店, 1988.

[278] 施卓敏，范丽洁，叶锦峰．中国人的脸面观及其对消费者解读奢侈品广告的影响研究 [J]. 南开管理评论，2012，15（1）：151－160.

[279] 宋晓兵．感知面子对行为意向影响的跨文化比较研究 [J]. 预测，2012，31（4）：9－14.

[280] 宋晓兵，聂春艳，徐丽丽．炫耀还是低调？面子损失对消费者品牌标识偏好的影响研究 [J]. 营销科学学报，2012（8）：63－75.

[281] 宋晓兵．消费者感知面子的形成机理及其对购买意向的影响研究 [M]. 北京：知识产权出版社，2012.

[282] 宋亦平，王晓艳．服务失误归因对服务补救效果的影响 [J]. 南开管理评论，2005，8（4）：12－17.

[283] 孙乃娟．国外消费者宽恕研究综述及趋势展望 [J]. 中国流通经济，2012，26（4）：86－90.

[284] 唐凯麟，论儒家的忠恕之道——兼对普遍伦理的历史反思 [J]. 求索，2000（1）：71－76.

[285] 唐小飞，钟帅，贾建民．服务补救：投其所好还需相机而动吗 [J]. 营销科学学报，2013，9（3）：45－59.

[286] 唐小飞，钟帅，郑杰．补救时机和人格特质对补救绩效影响研究 [J]. 管理世界，2011（4）：178－179.

[287] 涂铭，景奉杰，汪兴东．产品伤害危机中的负面情绪对消费者应对行为的影响研究 [J]. 管理学报，2013，10（12）：1823－1832.

[288] 瓦拉瑞尔 A. 泽丝曼尔等．服务营销 [M]. 北京：机械工业出版社，2013.

[289] 汪涛，张琴．为什么消费者会感觉到有面子？——消费者面子及其感知机制研究 [J]. 经济管理，2011（7）：78－88.

[290] 汪兴东，景奉杰，涂铭．产品伤害中不同忠诚度顾客情绪反应及行为意向的差异性研究 [J]. 管理评论，2013，25（1）：73－81.

[291] 王风华．服务补救属性对顾客满意的影响效应研究 [J]. 上海管理科学，2010（6）：67－75.

[292] 王玉. 大学生宽恕倾向与主观幸福感: 社会支持的中介作用 [J]. 现代预防医学, 2014, 41 (015): 2766 - 2768.

[293] 王长征, 崔楠. 个性消费还是地位消费——中国人的“面子”如何影响象征型的消费者品牌关系 [J]. 经济管理, 2011, 33 (6): 84 - 90.

[294] 王如意, 鲁直. 再多一次接触: 顾客反馈机制对服务失败后顾客评价的影响 [J]. 经济管理, 2010 (7): 89 - 96.

[295] 文玲, 张厚粲. 教育与心理定量研究方法与统计分析: SPSS 实用指导 [M]. 北京师范大学出版社, 2008.

[296] 温碧燕, 韩小芸, 伍小奕, 汪纯孝等. 顾客的消费情感与顾客满意感关系的实证研究 [J]. 旅游科学, 2004 (4): 1 - 6.

[297] 温碧燕, 岑成德. 补救服务公平性对顾客与企业关系的影响 [J]. 中山大学学报 (社会科学版), 2003 (2): 24 - 30.

[298] 肖丽, 姚耀. 关系类型对服务失败后顾客反应的影响 [J]. 南开管理评论, 2006, 8 (6): 56 - 62.

[299] 薛海波, 符国群, 江晓东. 面子意识与消费者购物决策风格: 一项 70 后, 80 后和 90 后的代际调节作用研究 [J]. 商业经济与管理, 2014 (6): 65 - 75.

[300] 杨丽华, 廖进中, 时格格. 补救情境下银行业的顾客满意度实证研究 [J]. 软科学, 2010, 7 (24): 133 - 137.

[301] 杨清荣. 忠恕之道的特质及其现代价值 [J]. 伦理学研究, 2005 (6): 26 - 31.

[302] 杨学成, 郭国庆, 汪晓凡等. 服务补救可控特征对顾客口碑传播意向的影响 [J]. 管理评论, 2009, 21 (7): 56 - 64.

[303] 杨洋, 方正. 服务补救措施的长期效果研究 [J]. 北京理工大学学报 (社会科学版), 2013, 15 (2): 53 - 59.

[304] 袁少锋, 高英, 郑玉香. 面子意识, 地位消费倾向与炫耀性消费行为——理论关系模型及实证检验 [J]. 财经论丛, 2009 (5): 81 - 86.

[305] 游怡. 面子得失对消费者冲动购买影响的实证研究 [D]. 北京邮电大学, 2015.

[306] 翟学伟，中国人的脸面观模型．引自：翟学伟，中国社会心理学评论（第二辑）[M]．北京：社会科学出版社，2006：217－228.

[307] 翟学伟．人情，面子与权力的再生产——情理社会中的社会交换方式[J]．社会学研究，2005（5）：48－57.

[308] 张初兵，侯如靖，易牧农．网购服务补救后感知公平，情绪与行为意向的关系——基于关系质量的调节中介模型[J]．山西财经大学学报，2014，36（1）：54－64.

[309] 张金成，何会文．服务补救的认识误区[J]．商业经济与管理，2003，135（1）：18－21.

[310] 张励．航班延误补救与顾客满意度及行为意向关系研究[D]．浙江大学，2006.

[311] 张梦霞．象征型购买行为的儒家文化价值观诠释——概念界定、度量、建模和营销策略建议[J]．中国工业经济，2005（3）：106－112.

[312] 张圣亮，高欢．服务补救方式对消费者情绪和行为意向的影响[J]．南开管理评论，2011（2）：37－43.

[313] 张圣亮，张文光．服务补救程度对消费者情绪和行为意向的影响[J]．北京理工大学学报：社会科学版，2009（6）：82－89.

[314] 张田，孙卉，傅安球．集体主义背景下的宽恕研究及其对心理治疗的启示[J]．心理科学进展，2012，20（2）：265－273.

[315] 张正林，庄贵军．基于社会影响和面子视角的冲动购买研究[J]．管理科学，2008，21（6）：66－72.

[316] 张正林，庄贵军．基于时间继起的消费者信任修复研究[J]．管理科学，2010（2）：52－59.

[317] 张简玉梅．主题游乐园服务失误、服务补救及游客行为意图之研究[D]．朝阳科技大学，2005.

[318] 张宏生．不同顾客价值倾向下旅馆服务补救对顾客满意的影响[J]．行销评论，2007，4（2）：137－162.

[319] 张海霞，谷传华．宽恕与个体特征、环境事件的关系[J]．心理科学

进展，2009（4）：774－779.

［320］赵冰，涂荣庭，符国群．服务补救如何影响消费者转换意向［J］．营销科学学报，2005，1（2）：1－11.

［321］赵鑫，马钦海，刘汝萍．服务失败问题严重性对消费者服务补救感知影响的实证分析［J］．技术经济，2009，28（6）：116－119.

［322］赵卓嘉．面子作用于知识型员工任务冲突选择的内在机理——基于期望理论的实证研究［J］．财经论丛，2013（4）：101－106.

［323］赵占波，张钧安，徐惠群．基于公平理论探讨服务补救质量影响的实证研究——来自中国电信服务行业的证据［J］．南开管理评论，2009（3）：27－34.

［324］真德秀．问忠恕［A］．西山先生真文忠公文集（卷三十一）［C］．上海：商务印书馆，1937.

［325］郑丹．不同服务补救措施对顾客情绪的影响［J］．消费经济，2008，24（4）：52－57.

［326］郑丹．服务补救中顾客情绪对顾客满意之影响的实证研究［J］．中国管理科学，2011，19（3）：166－173.

［327］郑丹，服务失败时消费情绪对顾客满意的影响分析［J］．现代财经，2006（4）：55－59.

［328］郑秋莹，范秀成．网上零售业服务补救策略研究——基于公平理论和期望理论的探讨［J］．管理评论，2007，19（10）：17－23.

［329］郑绍成．服务业服务失败、挽回服务与顾客反应之研究［D］．台湾中国文化大学企业管理研究所博士论文，1997.

［330］钟天丽，胡培，孙靖．基于外部比较下的服务补救后顾客行为意向的探讨［J］．管理评论，2011，23（1）：59－67.

［331］周美伶，何友晖．从跨文化的观点分析面子的内涵及其在社会交往中的运作［J］．翟学伟．中国社会心理学评论（第二辑）．北京：社会科学出版社，2006，186－216.

［332］朱瑞玲，“面子”压力及其因应行为．引自：翟学伟，中国社会心理

学评论（第二辑）[M]. 北京：社会科学出版社，2006：161－185.

[333] 朱瑞玲，中国人的社会互动：论面子的问题. 引自：翟学伟，中国社会心理学评论（第二辑）[M]. 北京：社会科学出版社，2006：79－106.

[334] 朱熹撰. 四书章句集注 [J]. 新编诸子集成本，中华书局 1983 年版，1983.

[335] 庄锦英. 情绪与决策的关系 [J]. 心理科学进展，2003，11（4）：423－431.

[336] 佐斌. 中国人的脸与面子：本土社会心理学探索 [M]. 华中师范大学出版社，1997.

后　记

本书是在我的博士论文基础上完善而成，在本书即将完成之际，有很多可敬的师长、同学、朋友给予了我无私的帮助，在这里请接受我诚挚的谢意！

首先，感谢我的授业恩师山东大学管理学院王兴元教授。王老师是一位儒雅的学者，他有渊博的知识、深厚的学术积累、高深的思想和独特的人格魅力。他孜孜不倦地教我治学、做人和做事，在我遇到困难时，总为我指点方向，他是我一生的榜样。秉性师者风范，践行学者厚德，王老师在工作中勤奋努力，带领我们进行学术研究和科研项目的开展。王老师治学态度严谨、研究方法精通，有着敏锐的洞察力和过人的领悟能力，更孜孜不倦的是把所知所学一遍遍向我们传授。他不仅教会了我如何开展科学研究工作，更教会了我如何去不断地提升自己。这么多年来，王老师始终坚持每周与我们定期举行学习讨论会，为我们指点学术上的迷津，解决我们科研的困惑和生活中遇到的问题，还将他自己在科研、工作以及人生中的领悟与我们分享。王老师诲人不倦的师者风范，将是我一生学习的典范。

其次，感谢山东大学管理学院杨蕙馨教授、谢永珍教授、王益民教授、潘爱玲教授、张玉明教授等在论文开题、写作和答辩中给我的指导和帮助。还要感谢管理学院徐向艺教授、陈志军教授、胡正明教授、张体勤教授、钟耕深教授等老师在博士期间对我的谆谆教诲，教我做学问，更教我做人，让我终身受益。

再次，还要感谢一起愉快度过研究生生活的各位师门朋友，感谢你们在模型讨论、数据收集以及思路拓宽过程中给予我的帮助！

感谢我的父母。这么多年以来，一直在默默地为我奉献。父母竭尽全力地关心我、爱护我、养育我、鼓励我，培养我长大成人。为了两位头发花白的老人，我要继续努力工作和学习，竭尽全力孝顺父母，报答亲恩。

再次衷心地感谢你们，我最尊敬的老师、同学、朋友和亲人！

作　者

2017年9月